INCLUSÃO SOCIAL DE PESSOAS COM DOENÇAS MENTAIS

JULIAN LEFF
Professor Emérito do Instituto de Psiquiatria e
da Faculdade de Medicina da Universidade de Londres
RICHARD WARNER
Professor da Universidade do Colorado

INCLUSÃO SOCIAL DE PESSOAS COM DOENÇAS MENTAIS

Tradução
ANA PAULA LOPES

Revisão Técnica
MANUEL VIEGAS ABREU

Apresentação
JOSÉ MIGUEL CALDAS DE ALMEIDA

TÍTULO ORIGINAL: *Social Inclusion of People with Mental Illness*
Copyright © J. Leff and R. Warner 2006
AUTORES: Julian Leff e Richard Warner
TÍTULO DA TRADUÇÃO PORTUGUESA: *Inclusão Social de Pessoas com Doenças Mentais*

EDITOR
EDIÇÕES ALMEDINA. SA
Av. Fernão Magalhães, n.º 584, 5.º Andar
3000-174 Coimbra
Tel.: 239 851 904
Fax: 239 851 901
www.almedina.net
editora@almedina.net

PRÉ-IMPRESSÃO | IMPRESSÃO | ACABAMENTO
G.C. GRÁFICA DE COIMBRA, LDA.
Palheira – Assafarge
3001-453 Coimbra
producao@graficadecoimbra.pt

Novembro, 2008

DEPÓSITO LEGAL
282132/08

Os dados e as opiniões inseridos na presente publicação
são da exclusiva responsabilidade do(s) seu(s) autor(es).

Toda a reprodução desta obra, por fotocópia ou outro qualquer
processo, sem prévia autorização escrita do Editor, é ilícita
e passível de procedimento judicial contra o infractor.

Biblioteca Nacional de Portugal – Catalogação na Publicação

LEFF. Julian, e outro

Inclusão social de pessoas com doenças mentais / Julian
Leff, Richard Warner
ISBN 978-972-40-3556-7

I – WARNER, Richard

CDU 316
    331

INCLUSÃO SOCIAL DE PESSOAS COM DOENÇAS MENTAIS

As pessoas com doenças mentais graves deixaram de passar anos das suas vidas em instituições psiquiátricas. Nos países desenvolvidos, verificou-se uma enorme mudança na ênfase dos cuidados baseados nos hospitais para os cuidados baseados na comunidade. No entanto, embora esta alteração signifique que as pessoas que sofrem de perturbações mentais não estão isoladas, não está garantido que estejam totalmente integradas nas suas comunidades. Os obstáculos à cidadania completa devem-se, por um lado, às debilidades geradas pela doença e, por outro, às atitudes discriminatórias e estigmatizadoras do público. Este livro analisa as causas destes obstáculos e sugere algumas maneiras de os derrubar. É formado por duas partes: a primeira diz respeito à inclusão social; a segunda, à inclusão ocupacional. Ao longo do texto, existem citações de doentes, de forma a ilustrar as suas experiências em relação aos assuntos analisados. As novidades aqui presentes são descritas de maneira suficientemente pormenorizada, de maneira a que o leitor possa implementá-las na sua própria vida profissional.

Julian Leff é Professor Emérito no Instituto de Psiquiatria, no Royal Free e na Faculdade de Medicina em Londres.

Richard Warner é Professor de Psiquiatria e Professor Adjunto de Antropologia na Universidade do Colorado, e Director do Programa de Recuperação do Colorado, em Boulder, um programa que proporciona um cuidado intensivo, centrado na comunidade, a pessoas com esquizofrenia e outros problemas relacionados.

APRESENTAÇÃO DA EDIÇÃO PORTUGUESA

A prestação de cuidados de saúde a pessoas que sofrem de doenças mentais graves – doença bipolar, esquizofrenia e outras psicoses – mudou profundamente nos últimos trinta anos.

Quando comecei a trabalhar em psiquiatria, nos anos 70, largos milhares de pessoas que sofriam destas doenças no nosso país continuavam internadas, em muitos casos por toda a vida, em instituições psiquiátricas, onde viviam em condições deploráveis, separadas do mundo, privadas de direitos fundamentais e sem grande esperança de algum dia poderem voltar às suas comunidades de origem, para junto dos seus familiares.

É verdade que a introdução, alguns anos antes, dos medicamentos antipsicóticos, ao permitir controlar com eficácia alguns dos principais sintomas destas doenças, tinha já, então, começado a alterar significativamente a evolução clínica nestas situações. Por outro lado, a utilização de novas intervenções psicossociais e algumas tentativas de mudança institucional, inspiradas em experiências desenvolvidas noutros países, começavam também a ocorrer, na altura, em algumas instituições, facto que permitiu os primeiros desenvolvimentos de serviços na comunidade em Portugal. Tratava-se, no entanto, nessa época, de experiências meramente pontuais, que não beneficiavam a enorme maioria das pessoas com doenças mentais graves. Nos anos 70, em Portugal, salvo raras excepções, o paradigma dominante continuava a ser o paradigma institucional, na maior parte dos casos com uma forte componente asilar.

Desde então, muita coisa mudou. Nos países desenvolvidos, os velhos hospitais psiquiátricos começaram a ser progressivamente desactivados ou radicalmente transformados. Em algumas partes, como é o caso de Inglaterra e País de Gales, praticamente desapareceram (dos 130 existentes em 1975, restam agora menos de 15). Em sua substituição, criaram-se novos serviços na comunidade, capazes de assegurar o internamento em hospitais gerais dos doentes com surtos agudos especialmente graves, onde são tratados como qualquer outra doença, e de oferecer aos doentes e seus familiares, a nível da comunidade, consultas, intervenções psicossociais, programas de reabilitação, e, quando necessário, programas residenciais e de reabilitação profissional.

As vantagens associadas a esta mudança são evidentes. Os novos serviços de base comunitária asseguram uma resposta mais efectiva ao conjunto de necessidades clínicas e psicossociais dos doentes mentais graves, respeitam os seus direitos fundamentais e promovem a sua inclusão na sociedade. Todos os estudos realizados demonstram que são mais efectivos que os serviços baseados no hospital psiquiátrico e que são preferidos pelos pacientes e seus familiares.

No entanto, apesar de toda a evidência disponível, a transição de um modelo para o outro tem encontrado resistências fortes em muitos lugares. No nosso país, se compararmos a situação actual com a dos anos 70, constatamos que se avançou muito em vários aspectos importantes. A maior parte da população já não depende da assistência prestada pelos hospitais psiquiátricos. Estes têm vindo a ser substituídos por departamentos de psiquiatria em hospitais gerais, que já cobrem uma boa parte do país e que asseguram, além do internamento, outras intervenções a nível do ambulatório. Graças à criação de residências e centros de dia, a partir do final dos anos 90, algumas centenas de doentes já beneficiam deste tipo de estruturas. Desde 1998, ano da aprovação da Lei de saúde mental, acabaram os internamentos compulsivos sem base legal. Finalmente, com a implementação do novo Plano Nacional de Saúde Mental, iniciada em Abril de 2008, tornou-se possível levar a cabo um desenvolvimento organizado de serviços na comunidade e de estruturas de cuidados continuados especialmente desenhados para responder aos problemas específicos das pessoas com doenças mentais graves.

No entanto, todos estes progressos têm encontrado oposições significativas por parte dos que defendem a manutenção do status quo e muito do que deveria – e poderia – ter sido feito, nas últimas décadas, continua ainda hoje por fazer. Quando se compara a situação dos doentes que se encontravam nos hospitais que conheci nos anos 70 com a das pessoas que são hoje tratadas nos serviços dependentes dos hospitais gerais que se encontram espalhados por todo o país, não se pode deixar de reconhecer os enormes avanços alcançados. Quando se compara, no entanto, a situação dos nossos serviços, ainda muito centrados no internamento e numa consulta externa tradicional, com a situação dos serviços de outros países, onde a maior parte dos recursos está focalizada em programas comunitários integrando acompanhamento clínico, apoio residencial e vocacional, intervenções familiares e domiciliárias, é forçoso reconhecer que estamos ainda muito longe do que o estado da arte nos permite esperar nos dias de hoje.

Neste livro, que tenho o prazer de apresentar aos leitores de língua portuguesa, Julian Leff e Richard Warner descrevem as diferentes fases do processo de transição nos seus países – Reino Unido e Estados Unidos da América – mostrando como, através de vias muito diferentes, se chegou nos dois países a uma situação com muitos pontos em comum.

Com base nas suas experiências, tanto nos seus países, como em muitos outros, os autores identificam e discutem também os principais obstáculos geralmente encontrados na implementação das reformas dos serviços de saúde mental nas diferentes partes do mundo.

Poderia pensar-se que estes seriam sobretudo de carácter técnico e económico. A mudança de um modelo centrado nos hospitais psiquiátricos para serviços na comunidade coloca desafios importantes a nível do planeamento, da gestão, dos recursos humanos e, pelo menos na fase inicial, exige alguns recursos financeiros adicionais. No nosso país, aliás, um dos argumentos que os opositores da mudança habitualmente usam para provar a impossibilidade de desenvolver serviços comunitários em Portugal, é justamente o de que não temos recursos para tal.

No entanto, como nos mostram Leff e Warner – e este é certamente um dos aspectos mais fascinantes do seu livro – os obstáculos mais difíceis de ultrapassar não são estes. Quando se analisa o desenvolvimento dos serviços de saúde mental em várias partes do mundo, o que se verifica é que os obstáculos que verdadeiramente mais têm contribuído para adiar ou dificultar a implementação das reforma são os mitos e as ideias distorcidas sobre a natureza e o impacto das doenças mentais que se encontram largamente disseminadas na população em geral, entre os profissionais, e até entre os próprios doentes e familiares. Entre estes mitos e estas ideias erradas, sobressaem as que reforçam a convicção de que as doenças mentais estão intrinsecamente associadas a actos de violência, e de que as pessoas que delas sofrem são fatalmente irrecuperáveis, incapazes de trabalhar e de decidir sobre as suas vidas.

Conduzindo o leitor através da investigação realizada nos últimos anos sobre as consequências das doenças mentais, Leff e Warner levam-nos a concluir que muitas das ideias habitualmente aceites sobre estas matérias não coincidem, de facto, com o que se passa na realidade.

Ajudam-nos igualmente a perceber que são essencialmente estes preconceitos e estas ideias sem fundamento real que, ainda hoje, continuam a justificar a discriminação dos doentes mentais e a dificultar a criação dos serviços que a evidência científica demonstra serem os mais capazes de oferecer cuidados de qualidade e de promover a inclusão social dos doentes mentais.

A maior parte dos inquéritos realizados a nível das populações mostra que, na maioria dos países, continua a encontrar-se uma convicção generalizada de que os doentes mentais graves são violentos e constituem um perigo significativo para a comunidade. Na verdade, um dos argumentos mais utilizados contra a substituição dos hospitais psiquiátricos por serviços na comunidade é o de que o desaparecimento dos hospitais levaria a um aumento dos crimes cometidos por doentes mentais. Como apontam Leff e Warner, a investigação realizada mostra, porém, uma realidade muito diferente: a enorme maioria das pessoas com doença mental grave não comete mais crimes que a população em geral; o encerramento de hospitais não foi acompanhado de um maior número de crimes cometidos por doentes mentais.

A ideia de que a esquizofrenia tem inevitavelmente uma evolução grave, com deterioração da personalidade, continua também a ser partilhada por muita gente, inclusivamente por muitos profissionais de saúde mental. No entanto, todos os estudos realizados sobre a evolução da esquizofrenia, desde os primeiros trabalhos de Bleuler, mostram que, se é verdade que cerca de um terço dos casos tem uma evolução grave, não é menos verdade que há um número significativo de casos que não tem recaídas após o primeiro surto e que mantém um bom nível de adaptação social.

Se juntarmos a estas convicções, não confirmadas pela evidência científica existente, a ideia – errada – de que as pessoas que sofrem de doença mental não têm qualquer capacidade para participar nas decisões importantes sobre as suas próprias vidas e estão totalmente impossibilitadas de manter um trabalho produtivo na sociedade actual, temos reunidas todas as bases do edifício conceptual que levou à justificação da separação do doente mental da sua comunidade, ao abandono dos chamados "crónicos" e à aceitação resignada da persistência de instituições psiquiátricas com condições totalmente inadmissíveis nos dias de hoje.

Se pretendemos avançar com uma melhoria e modernização dos serviços de saúde mental, temos, assim, que desenvolver estratégias que possam promover uma mudança de atitudes dos decisores políticos e da população em geral em relação às doenças mentais.

Neste livro, os seus autores discutem em profundidade as estratégias a que podemos recorrer neste campo, em particular as que procuram diminuir o estigma associado à doença mental. As mais efectivas, de acordo com a avaliação analisada por Leff e Warner, são as acções de âmbito local que mostram, na prática, uma visão da doença mental diferente daquela que é alimentada pelos mitos existentes. A melhor forma de combater o estigma passa, portanto, por confrontar as pessoas com serviços de saúde mental que não correspondem à imagem estereotipada das instituições psiquiátricas, por mostrar exemplos vividos de experiências em que os doentes mentais têm uma participação activa nos cuidados e por facilitar o contacto directo das pessoas da comunidade com pessoas que sofrem de doenças mentais. No fundo, o que os estudos realizados demonstram é que a luta contra o estigma é indissociável da transformação dos serviços. De nada vale desenvolver campanhas de marketing social contra o estigma se, na prática, nada se faz para acabar com os serviços de tipo asilar e se estes continuam a aparecer, às populações, como o único modelo possível. A criação de novos serviços na comunidade, ao quebrar a associação entre doença mental e exclusão social, constitui, de facto, a forma mais eficaz de combater o estigma.

A questão do trabalho merece neste livro uma atenção muito particular. Durante muito tempo, a ideia de que as pessoas com doenças mentais graves estariam irremediavelmente condenadas a não poder ter um trabalho foi aceite como um dado adquirido. No melhor dos casos, aceitava-se que estas pessoas poderiam integrar-se em programas "ocupacionais", que lhes permitiam ocupar o seu tempo em actividades repetitivas e pobres, em troca de uma gratificação simbólica.

A criação de serviços na comunidade tornou possível o desenvolvimento de programas de reabilitação e reintegração profissional, que vieram demonstrar a falta de fundamento de muitas das concepções tradicionais nesta matéria.

Como nos mostram Leff e Warner, o trabalho constitui, para as pessoas com doenças mentais graves, um factor muitas vezes decisivo na evolução da doença. Tal como para a maioria das pessoas, para o doente mental o trabalho representa uma oportunidade única de ver reconhecido o seu valor, de obter uma recompensa financeira que é essencial para o seu bem estar e de estabelecer relações significativas com outras pessoas.

Ao contrário do que se pensava, um número importante de pessoas com doença mental pode recuperar as suas capacidades profissionais, adquirir novas competências e ter um trabalho profissional gratificante, mesmo nas sociedades competitivas e com alto índice de desemprego. Para que tal aconteça, porém, estas pessoas não podem ser abandonadas à sua sorte. Há que apoiá-las através de programas de reabilitação vocacional, emprego apoiado, integração em empresas sociais, etc. A efectividade destes apoios está hoje largamente provada, tendo-se demonstrado que a melhor forma de alcançar a reintegração profissional das pessoas com doenças mentais graves passa sobretudo por um acompanhamento in vivo deste processo por profissionais competentes na matéria. Ou seja, também aqui, a evidência disponível reforça a ideia de que a reabilitação se deve fazer, tanto quanto possível, nos locais onde se pretende que as pessoas vivam e trabalhem, e não em instituições separadas da comunidade.

Algumas pessoas, é claro, não conseguem integrar-se no mercado regular de trabalho. Tal não significa, contudo, que não tenham qualquer capacidade para exercer uma profissão. O modelo de empresas sociais, inicialmente desenvolvido em Itália, e posteriormente reproduzido em muitos outros países, entre os quais Portugal, tem provado ser uma resposta efectiva para muitas destas situações. Oferece uma tolerância especial para as dificuldades específicas de alguns doentes mentais, mas aproxima-se do mundo real na medida em que funciona de acordo com a lógica de mercado.

Neste livro, o leitor poderá encontrar uma análise exaustiva e estimulante dos desenvolvimentos mais recentes no campo da reabilitação profissional que vieram pôr em questão muito daquilo que tradicionalmente se pensava até aqui.

A sua publicação em Portugal é de uma grande relevância e oportunidade no momento presente.

Julian Leff e Richard Warner são, hoje em dia, das pessoas com maior conhecimento a nível mundial nas áreas relacionadas com o desenvolvimento de serviços e programas para pessoas com doenças mentais graves: um conhecimento alicerçado, em ambos os casos, em investigação científica pessoal de primeira água, em acção consistente e continuada no desenvolvimento de serviços e intervenções inovadoras, e numa larga experiência de consultoria nas mais variadas partes do mundo.

Os trabalhos de Julian Leff no desenvolvimento e avaliação de intervenções familiares destinadas a prevenir novas recaídas de doentes mentais graves e os seus estudos de avaliação das consequências do encerramento de hospitais psiquiátricos e sua substituição por serviços na comunidade – citando apenas os mais conhecidos – abriram perspectivas totalmente novas na forma de pensar o tratamento dos doentes mentais graves. O mesmo se pode dizer dos trabalhos de Richard Warner sobre a influência dos factores económicos no tratamento das doenças mentais graves e sobre a experiência dos serviços criados em Boulder, Colorado, sob a sua orientação.

Foi com base neste conhecimento, alimentado pela investigação pessoal e pela reflexão sobre a experiência obtida através da acção, que Julian Leff e Richard Warner se lançaram à tarefa de escrever um livro que pusesse à disposição do leitor interessado o conhecimento mais actual sobre os factores que mais têm impedido o tratamento adequado e a inclusão social dos doentes mentais e sobre as estratégias que têm provado ser as mais eficazes na superação destes obstáculos.

O resultado é excelente! Todo o conhecimento científico relevante sobre esta matéria é apresentado e discutido com o maior rigor, mas de uma forma que prende o leitor do princípio ao fim do livro. No fundo, o leitor é convidado a acompanhar uma aventura que não pode deixar de o fascinar: a aventura intelectual que tem sido o desvendar progressivo dos mecanismos que têm excluído, discriminado e privado dos direitos básicos de cidadania, de uma forma sistemática, as pessoas com doença mental grave. Os mitos e os preconceitos que alimentam estes mecanismos continuam a existir na nossa sociedade e creio que uma das maiores contribuições deste livro é a de nos ajudar a compreender que ninguém, nem mesmo aqueles que à partida nos pareceriam mais interessados na causa dos doentes mentais, escapa completamente à influência destes mitos e preconceitos.

A leitura deste livro mostra-nos que a inclusão social dos doentes mentais, a sua participação activa na orientação das suas vidas e o respeito pelos seus direitos fundamentais são objectivos alcançáveis.

O livro dá-nos também algumas orientações importantes sobre o que será necessário fazer para que tal possa acontecer. Em primeiro lugar, que não nos resignemos com as situações que levam à exclusão dos doentes mentais: não é aceitável que se continue a tratar doentes mentais em grandes instituições asilares; não é aceitável que serviços de saúde mental de países desenvolvidos continuem a não ter programas comunitários integrados para doentes mentais graves. De seguida, que cada um faça o seu melhor para facilitar o desenvolvimento de novos serviços mais próximos das pessoas, mais abertos à sua participação no tratamento e na organização dos serviços, e mais habilitados a promover a recuperação e inclusão social das pessoas com doença mental.

Por todas estas razões, a leitura deste livro pode ser extremamente proveitosa para todos os que se interessam pelos problemas relacionados com o tratamento dos doentes mentais graves – profissionais, doentes, familiares e público em geral. Estou certo de que a publicação em português desta obra de Julian Leff e Richard Warner poderá dar uma contribuição importante para as mudanças que é fundamental assegurar no nosso país, de modo a que as pessoas que sofrem doenças mentais graves possam ver respeitados os seus direitos fundamentais.

José Miguel Caldas de Almeida
Prof. Catedrático de Psiquiatria e Saúde Mental da Faculdade de Ciências Médicas de Lisboa, Coordenador Nacional para a Saúde Mental

PREFÁCIO

Esta é uma história de dois sistemas: os sistemas de cuidados a pessoas com doenças mentais em Inglaterra e nos Estados Unidos. Embora ambos os autores tenhamos tido formação em Inglaterra, um de nós (Julian Leff) exerceu psiquiatria social e comunitária neste país, e o outro (Richard Warner), nos Estados Unidos. No entanto, ambos tivemos a oportunidade mais do que suficiente de visitar os sistemas em serviço nestes dois países e em muitos outros em todo o mundo. Este conhecimento de diferentes sistemas de cuidados permitiu-nos apresentar uma grande variedade de experiências e de modelos ao leitor mas, aqui e ali, esta variedade pode ter gerado alguma confusão.

Em Inglaterra, por exemplo, o termo actual para designar alguém que viveu a experiência de uma doença mental e que recebeu assistência dos serviços de saúde mental é 'utente do serviço' ou 'utente'. Nos Estados Unidos, o termo usado é 'consumidor'. Após termo-nos debatido com esta questão por algum tempo, abandonámo-la e deixámo-lo, a si leitor, escolher a designação. Lembre-se apenas que 'utente do serviço' é igual a 'utente' e igual a ' consumidor'.

Mais complicado do que esta questão é o facto de os sistemas onde trabalhámos, em Inglaterra e nos Estados Unidos, se terem desenvolvido de maneira diferente depois da Segunda Guerra Mundial. Assim, os modelos de tratamento e de reabilitação que ajudámos a desenvolver foram criados para dar resposta a problemas distintos. Esta é uma lição importante em si mesma. As abordagens dos tratamentos e dos modelos que descrevemos neste livro não aconteceram no vazio: são respostas a condições específicas. Um programa anti-estigma em Filadélfia, por exemplo, pode ter de centrar-se na força policial, porque ela constitui o primeiro ponto de contacto para muitas pessoas com doenças mentais graves nesta cidade. Em Glasgow, o mesmo esforço poderá ser mais bem empregue nos médicos de família. De modo semelhante, os directores do serviço decidem qual é a inovação do programa mais urgentemente necessária, baseados em qual é o maior problema existente, seja ele o 'doente recorrente' que tem várias recaídas ao longo do ano e dá sistematicamente entrada em hospitais, ou a pessoa cujos sintomas de doença mental atravessam uma boa fase de recuperação mas cuja vida é vazia e sem sentido. Devido à importância do contexto, iremos descrever no livro algumas das diferenças existentes entre o sistema de saúde mental britânico e o americano, nas últimas décadas, porque estas diferenças influenciaram a direcção que ambos tomámos no nosso trabalho.

Qualquer coisa como uma revolução no tratamento de pessoas com doenças mentais graves estava a acontecer na Europa do norte do pós-guerra, mesmo antes dos medicamentos antipsicóticos terem sido introduzidos em 1954 – uma revolução que permaneceu desconhecida nos Estados Unidos até estar numa fase de grande desenvolvimento. Os psiquiatras britânicos transformaram os hospitais psiquiátricos ao acabarem com a utilização de internamentos e separações, misturando os sexos, destrancando as portas e estabelecendo comunidades terapêuticas de partilha de poder, nas quais o pessoal técnico e os doentes partilhavam as decisões tomadas acerca do ambiente do hospital e da sua gestão. Foram criadas residências de grupo para os doentes internados há muito tempo viverem na comunidade. Ao fazê-lo, os psiquiatras do norte da Europa estavam em vantagem em relação ao resto do mundo ao desenvolverem ambientes de tratamento que buscavam a recuperação da psicose e um regresso com a brevidade possível à vida em comunidade. Este progresso abrandou um pouco durante algum tempo na Inglaterra depois de 1970, quando o Relatório Seebohm[1] conduziu a uma divisão legal entre os fundos de financiamento para o apoio comunitário e para os serviços de tratamento.

Enquanto estavam a acontecer mudanças acentuadas na Europa do norte do pós-guerra, a maioria dos asilos norte-americanos permanecia atrasado e repressivo. Esta situação proporcionou a base moral e filosófica para um movimento de desinstitucionalização em larga escala que foi lançado nos Estados Unidos no final dos anos 50. Contudo, este movimento foi conduzido politicamente pela introdução do programa do seguro de saúde Medicaid, entre os governos estatais e federais, em contraste com os cuidados hospitalares estatais, que continuavam completa-

---

[1] Seebohm Report, no original. Este Relatório foi elaborado por Frederic Seebohm e publicado em 1968. Tinha como objectivo dar existência aos departamentos de serviços sociais e foi decisivo no destino dos trabalhos no campo social. [N. da T.]

mente à mercê dos governos de cada Estado. A maioria das altas hospitalares estatais acabava em casas de acolhimento ou em enfermarias com fracas condições, uma situação que foi rapidamente encarada como um escândalo nacional. O desenvolvimento de uma rede de centros comunitários de saúde mental após 1965, que frequentemente centravam os seus esforços em pessoas com problemas menores, pouco fez no início para ajudar a difícil situação destes ex-doentes hospitalares.

Assim, nos anos 70, enquanto ainda havia muitos doentes, em Inglaterra, em longos internamentos de cuidados hospitalares, nos Estados Unidos havia uma enorme quantidade de 'doentes recorrentes' com muito pouca ajuda em termos de cuidados e serviços de apoio comunitários. Os serviços americanos combateram o seu primeiro desafio ao desenvolverem serviços de tratamento comunitário eficaz, de maneira a prevenir recaídas e reinternamentos hospitalares. Muitos serviços britânicos, por outro lado, ainda estavam a lidar com doentes internados há décadas e que estavam a sofrer as consequências disso – sintomas como agitação, passividade, caminhada lenta e incontinência. Os melhores serviços britânicos desenvolveram unidades de tratamento residencial de forma a mudarem os doentes há muito hospitalizados para ambientes mais acolhedores na comunidade. Quando, nos anos 80, se deu um aumento da pressão para fechar os asilos ingleses, muitos dos serviços de tratamento alargaram a sua rede de unidades residenciais e de serviços ao domicílio desenvolvidos proporcionados pelas enfermeiras comunitárias. À medida que os hospitais fechavam, muitas vezes estas medidas não se adequavam às exigências geradas pelos novos doentes jovens com doenças mentais graves. Muitas equipas competentes de tratamento hospitalar e comunitário deram por si esgotadas. Os serviços britânicos começaram a analisar os modelos americano e australiano de tratamento que tinham sido desenvolvidos de maneira a responder a estes problemas, em particular, ao tratamento comunitário eficaz e à intervenção em momentos de crise.

Na altura em que escrevíamos este livro, os dois sistemas eram mais parecidos do que o foram durante décadas. Ambos desenvolveram métodos para prevenir recaídas e lidar com alguns doentes graves em hospitais psiquiátricos. Ambos estão agora a lutar com os assuntos que abordamos neste livro. De que modo ajudamos as pessoas com psicose, que vivem em comunidade, a tornarem-se cidadãos dessa mesma comunidade? Como os ajudamos a encontrar actividades sociais importantes e a fugirem à pobreza, vitimação e, por vezes, à prisão? De que forma ajudamos a comunidade a encarar estas pessoas como perfeitamente normais, como membros comunitários exactamente como os restantes? A recuperação de uma doença mental é mais do que livrarmo-nos dos sintomas e permanecer fora de um hospital. É reconquistar o sentido de identidade e de pertença e o sentido da vida.

De maneira a ilustrar este processo de recuperação, colaborámos com dois investigadores de Brisbane, Vaidyanathan Kalyanasundaram e Barbara Tooth, que têm experiência em entrevistar pessoas com doenças mentais graves acerca de aspectos das suas vidas que lhes permitiram controlar a doença. Com uma outra entrevistadora, que tem ela própria uma doença mental, estes investigadores entrevistaram 20 pessoas em Boulder, no Colorado, tendo todos ultrapassado os obstáculos erguidos pela sua doença mental e conseguido conduzir vidas produtivas e completas. Os comentários destes doentes acerca de estratégias de luta, trabalho, estigma, desabafos, obstáculos e optimismo são introduzidos em secções relevantes ao longo do livro. Agradecemos profundamente as suas contribuições.

1. INTRODUÇÃO: OBSTÁCULOS À INTEGRAÇÃO SOCIAL E OCUPACIONAL

Este livro centra-se nas pessoas com doenças mentais graves, em especial psicoses, esquizofrenia e doenças maníaco-depressivas (designadas por doença bipolar nos Estados Unidos). Embora condições psiquiátricas menos graves como a depressão possam também levar a uma exclusão social e ocupacional, os obstáculos existentes não são nem tão consideráveis nem tão grandes como nas doenças psicóticas. Talvez tal se verifique porque estas últimas geram sintomas com os quais as pessoas comuns não costumam simpatizar. Um de nós (Julian Leff) partilhou a mesa num encontro público com Lewis Wolpert, que escreveu e falou extensivamente acerca da doença depressiva grave de que sofreu no passado e da qual recuperou totalmente. Disse à assistência do encontro que foi preciso um enorme esforço da parte dele para ultrapassar a sua relutância em expor a sua experiência em público, devido ao estigma considerável ligado à depressão. Julian Leff comentou esta confissão relatando que, quando os doentes a seu cargo que sofrem de esquizofrenia lhe perguntam como devem explicar a um possível empregador as lacunas nos seus registos de emprego, ele aconselha-os a dizerem que sofreram uma depressão.

1.1. Incapacidades geradas pela doença

Os obstáculos devem-se, por um lado, aos efeitos da doença e à gestão da mesma por parte dos profissionais e, por outro, à reacção do público. Tanto a esquizofrenia como a doença maníaco-depressiva levam ambas a delírios – crenças falsas acerca do mundo – e alucinações, ver ou ouvir coisas que os outros não vêem nem ouvem. Estes sintomas podem dominar a vida dos doentes e interferem na capacidade de cada um de interagir com os outros, de realizar tarefas e de pensar com discernimento.

A esquizofrenia pode também gerar apatia, falta de interesse, falta de motivação e relutância em relacionar-se com as outras pessoas. Estes sintomas tornam muito difícil para o doente a tarefa de procurar um emprego, gerir sozinho uma entrevista, ir ao encontro das exigências de um emprego ou criar relações com colegas de trabalho. Os sintomas também inibem a actividade de criar ou manter amizades. Estes sintomas negativos, como são designados, são muito mais comuns na esquizofrenia do que na doença maníaco-depressiva, mas surgem sem dúvida na fase deprimida desta última doença. Tanto os sintomas positivos como os negativos podem responder ao tratamento, mas todos os tratamentos têm efeitos secundários indesejados.

1.2. Incapacidades geradas pelos cuidados profissionais

O desenvolvimento em larga escala de asilos no Reino Unido no século XIX foi iniciado para funcionar como solução para as condições escandalosas existentes nos 'manicómios' privados. Tornaram-se os centros de cuidados psiquiátricos por todo o mundo desenvolvido e foram exportados para os países em desenvolvimento pelas forças coloniais. Embora os asilos tenham sido projectados para, com a melhor das intenções, proporcionar espaços recreativos e a livre circulação de ar, rapidamente se encheram de doentes e escasseavam em pessoal técnico. Tendo sido construídos para albergar várias centenas de doentes, muitos dos asilos atingiam um limite de mais de dois milhares. Aqueles doentes que não podiam ser recrutados para a força laboral, servindo e mantendo o asilo, eram confinados a 'secções menores' do mesmo, onde sofriam de negligência e de inactividade. A falta de qualquer ocupação aumentava a gravidade da apatia e da inércia geradas pela doença.

Este não era o único efeito nocivo das instituições. Estas vieram também a simbolizar os locais públicos nos quais os doentes perturbados desapareciam para nunca mais aparecer. Assim, tornaram-se de imediato ícones identificáveis do estigma da doença mental. A introdução, nos anos 50, de medicação eficaz para curar distúrbios psiquiátricos apressou a colocação dos doentes nas comunidades, fenómeno que tinha começado alguns anos antes, no final da década de 40. Infelizmente, estes medicamentos eficazes produziam efeitos secundários que geravam anomalias óbvias de movimentos e comportamento. Os efeitos mais suaves consistiam no tremor das mãos e numa tendência para arrastar os pés quando se anda, mas os doentes podiam ainda sofrer de grandes espasmos da cabeça, pescoço e língua, e mesmo dificuldades em respirar normalmente e em falar. Alguns doentes eram deixados com um fluxo constante de saliva que babava das suas bocas. Estas peculiaridades marcavam os doentes como pessoas diferentes dos seus vizinhos saudáveis e aumentavam o estigma das suas doenças.

1.3. Atitudes do público

Um pouco por todo o mundo, as pessoas com doenças mentais graves são encaradas de modo diferente daquelas com doenças físicas. Por um lado, tal deve-se a uma ligação percebida com a violência, que será debatida mais à frente e, por outro, a dificuldades em partilhar e compreender as experiências anormais que a esquizofrenia e a doença maníaco-depressiva implicam. Os elementos do público querem manter distância das pessoas com tais doenças, como o demonstra a sua relutância em trabalhar com elas, em casar com elas, em viver perto delas e em tê-las como amigas. Nos países desenvolvidos, uma pequena minoria de vizinhos resiste ao estabelecimento de residências protegidas nas suas ruas e tornam-se muito activos na sua resistência, por vezes derrotando os esforços dos fornecedores dos serviços para convencer o público a aceitar o estabelecimento destas residências.

As atitudes estigmatizadoras variam de acordo com a idade e o sexo, sendo as pessoas mais velhas mais preconceituosas do que os jovens, e as mulheres mais do que os homens. As mulheres que têm filhos temem particularmente as pessoas com doenças mentais, crendo que as suas crianças correm o risco de serem feridas. A rejeição das pessoas com doenças mentais por parte do público conduz ao isolamento social dos doentes e leva à segregação dos mesmos, juntamente com outras pessoas com problemas semelhantes de saúde mental. Torna-se muito difícil para uma pessoa sair deste gueto social.

1.4. Influência dos meios de comunicação

Os meios de comunicação têm muita influência na formação das atitudes do público e os jornalistas que trabalham em jornais e na televisão detêm o poder de ou eliminar ou de reforçar os preconceitos acerca das doenças mentais. Pode esperar-se que os jornalistas estejam mais bem informados do que o público em geral acerca deste assunto, mas infelizmente é raro tal acontecer. Os títulos e as notícias têm tendência para dramatizar as raras situações em que um elemento do público é ferido ou morto por uma pessoa que sofre de uma doença mental. A linguagem utilizada é geralmente pejorativa, com termos em calão, tais como 'desnaturado' e 'tresloucado'. A ligação permanente da doença mental com a violência gera ou reforça um estereótipo já existente.

O estigma na comunidade

> Eles costumavam chamar-me nomes. As pessoas que eu encontrava nas ruas. Chamavam-me 'idiota' e coisas do género por causa da minha doença mental. Isso magoava-me. Já não acontece tanto agora.

Os jornais locais podem criar campanhas contra a construção de residências protegidas num bairro, especialmente se um grupo de cidadãos activistas escrever cartas furiosas para o jornal. Por outro lado, os meios de comunicação têm o poder de educar o público acerca das doenças mentais e dos seus efeitos, e um jornalismo responsável e programas televisivos sobre ciência podem combater a ignorância e o preconceito que a mesma alimenta.

Os programas de entretenimento dos meios de comunicação têm uma particular influência em moldar a visão do público relativamente à doença mental. Cerca de três quartos das personagens com doenças mentais nas séries televisivas do horário nobre nos Estados Unidos são retratadas como violentas; mais de um quinto são assassinas (Signorelli, 1989). Em filmes de Hollywood como *Sexta-Feira 13* e *O Silêncio dos Inocentes*, as pessoas com doenças mentais são retratadas como assustadoramente perigosas. Estas pessoas são geralmente apresentadas como tendo um aspecto estranho, como sendo vazias, tendo uma expressão facial de dor, rindo nervosamente e rangendo os dentes. Quando o filme premiado pela Academia de Cinema *Voando Sobre um Ninho de Cucos* foi realizado no Hospital Estatal do Orégon em 1975, os directores tiveram a oportunidade de utilizar doentes do hospital como figurantes. No entanto, rejeitaram a ideia, porque os doentes reais não pareciam ser suficientemente estranhos de maneira a irem ao encontro da imagem que o público tinha dos doentes mentais (Wahl, 1995). Alguns filmes mais recentes, tais como *Simplesmente genial* e *Uma Mente Brilhante*, mostraram uma visão mais realista e optimista da doença mental e, como veremos adiante, grupos de defesa dos direitos humanos levaram a cabo a tarefa de combater as notícias e os programas de entretenimento dos meios de comunicação que mostravam uma imagem inadequada e desrespeitadora das pessoas com doenças mentais.

Desabafo

Eu acho que 'esquizofrenia' é uma palavra que ainda assusta as pessoas, sejam profissionais na matéria ou não. Pensam logo em assassinos em série. Ainda é um nome feio. É como costumavam ser as palavras cancro ou diabetes. Sabe, 'cancro' já foi uma palavra feia. Adorava ser capaz de dizer aos meus patrões: "Olhem, sou esquizofrénico e olhem só para o bom trabalho que estou a fazer, e sou esquizofrénico. Não é fantástico?" Gostava de ser capaz de dizer: "Vamos festejar isto!"

1.5. Atitudes auto-estigmatizadoras

Confrontados com o estigma e preconceito por parte tanto do público como dos profissionais da saúde mental, não é surpreendente que as pessoas com doenças psiquiátricas comecem a ver-se a si próprias como sendo inferiores aos outros. Podem aceitar a imagem que os outros têm deles como sendo perigosos e imprevisíveis. O impacto na sua auto-imagem é, com efeito, desastroso, levando à exclusão social e à falta de motivação para conseguir os seus próprios objectivos. Tal pode ser acompanhado de depressão. A atitude profissional em relação a pacientes com doenças psicóticas é a seguinte: quanto maior for a percepção que conseguirem desenvolver acerca da natureza das experiências patológicas do doente, melhor. Mas para os pacientes, esta percepção pode ser muito dolorosa, levando à consciência do quão debilitados se tornaram e do quanto perderam. A investigação agora sugere que os doentes que resistem ao diagnóstico de uma doença mental e que, consequentemente, são considerados como não tendo dela percepção, têm uma maior auto-estima do que aqueles que aceitam o diagnóstico.

Auto-estigmatização

Quando consegui um trabalho, fui um bocado criticado, mas não lhes disse que estava doente. Não queria que soubessem que tinha uma doença mental. Podia ter sido contratado como uma pessoa debilitada por ter uma doença mental, mas tinha vergonha de ter feito todas estas coisas e não queria que ninguém soubesse que estava mentalmente doente. Então nunca falei disso até há alguns anos. Não contei a minha história à minha patroa até a conhecer, e eu queria que ela me conhecesse pelo que eu sou e não pela minha doença.

1.6. Pobreza e desvantagem social

Dadas as dificuldades que as pessoas com doenças mentais graves têm em conseguir e manter empregos, a grande maioria delas beneficia de algum apoio social. Mesmo nos países mais desenvolvidos, as quantias semanais pagas quase não chegam para as despesas básicas do dia-a-dia, e as barreiras burocráticas aos benefícios desejados são de tal maneira grandes que mais de metade dos doentes qualificados para receber apoios sociais não está a receber a quantia total a que tem direito (McCrone e Thornicroft, 1997). Em resultado, os doentes não podem pagar mesmo as entradas em divertimentos baratos como ir assistir a um jogo ou ir ao cinema. Excluídos pela pobreza de participarem em tais actividades sociais, muitos doentes não têm outra alternativa a não ser ver televisão durante horas intermináveis, geralmente num local comunitário com outros doentes, onde mesmo a escolha dos programas não depende do seu próprio controlo.

A falta de dinheiro também impede muitos doentes de comprar roupas bonitas ou na moda, por isso, a sua aparência desleixada torna-se um outro elemento que os marca como diferentes. Alguns tentam compensar os seus rendimentos pedindo nas ruas, em competição com pessoas sem-abrigo, mentalmente saudáveis e mais jovens, sendo assim identificados como fazendo parte da camada mais baixa da sociedade.

1.7. Discriminação na habitação e no emprego

A maioria dos doentes que saiu das longas estadas em hospitais psiquiátricos era incapaz de viver de forma independente na comunidade. Consequentemente, foram recolocados em casas que tinham profissionais durante o dia e, por vezes, também à noite. As reacções dos vizinhos que ficavam a saber que tais casas tinham sido projectadas para a sua rua variavam. A maioria era receptiva, ou pelo menos aceitava o novo edifício. No entanto, uma minoria formava com frequência grupos opositores determinados que agiam politicamente de maneira a que se evitasse que a casa fosse construída. Nalgumas ocasiões, estas pessoas foram bem sucedidas e a casa projectada tinha então de ser colocada noutro lugar.

As pessoas com doenças mentais a viver nas suas casas podem ser exploradas ou perseguidas, especialmente se viverem em bairros com fracas condições, sendo impedidas de viver num ambiente melhor. Estudos mostraram que, contrariamente à imagem pública, as pessoas com doenças mentais graves são muito mais frequentemente vítimas do que perpetradoras de crimes.

As dificuldades em conseguir um emprego já foram mencionadas. Estas dificuldades variam consoante a situação económica existente na área onde o doente mora. Onde existem elevados níveis de emprego, é mais provável que as pessoas com um historial de doença mental encontrem um trabalho remunerado. Contudo, quando o desemprego abunda, têm muito poucas hipóteses quando confrontadas com pessoas sem um tal historial. Geralmente têm mais sorte em sociedades agrárias com negócios familiares, onde podem dar um contributo eficaz, embora pequeno, para os rendimentos da família.

O ambiente de trabalho oferece a oportunidade de criar amizades, confere uma estrutura ao dia, aumenta a auto-estima do doente e proporciona a existência de rendimentos, o que permite que a pessoa fuja à armadilha da pobreza. Todas estas vantagens são negadas ao doente mental grave que não consegue encontrar um empregador compreensivo.

Discriminação no local de trabalho

Tive de fazer batota para arranjar emprego. Tive de inventar um passado, em vez de lhes dizer o que realmente se passava porque, se assim não fosse, não conseguiria ser contratado. Na verdade, depois de ter provado que era um bom funcionário, falei uma vez ao meu coordenador acerca do problema mental que tive.

1.8. Direitos da pessoa humana

As Nações Unidas emitiram uma Declaração Universal dos Direitos da Pessoa Humana em 1948. O artigo 22 declara: 'Todas as pessoas, como elementos da sociedade, têm o direito à segurança social e são titulares para a sua concretização, através de esforço nacional e de cooperação internacional, e de acordo com a organização e recursos de cada Estado, de direitos económicos, sociais e culturais indispensáveis para a sua dignidade e livre desenvolvimento da sua personalidade.' Nos capítulos seguintes, iremos alargar os temas introduzidos acima, acrescentando a acção remediativa que pode ser levada a cabo de maneira a que uma pessoa com uma doença mental grave possa beneficiar dos direitos da pessoa humana certificados pela Declaração das Nações Unidas.

PRIMEIRA PARTE
AS ORIGENS DO ESTIGMA

2. O PERCURSO DAS PSICOSES

2.1. Extensão e resultado do percurso

Emil Kraepelin (1896) foi o primeiro psiquiatra a distinguir entre psicose maníaco-depressiva e aquilo a que chamou de demência precoce, agora denominada de esquizofrenia. Fez esta distinção em grande parte baseado no percurso diferente de cada doença, tendo a maníaco-depressiva um resultado relativamente benigno e a demência precoce, tal como o nome indica, impõe um deterioramento contínuo. Esta formulação continuou a ter os seus apoiantes, considerando que uma psicose que pode ser solucionada não pode ser chamada de esquizofrenia. Com efeito, a quarta edição da obra *Diagnostic and Statistical Manual of Mental Disorders* (DSM-IV) da Associação Americana de Psiquiatria (1994) refere que a esquizofrenia pode ser diagnosticada apenas se os sintomas persistirem pelo menos durante seis meses. Uma condição com exactamente os mesmos sintomas que a esquizofrenia mas que dure menos de seis meses, é designada por psicose esquizofreniforme. Uns sistemas de diagnóstico mais antigos atribuíam uma série de designações a doenças de curta duração tendo os sintomas da esquizofrenia, incluindo a psicose reactiva, psicose psicogénica, psicose breve e passageira, doença esquizo-afectiva e o termo francês 'boufé delirante'. Guinness (1992) dirigiu um estudo de seguimento destas psicoses passageiras na Suazilândia e descobriu que alguns doentes tinham recaídas com o mesmo tipo de condição passageira, enquanto entre 10% e 20% deles desenvolviam doenças de longa duração que iam ao encontro dos critérios do DSM-IV no que diz respeito às condições para se sofrer de esquizofrenia. Não havia nada na apresentação clínica do primeiro episódio que distinguisse os doentes com estes percursos distintos.

Embora os distúrbios psicóticos passageiros sejam menos comuns nos países desenvolvidos do que nos países em desenvolvimento, estes acontecem na mesma. Foi dirigido em Nottingham um estudo sobre todos os doentes com um distúrbio psicótico estabelecendo um contacto pela primeira vez com os serviços durante mais de dois anos (Singh *et alii*, 2004). Os critérios na Classificação Internacional de Doenças, décima revisão (CID-10) relativos aos distúrbios psicóticos passageiros e graves (DPPG), com um período de duas semanas de começo, foram aplicados à amostra do estudo (Organização Mundial de Saúde, 1992). Trinta e dois doentes satisfaziam estes critérios. O grupo total de doentes psicóticos foi acompanhado durante três anos e o resultado foi comparado entre os vários grupos de diagnóstico. Os doentes com DPPG deram-se muito melhor do que aqueles a quem foi diagnosticada esquizofrenia ao longo do período em que decorreu o estudo. Três quartos dos doentes com DPPG tiveram apenas um episódio de psicose ou vários episódios com total recuperação entre cada um deles, comparado com apenas mais de um terço dos doentes com um diagnóstico inicial de esquizofrenia. Num primeiro contacto, 10 dos doentes com DPPG demonstraram sintomas indissociáveis da esquizofrenia, e a forma dos sintomas não previa resultados. Esta descoberta confirma a de Guinness (1992) no seu estudo na Suazilândia e levanta a questão sobre se estes distúrbios representam uma categoria de diagnóstico distinta ou se o conceito de esquizofrenia necessita de ser alargado de maneira a incluir doenças com um começo muito grave e de rápida resolução.

O estudo internacional epidemiológico pensado pela Organização Mundial de Saúde, Determinantes do Resultado de Distúrbios Mentais Graves (DRDMG), relativo a doentes que contactam pela primeira vez com os serviços devido a uma doença psicótica, confirmou estas conclusões (Jablensky *et alii*, 1992). Uma continuação do estudo, durante dois anos, das amostras de doentes oriundos de uma variedade de países desenvolvidos e em desenvolvimento, descobriu que uma porção considerável de indivíduos com sintomas típicos de esquizofrenia recuperou totalmente do primeiro episódio da doença e permaneceu bem ao longo do período do estudo. A importância destas descobertas não pode ser sobrevalorizada. Elas mostram que a esquizofrenia não é uma doença que impõe uma deterioração inevitável. Como veremos adiante, o estereótipo do público acerca da esquizofrenia inclui a noção de que ninguém recupera desta doença. A insistência por parte dos profissionais em que apenas as doenças crónicas deveriam ser designadas por esquizofrenia reforça a ideia errada que o público tem do conceito.

Mesmo os doentes que sofrem de uma esquizofrenia de longa duração não estão condenados a um resultado negativo. Manfred Bleuler (1978), cujo pai Eugen introduziu o termo 'esquizofrenia', dirigiu o primeiro estudo sobre doentes com a doença que continuava durante várias décadas. Bleuler descobriu que aqueles indivíduos cuja doença era persistente mostravam desde o início uma tendência para melhorar à medida que o tempo passava. Este resultado surpreendente foi confirmado por vários estudos feitos na Europa (Huber *et alii*, 1975; Ciompi, 1980) e por um estudo feito nos Estados Unidos (Harding *et alii*, 1987). Descobriu-se que alguns destes doentes estavam a trabalhar em empregos remunerados décadas mais tarde.

2.2. Os resultados nos países desenvolvidos e em desenvolvimento

Outra descoberta-chave do estudo internacional da OMS acerca do começo e resultado dos distúrbios psicóticos foi que o resultado do acompanhamento ao longo de dois anos era bastante melhor para os doentes com um primeiro episódio de esquizofrenia nos países em desenvolvimento do que nos desenvolvidos. O melhor resultado foi definido como recuperação total do primeiro episódio e não havendo mais nenhum surto de esquizofrenia durante o período de acompanhamento que se seguiu. A proporção de doentes que cai nesta categoria era de 24-54% na Índia, na Nigéria e na Colômbia (média de 37%) comparado com 4-32% nos países desenvolvidos (média de 16%). Tal acontece apesar do facto de os recursos psiquiátricos na Índia e na Nigéria serem escassos comparados com os que existem no Ocidente. Por exemplo, a Índia tem quatro psiquiatras e ainda menos enfermeiros psiquiátricos por um milhão de habitantes (Organização Mundial de Saúde, 2001). Eram mais comuns os doentes com um começo de doença rápido nas amostras dos países em desenvolvimento do que nos outros centros, mas mesmo quando este tipo de doentes com este tipo de patologia era excluído, os restantes doentes saíam-se melhor do que os dos países desenvolvidos. Tal torna improvável que a explicação resida no tipo de doença a ser comparada. É muito mais provável que as diferenças sociais e culturais entre os diferentes centros permitam dar conta da diversidade de resultados. Se assim for, existem então oportunidades para alterar o ambiente dos doentes e, consequentemente, melhorar as perspectivas de recuperação. Este seria um passo importante para mudar a ideia que o público tem de que as pessoas não recuperam da esquizofrenia.

Um estudo internacional de acompanhamento de longo prazo confirmou as descobertas feitas em estudos de longo prazo mais antigos

(Harrison *et alii*, 2001). A amostra incluía 766 dos doentes presentes no estudo DRDMG, que foram acompanhados durante 25 anos. Perto de metade dos doentes foram classificados como totalmente recuperados após este tempo, e 43% não sofreu de psicoses nos dois últimos anos. Em termos sociais, 57% dos doentes com um diagnóstico de esquizofrenia tinham um emprego remunerado ou trabalhavam em casa. Num intervalo de 15 anos depois, 16% dos que sofriam de esquizofrenia mostraram provas de uma melhoria tardia, nomeadamente dos sintomas persistentes que inicialmente se seguiram à recuperação. Os índices globais de melhoria variavam de acordo com o local, confirmando os resultados do estudo de acompanhamento dos dois anos, tendo-se verificado os melhores em Nottingham e na Chandigarh rural, no norte da Índia.

Seria claramente de importância prática identificar as razões para os diferentes percursos da esquizofrenia nos diversos países. Vários estudos de acompanhamento que se realizaram separadamente em países em desenvolvimento antecederam o estudo DRDMG da OMS; alguns destes estudos descobriram um melhor resultado para os doentes nos países em desenvolvimento do que nos países desenvolvidos. Num estudo levado a cabo no Sri Lanka, Waxler (1979) sugeriu que uma possível razão explicativa era a relativa facilidade com que os doentes podiam encontrar um emprego útil e produtivo em negócios familiares, algo que abunda nas sociedades rurais pré-industriais. O ponto de vista de Waxler é sustentado por uma descoberta feita num antigo estudo transnacional de acompanhamento da OMS sobre esquizofrenia (Organização Mundial de Saúde, 1979). Estes investigadores notaram que, nos países desenvolvidos, são os cidadãos da classe alta e com uma melhor educação que apresentam os melhores resultados na esquizofrenia, mas no mundo em desenvolvimento, são os agricultores com uma instrução mais baixa que apresentam os melhores resultados. A casta superior e com um bom nível de instrução dos Brahmins, na Índia, por exemplo, que enfrentou elevados níveis de desemprego por essa altura, padeceu de um pior percurso da doença.

O estudo DRDMG foi arquitectado para responder à pergunta básica sobre se o percurso da doença variava entre os países e não para procurar possíveis explicações. Contudo, num dos dois centros da Índia, foi incluída a análise de um potencial factor social – a resposta emocional dos familiares ao desenvolvimento da esquizofrenia de um membro da família. É preciso, então, introduzir a base de tal facto.

2.3. A expressão da emoção dos familiares

Uma medida da resposta emocional da família à esquizofrenia foi originalmente desenvolvida nos anos 60 como fazendo parte de uma pesquisa social sobre a desinstitucionalização no Reino Unido. O instrumento de medida é conhecido como emoção expressa (EE) e é avaliado através de uma entrevista gravada feita ao(s) familiar(es) (Brown e Rutter, 1966; Vaughn e Leff, 1976). Nas décadas que se seguiram, o índice EE provou ser um previsor de êxito dos resultados da esquizofrenia em períodos de nove meses a dois anos (Butzlaff e Hooley, 1999). O índice EE, que é utilizado para avaliar as atitudes dos familiares, deriva de medidas de momentos críticos, de hostilidade e de sobre-envolvimento emocional. Devia ser designado com mais precisão por 'emoção negativa expressa', dado que a expressão de afecto por parte do familiar é sinal de um resultado positivo e não contribui para o índice.

Embora o poder de previsão do EE seja admiravelmente consistente em várias línguas e culturas, a porção de familiares que recaem na categoria elevada de EE varia muito de cultura para cultura. Foi esta constatação que fez despoletar a inclusão da avaliação do EE no estudo DRDMG, mas apenas no centro correspondente à Índia, dado que a logística deste tipo de investigação é aí exigente. Os falantes nativos de hindu foram treinados para conduzir as entrevistas e classificar as gravações. Os doentes e os familiares eram oriundos de dois locais diferentes: zona urbana e zona rural. A cidade de Chandigarh, a capital de Punjab, é um ambiente urbano moderno projectado pelo arquitecto francês Le Corbusier. Tem um sofisticado instituto médico de pós-graduações que atraiu profissionais de outras partes da Índia; 70% da população era alfabetizada na altura em que o estudo foi feito. Em contraste com esta realidade, as aldeias circundantes são habitadas por agricultores tradicionais, na maioria morando em casas feitas de argila e tijolo. Aqui, as famílias numerosas eram a norma, e os níveis de alfabetização eram de 30%.

Em termos do EE, 30% dos habitantes das cidades foram classificados como tendo este índice elevado, menos de metade da porção encontrada por Tarrier *et alii* (1988) na cidade de Salford, no Reino Unido.

Tabela 2.1. Proporção de familiares com emoção expressa elevada (EE) nas diferentes culturas

País	Cidade	Grupo	%
Itália	Milão	Italiano	70
Reino Unido	Salford	Britânico	69
Polónia	Cracóvia	Polaco	69
EUA	Los Angeles	Anglo-Americano	67
Espanha	Madrid	Espanhol	58
Dinamarca	Aarhus	Dinamarquês	54
Austrália	Sidney	Anglófono	54
Japão	Okayama	Japonês	46
EUA	Los Angeles	Americano-Mexicano	41
Espanha	Galiza	Espanhol (rural)	34
Índia	Chandigarh	Hindu (urbano)	30
		Hindu (rural)	8

A proporção entre os aldeãos era ainda inferior, de 8% (Wig *et alii*, 1987). Juntando os familiares urbanos e rurais, a proporção classificada como mostrando emoção expressa elevada (EE) era metade daquela de uma amostra de Londres com um primeiro episódio comparável, enquanto a proporção de doentes com o melhor resultado era o dobro daquela da amostra de Londres (Leff *et alii*, 1987). A diferença nos níveis de EE dos familiares demonstrava claramente o melhor resultado dos doentes de Chandigarh. De modo a poder compreender os níveis excepcionalmente baixos de EE entre os familiares de Chandigarh, os dados precisam de ser encarados no contexto dos estudos do EE relativos a outros grupos culturais, como aqueles presentes na tabela 2.1.

2.4. Variações de EE em diversas populações

Através dos dados presentes na tabela 2.1, é evidente que existe uma inclinação das proporções de EE, alargando a partir do nível mais elevado nas populações urbanas industrializadas, através de níveis intermédios nos Americanos-Mexicanos, na população agrária do Ocidente e nos habitantes da cidade de Chandigarh, na Índia, até ao nível extremamente baixo encontrado nos aldeãos rurais da província de Chandigarh. Os baixos níveis de EE representam uma atitude tolerante e de aceitação em relação aos sintomas e debilidades da esquizofrenia, e parece que tal está intimamente ligado a uma economia agrária e às idiossincrasias das sociedades tradicionais e estruturas familiares. Podemos especular em relação às influências que operam nestas culturas e que podem levar a uma tal tolerância.

Incompreensão da família

Os meus pais e as minhas irmãs diziam sempre: 'Tu não te controlas, não te esforças o suficiente, fazes isto só para te darmos atenção.' De facto, os meus pais são... bem, um bocado abastados, e uma vez a minha mãe disse que se eu deixasse de ir ao psiquiatra, seria mais fácil de pagar a despesa para trazer de volta das Filipinas a empregada doméstica. Não quis saber e continuei a ir ao meu psiquiatra, e eles trouxeram de volta a empregada deles na mesma. Uma das minhas irmãs apercebeu-se por fim de que eu estava doente. Os meus pais estão finalmente a mudar de opinião em relação a isto.

As crenças acerca das causas da doença diferem grandemente entre as culturas Ocidental e Oriental. Na primeira, a responsabilidade da doença é cada vez mais atribuída aos doentes; por exemplo, houve relutância em fazer uma intervenção cirúrgica a fumadores compulsivos com problemas de coração, dado que se considerava que eles próprios tinham provocado a sua doença. Pelo contrário, as crenças não-Ocidentais acerca das causas colocam os agentes da doença fora do controlo do doente, tais como espíritos enraivecidos, bruxaria feita contra o paciente e o poder do destino ou carma. Em muitas culturas tradicionais, a doença mental é atribuída à posse do corpo são por espíritos maus, tal como o era na Europa da Idade Média (Leff, 1988). Consequentemente, o doente não é considerado responsável pela sua doença e as críticas por parte dos familiares são, assim, raras.

Outro factor que pode explicar um elevado grau de tolerância é a presença constante de negócios familiares cooperativos nas economias agrárias. A diversidade das funções laborais e a falta de ênfase na produtividade e pontualidade permitem que mesmo os parentes mais debilitados contribuam para o rendimento da família. A inclusão de doentes com doenças mentais graves na força laboral foi evocada por Waxler (1979) para explicar os bons resultados dos doentes que esta investigadora estudou no Sri Lanka. Tal contrasta em muito com a situação intensamente competitiva do Ocidente, onde uma chegada tardia ao trabalho ou uma baixa produtividade pode levar rapidamente ao despedimento. Uma consideração dos factores sócio-culturais influenciando a tolerância dos familiares para com um membro da família com uma doença psiquiátrica grave chama a atenção para as tentativas de facilitar a entrada dos doentes em papéis sociais e ocupacionais na sociedade em geral. Este assunto será analisado em pormenor mais adiante.

2.5. A natureza dos sintomas negativos

Até agora, falámos das variações nos resultados em termos dos sintomas positivos que delineiam novos episódios de psicose quando re-ocorrem. Os sintomas negativos diferem dos positivos na sua natureza, percurso e resposta ao tratamento. Enquanto os sintomas positivos são marcados pela presença de comportamentos e experiências anormais, os sintomas negativos consistem na ausência de comportamento normal. Conversas com vozes alucinatórias e expressão de delírios paranóicos são sintomas positivos típicos; não se levantar de manhã, não partilhar as tarefas domésticas, não cuidar da higiene pessoal e não mostrar interesse por nada são sintomas negativos característicos. Ao contrário dos sintomas positivos, os negativos têm uma resposta muito pobre, se não mesmo inexistente, à medicação antipsicótica. Tais sintomas ultrapassam geralmente, em muitos meses, os episódios de sintomas positivos e podem persistir durante anos.

Os sintomas negativos dão origem a debilidades sociais e ocupacionais graves e contribuem para o estereótipo do público da pessoa 'maluca'. A apatia e a falta de energia geram negligência em cuidados pessoais de higiene e de vestuário e levam à existência de uma aparência suja e desalinhada. Geralmente existe uma restrição ou ausência total de expressões faciais ou de gestos que demonstrem emoções, referidas como inércia de afectos. As pessoas atribuem uma tal importância ao sorriso quando a existência de um reforço da interacção social é necessária, que quando não ele não surge não existe nenhum incentivo para a conversa continuar. Goffman (1963, p. 66) faz uma observação semelhante em relação aos efeitos da cegueira: 'o fracasso da pessoa cega em direccionar a sua cara para o olhar dos seus interlocutores é um acontecimento que sistematicamente rompe com a mecânica da comunicação falada.'

Os efeitos dos sintomas negativos estendem-se à apresentação social dos doentes e fazem com que as outras pessoas os rejeitem. Estes efeitos também influenciam as atitudes dos profissionais que tentam envolver os doentes em programas de reabilitação; mesmo embora tais profissionais devessem estar cientes de que os sintomas negativos são inerentes à doença, podem ser críticos em relação a eles (Moore *et alii*, 1992; Willetts e Leff, 1997).

2.6. As origens dos sintomas negativos

Continua a haver um debate sobre a contribuição do ambiente social para o desenvolvimento de sintomas negativos. No ponto de viragem histórico dos cuidados institucionais, foi publicado um livro, enganosamente intitulado de *Institutional Neurosis* (Barton, 1976), que atribuía uma grande parte dos sintomas negativos ao ambiente socialmente desprovido dos hospitais psiquiátricos. É inquestionável que as 'alas mais traseiras' dos asilos não funcionavam como qualquer estímulo para os doentes. Se eles estivessem fechados nessas alas, as suas vidas empobreceriam. Contudo, os doentes que tinham liberdade para vaguear dentro das paredes do asilo desenvolviam a sua própria contra-cultura, da qual eram excluídos os profissionais de saúde e da qual estes eram desconhecedores. Um estudo sobre a vida social dos doentes numa instituição psiquiátrica no norte de Londres mostrou que eles tinham uma rede de amigos e de conhecidos fora da sua ala, rede essa que os funcionários ignoravam (Dunn *et alii*, 1990). Não havia praticamente nenhuma actividade social entre os doentes e profissionais nas respectivas alas, nem no departamento de terapia industrial. No entanto, observou-se a existência de uma comunidade social bem desenvolvida com papéis distintos na cantina dos doentes, na qual os profissionais de saúde nunca entravam.

2.7. Será que a medicação agrava os sintomas negativos?

Não é tarefa fácil determinar as contribuições relativas das diferentes influências nos sintomas negativos, mas argumenta-se que a medicação desempenha um determinado papel. A introdução de uma medicação antipsicótica específica nos anos 50 criou uma esperança para os doentes de um regresso a uma vida mais normal fora das instituições. No entanto, e embora os novos medicamentos controlassem os sintomas positivos numa maioria dos doentes, eles geravam efeitos secundários penosos, principalmente pelo bloqueio dos receptores de dopamina nos gânglios basais do cérebro. Tal levava a um quadro clínico quase parecido com o da doença de Parkinson: tremor dos membros, redução dos movimentos da cara e do corpo, uma postura curvada e um andar arrastado. Mais, alguns doentes passavam a sofrer de uma salivação excessiva que caía constantemente da boca. Para além deste sofrimento e desconforto vivido pelos doentes, estes efeitos no movimento e na mobilidade catalogam os doentes como pessoas diferentes, e contribuem para aumentar ainda mais o estigma que experimentam. Tornou-se claro que, durante décadas, eram dadas aos doentes doses demasiado elevadas destes medicamentos. Descobriu-se que uma dose consideravelmente mais baixa do que aquela que, em regra, era prescrita conseguia bloquear completamente os receptores de dopamina no cérebro, como por exemplo, 20 mg de haloperidol. Sendo assim, uma medicação adicional não tem qualquer efeito benéfico nos sintomas psiquiátricos, mas aumenta a frequência dos efeitos secundários. Estas doses desnecessariamente elevadas geravam também sedação, de tal modo que os doentes demonstravam ter processos mentais lentos e alguns queixavam-se de ter a cabeça enevoada.

A inactividade mental e física que resulta dos efeitos secundários da medicação podia ser facilmente mal interpretada como um sintoma negativo da doença. Contudo, ao contrário dos verdadeiros sintomas negativos, estes efeitos secundários são controlados quando a dose da medicação é reduzida ou quando são substituídos remédios antipsicóticos mais antigos pela nova geração dos tão falados novos antipsicóticos. Fazendo parte de um programa de reabilitação intensivo num velho hospital psiquiátrico, Leff e Szmidla (2002) substituíram os regimes de medicação existentes por um único novo medicamento antipsicótico (olanzapine). Os doentes foram seleccionados como sendo os mais difíceis do hospital; muitos tinham um historial de violência e alguns tomavam uma quantidade e uma variedade incríveis de medicamentos. Um destes regimes de medicação é mostrado na tabela 2.2.

Depois dos seus regimes de medicação terem sido alterados, muitos destes doentes tornaram-se cada vez mais activos e foram capazes de beneficiar do programa de reabilitação. Em resultado, num espaço de dois anos após o início do programa, 36% dos doentes foram colocados em casas comunitárias. Os criadores de novos medicamentos antipsicóticos defendem que estes têm um efeito directo na melhoria dos sintomas negativos. Tal afirmação foi alvo de algum cepticismo por parte dos profissionais, mas uma meta-análise utilizando todos os dados disponíveis oriundos dos testes relevantes, incluindo material não-publicado, concluiu que existe uma base para estes argumentos (Davis *et alii*, 2003).

Tabela 2.2. Regime de medicação para um doente no estudo de Leff e Szmidla (2002)

Zuclopenthixol[a] 600 mg injecção intramuscular semanal
Carbamazepine[b] 200 mg oralmente quatro vezes por dia
Chlorpromazine[a] 300 mg oralmente todos os dias
Chlorpromazine 200 mg oralmente três vezes por dia
Chlorpromazine 50 mg oralmente duas vezes por dia quando recomendado
Haloperidol[a] 20 mg oralmente às 8 horas
Haloperidol[a] 20 mg oralmente às 18 horas quando recomendado
Procyclidine[c] 5 mg oralmente três vezes por dia

[a]Antipsicótico; [b]estabilizadores de humor; [c]antiparkinsonianos

2.8. A contribuição de práticas institucionais para os sintomas negativos

Se a privação imposta pelos cuidados institucionais é uma forte determinante dos sintomas negativos, então podemos esperar um alívio destes sintomas quando os doentes são colocados num ambiente mais estimulante fora das paredes do asilo. A Equipa para a Avaliação dos Serviços Psiquiátricos (EASP)[2] dirigiu ao longo de cinco anos um estudo

---

[2] Team for the Assessment of Psychiatric Services (TAPS), no original. [N. da T.]

de acompanhamento de aproximadamente 700 doentes há muito tempo internados, tendo recebido alta de dois hospitais psiquiátricos de Londres e colocados em casas na comunidade. Um estudo de acompanhamento pertencente ao grupo anterior de 114 doentes mostrou uma diminuição considerável nos sintomas negativos entre os estudos de acompanhamento de um e de cinco anos (Leff *et alii*, 1994). No entanto, o estudo de cinco anos sobre toda a amostra fracassou em detectar qualquer mudança (Leff e Trieman, 2000). Os doentes com os problemas menos importantes saíram primeiro do asilo (Jones, 1993), sugerindo que qualquer influência do ambiente institucional no aumento dos sintomas negativos é reversível neste grupo de pessoas. Nos doentes com problemas mais graves, o efeito institucional pode ser insignificante relativamente ao impacto da doença; por outro lado, o efeito institucional pode não sofrer melhorias pela vida em comunidade. Os dados não permitem uma resolução destas explicações alternativas.

O lugar dos cuidados psiquiátricos mudou notoriamente ao longo dos últimos 50 anos nos países desenvolvidos. Na Inglaterra e no País de Gales, havia 130 hospitais psiquiátricos em funcionamento em 1975; agora existem pouco menos de 20 ainda a funcionar. Tal significa que menos doentes psiquiátricos estão agora expostos aos ambientes empobrecidos do passado. Contudo e, tristemente, os sintomas negativos não desapareceram com o fim das instituições. Tornou-se evidente que estes sintomas são largamente produto da psicose e que requerem tratamento especializado de maneira a que o doente possa melhorar. Tal implica uma combinação da gestão farmacológica mais actualizada e de intervenções psicossociais sofisticadas, como será debatido em pormenor na Segunda Parte.

Deve salientar-se que a revolução nos cuidados psiquiátricos ocorrida nos países desenvolvidos do Ocidente quase não tocou o resto o mundo. Ainda existem instituições, mesmo em países relativamente influentes, nas quais os doentes vivem em condições insalubres, envergando roupa de dormir de dia e de noite, amarrados a camas ou a cadeiras, sujeitos a violência por parte dos profissionais e funcionários e com pouca esperança de regressarem às suas casas. Estes lugares horrendos continuam a dominar os cuidados psiquiátricos e alimentam a imagem dominante que o público tem acerca da alienação, da falta de esperança e incurabilidade destas doenças.

2.9. Conclusões

Existe uma grande variação nos resultados para as pessoas que desenvolvem esquizofrenia. Embora cerca de 15% siga o percurso crónico desde o início da doença, à volta de metade dos doentes recuperam totalmente do episódio inicial e permanecem bem durante muitos anos. Os doentes que apresentam este resultado positivo nos países em desenvolvimento são o dobro daqueles existentes nos países desenvolvidos, apesar da relativa falta de cuidados profissionais nos primeiros países. Foram propostas várias explicações para esta descoberta admirável, que não depende do padrão dos sintomas no primeiro contacto com os serviços. Até agora, a explicação que é sustentada por dados científicos consiste na crescente tolerância por parte da família nos países em desenvolvimento.

Os estudos de acompanhamento a longo prazo de pessoas com esquizofrenia revelaram que mesmo aquelas que estão muito debilitadas no início da sua doença mostram uma melhoria constante ao longo de várias décadas. No entanto, longos períodos de hospitalização diminuem esta tendência para a recuperação, tal como o fazem doses excessivas de medicação antipsicótica. O processo de desinstitucionalização, que teve lugar nos países desenvolvidos ao longo dos últimos 50 anos do século XX, mostrou que uma porção considerável de doentes pode recuperar dos sintomas negativos. Tal indica que um ambiente desprovido de convivência social pode intensificar a apatia e a inércia que afectam muitas pessoas com esquizofrenia. Outros doentes fracassam em encontrar alívio dos sintomas negativos depois de saírem de longas estadas em instituições, salientando a necessidade de evitar tais práticas. O evitamento de prescrições irracionais de medicamentos tem também um papel a desempenhar na facilitação da tendência natural para a recuperação das pessoas com esquizofrenia.

3. A NATUREZA DO ESTIGMA

3.1. O que compõe o estigma?

A maioria dos autores que escrevem sobre o estigma começa por referir-se à origem linguística do termo na Grécia antiga, onde significava uma queimadura ou cicatriz feita no corpo de maneira a denotar que o seu portador era um escravo, um criminoso ou qualquer pessoa marginal (Clausen, 1981). Existe um paralelo interessante com a personagem bíblica de Caim que, tendo matado o seu irmão Abel, foi marcado por Deus. No entanto, esta marca, visível para todos os que viam Caim, transmite duas mensagens: por um lado, declara-o como o primeiro assassino, mas por outro, afirma que Caim, fadado a ser um errante na Terra, está sob a protecção de Deus e não pode ser atingido por ninguém. Há também uma ligação com a origem sobrenatural dos estigmas e a conotação positiva que tiveram quando o termo era usado nos tempos antigos, querendo referir-se às marcas das feridas do corpo de Cristo crucificado que se diz terem aparecido nos corpos vivos dos santos e de outras pessoas sagradas.

O uso contemporâneo do termo tem uma conotação completamente negativa, como o indica o subtítulo do trabalho inovador de Goffman (1963) sobre o estigma, *Notes on the Management of Spoiled Identity* [*Notas sobre a Gestão de uma Identidade Destruída*]. O argumento principal de Goffman é que a estigmatização de atitudes e de comportamentos por parte dos outros constitui uma ameaça para a identidade da pessoa alvo do estigma. Goffman analisa os diferentes aspectos da identidade que correm perigo e descreve as respostas comuns criadas para a defesa da identidade de cada um nestas situações. Vale a pena citar o seu trabalho com algum pormenor.

Goffman distingue entre três tipos de identidade, cada um tendo uma relação diferente com o estigma. A identidade social diz respeito à maneira como a pessoa se apresenta no mundo num sentido lato, incluindo as pessoas que não a conhecem. A identidade pessoal é o reconhecimento da pessoa pelo círculo de indivíduos que a conhecem. A identidade do ego concerne a ideia que a pessoa tem de si própria e, consequentemente, é uma experiência pessoal e auto-reflectora.

A estigmatização pelos outros acontece principalmente no campo da identidade social e é baseada em estereótipos defendidos por estranhos que não conhecem a pessoa em questão. Assim, acontece que é menos provável que os indivíduos que conhecem a pessoa em questão a vejam de acordo com os estereótipos e, em consequência, é improvável que a estigmatizem. Iremos ter em conta os argumentos que atestam esta ideia mais adiante.

A identidade pessoal pode ser preservada dos efeitos do estigma se a pessoa controlar a quantidade de informação transmitida para o seu círculo social, por exemplo, a 'ocultação' da homossexualidade. Uma pessoa que tenha uma doença psiquiátrica grave pode ser capaz de esconder que esteja num hospital, mas o seu aspecto pode ser revelador. 'Mesmo quando uma pessoa tem sentimentos ou crenças algo anormais, é provável que tenha preocupações bem normais, e utiliza estratégias normais ao tentar esconder estas anormalidades dos outros, tal como o sugere a situação de ex-doentes mentais' (Goffman, 1963, p. 156). Tal também pode ser aplicado aos doentes psiquiátricos actuais, que aprendem rápido acerca das consequências nefastas de admitir perante os profissionais a extensão das suas experiências anormais. Eu (Julian Leff) costumava sentar-me no meu consultório num velho hospital psiquiátrico, observando a varanda de uma casa onde viviam 12 doentes há muito tempo internados e que estavam sob os meus cuidados. Um homem idoso, que tinha estado internado durante muitas décadas, costumava sentar-se na varanda falando alto para o ar e rindo ruidosamente. Quando o consultava no meu gabinete para rever o seu estado mental, ele negava veementemente que tinha ouvido vozes.

Os doentes podem aprender uns com os outros modos de como lidar com o estigma e como manter a sua identidade pessoal. As pessoas que partilham as mesmas características estigmatizadoras podem oferecer aos outros 'dicas sobre os ossos do ofício e um rol de lamentos de que podem servir-se para apoio moral e para o conforto de se sentirem em casa, com calma, aceites como uma pessoa realmente normal como qualquer outra' (Goffman, 1963, p. 32). Contudo, algumas pessoas – e tal aplica-se certamente aos doentes psiquiátricos – fazem o que podem para se afastarem de outras pessoas como elas.

A pessoa estigmatizada tem tendência para estratificar os outros com as mesmas características estigmatizadoras, de acordo com o quão evidente é o seu problema. Pode então tomar a mesma atitude em relação aos mais evidentemente estigmatizados tal como os 'normais' fazem em relação a ela... À partida, quanto mais próxima uma pessoa estiver dos normais, com mais facilidade ela se encarará dentro de termos não-estigmatizadores.

GOFFMAN, 1996, pp. 130-31

Goffman salienta que a pessoa que desenvolve uma característica estigmatizadora tarde na vida (como acontece com a maioria das doenças psiquiátricas) será confrontada com a possibilidade de ter de aceitar uma nova identidade. Uma das vantagens em conseguir fazê-lo é o acesso ao apoio que virá a ter dos outros com o mesmo estigma. Mas é necessário ter de lidar com a dor ao perder o estatuto de 'normal'. O prejuízo para a auto-estima que esta perda implica tem sido o centro de cada vez mais investigações e será debatido adiante.

3.2. As atitudes do público em relação à doença psiquiátrica

Houve muitos inquéritos ao público de maneira a determinar as suas atitudes em relação a pessoas com uma doença psiquiátrica. Não se trata apenas de fazer perguntas, porque o modo como elas são feitas pode influenciar as respostas. As pessoas sabem geralmente quais as respostas 'correctas' que devem dar e podem responder de maneira a satisfazer, na sua ideia, as expectativas do interrogador. Estas são conhecidas como respostas socialmente desejáveis, que podem levar à criação de um grande fosso entre os testemunhos das pessoas acerca das suas atitudes e aquilo em que secretamente acreditam. As pessoas também respondem de maneira diferente a perguntas abertas como 'De que modo reconheceria uma pessoa com uma doença mental?', comparado com uma sugestão de características como 'Acha que as pessoas com uma doença mental são provavelmente violentas?'

Mais, é instrutivo descobrir até que ponto estão as pessoas bem informadas acerca de doenças psiquiátricas, uma vez que as atitudes preconceituosas nascem da ignorância. As atitudes não correspondem necessariamente ao comportamento real e, assim, é também necessário perguntar às pessoas como se comportariam perante um indivíduo com uma doença mental. Uma vez mais, pode também aqui haver uma disparidade entre aquilo que as pessoas dizem que fariam e o modo como se comportam na realidade. Assim, um inquérito completo sobre este assunto terá de incluir perguntas acerca do conhecimento, atitudes e intenções comportamentais. Deverá também haver algum controlo sobre a maneira como as pessoas se comportam realmente perante doentes mentais em situações da vida real. Este é um programa exigente e poucos estudos foram tão completos.

Um método para minimizar as respostas socialmente desejáveis é o de apresentar aos membros do público histórias de doentes mentais sem fornecer um diagnóstico. Histórias como estas foram introduzidas primeiro por Star (1955) e tornaram-se uma ferramenta comum com a qual se devia explorar atitudes. Existe uma vasta bibliografia sobre inquéritos acerca de atitudes utilizando histórias e questionários, ou ambos. Não tentaremos rever todo o material publicado, mas centrar-nos-emos em investigações relevantes e em estudos que trouxeram um novo entendimento à questão.

3.3. Descobertas oriundas dos inquéritos

Reda (1996) dirigiu um inquérito sobre atitudes em duas ruas do norte de Londres e fez uma pergunta aberta acerca das características das pessoas com doenças mentais. As 68 pessoas numa das ruas que responderam e as 60 na outra identificaram as mesmas características e quase exactamente na mesma ordem de frequência. Foi mencionada uma comunicação pobre por 41% e 36% dos inquiridos, respectivamente, seguido de perto pela característica de um comportamento estranho (32% e 39%). A seguir, em termos de frequência, surgiu a característica de fracas habilidades sociais; posteriormente, a agressividade, que foi referida por 22% e 17% dos inquiridos, respectivamente. Estes números são surpreendentemente baixos quando comparados com a representação dos doentes mentais por parte dos meios de comunicação, já antes mencionada. Contudo, os inquéritos que perguntam directamente sobre doenças mentais e violência encontram números muito maiores de membros do público que defendem a suposta ligação entre doentes mentais e a violência.

Crispe *et alii* (2000) serviu-se do Gabinete de Estatísticas Nacionais (GEN)[3] para dirigir um inquérito cara-a-cara a 2679 adultos no Reino Unido oriundos de vários sítios escolhidos aleatoriamente. Foram per-

---

[3] Office of National Statistics (ONS), no original. [N. da T.]

guntadas questões acerca de sete distúrbios mentais, incluindo a esquizofrenia. As percentagens das características atribuídas às pessoas com a doença foram as seguintes: imprevisíveis, 77%; perigosas para os outros, 71%; difíceis de manter uma conversa, 58%; sentem-se diferentes, 58%; nunca recuperam, 51%; não melhoram mesmo se receberem tratamento, 15%; precisam de ser encorajadas, 8%; e só são elas as únicas culpadas, 8%. O contraste com os resultados obtidos por Reda é incrível: no seu inquérito, a imprevisibilidade foi a resposta menos frequente numa das ruas, enquanto na outra foi mais frequentemente mencionada do que a agressividade, que tinha sido a resposta menos vezes dada. É improvável que tais diferenças se devam inteiramente à natureza local da amostra de Reda, comparado com o inquérito nacional. As diferentes técnicas existentes para avaliar atitudes constituem a explicação mais provável.

Reda (1996) também descobriu que o nível de conhecimento acerca da doença mental era baixo, com 35% dos inquiridos a não serem capazes de distinguir entre doença mental e dificuldade de aprendizagem. Uma falta de conhecimento semelhante foi descoberta por Wolff e os seus colegas (1996a) num inquérito feito a 215 moradores de duas áreas do sul de Londres. Tantos quanto 48% dos inquiridos não conseguia fazer a distinção acima mencionada. Foi conduzido um inquérito nacional no Reino Unido mais ou menos na mesma altura em que teve lugar o estudo de Wolff *et alii*, e incluiu uma amostra representativa de 1804 adultos com mais de 15 anos (Leff, 1998). A cada inquirido foi entregue uma lista de doenças e foi-lhe proposto que identificasse, dentro delas, as doenças mentais. Trinta e dois por cento consideraram erradamente a dificuldade de aprendizagem como uma doença mental. A mais identificada pela maioria dos inquiridos (85%) foi a esquizofrenia, embora 44% deles pensassem que fosse um 'desvio de personalidade'. Tal como nos inquéritos locais de Londres, apenas um pequeno número (14%) identificou a esquizofrenia com um comportamento violento ou agressivo.

Um inquérito telefónico feito por Stuart e Arboleda-Flórez (2000) em Alberta, no Canadá, mostrou um elevado nível de conhecimento. Apenas 10% dos inquiridos pensavam que as pessoas com esquizofrenia tinham tendência para padecerem de um atraso mental ou serem pouco inteligentes. Um número relativamente baixo (18%) atribuiu a característica de perigosos às pessoas com esquizofrenia. Os inquiridos com mais de 60 anos tinham uma ideia menos clara acerca da esquizofrenia e do seu tratamento. As pessoas com mais conhecimento na matéria eram as menos prováveis de se distanciarem das pessoas com esquizofrenia. Apesar da natureza bem informada do público canadiano, 47% dos inquiridos equipararam a esquizofrenia ao desvio de personalidade.

O público alemão também entende a esquizofrenia como desvio de personalidade (Angermeyer e Matschinger, 1997); esta associação é geralmente encontrada em estudos que Jorm *et alii* (1997) designaram por 'literacia da saúde mental'. A palavra esquizofrenia deriva dos termos gregos *schizo* (que significa divisão) e *phrenos* (que significa mente), mas poucos membros do público, exceptuando o grego, seriam conhecedores das raízes linguísticas da palavra. Teremos então de procurar uma outra explicação para esta ideia global errada.

Todo o conjunto dos vários distúrbios psiquiátricos suscita algum grau de estigma, mas a esquizofrenia é vista pelo público como sendo a segunda condição mais perigosa, ocupando o consumo excessivo de drogas o primeiro lugar. Tanto o público como os meios de comunicação interpretam a esquizofrenia como sinal de desvio de personalidade, associando às imagens do Dr Jekyll e do Mr Hyde. O romance de Robert Louis Stevenson foi, na verdade, um argumento sofisticado para o reconhecimento de que qualquer pessoa está sujeira a impulsos de agressividade e que estamos permanentemente a suprimi-los como resultado de vivermos em sociedade. Mas a ideia de os desviarmos (de os 'escondermos') e, assim, de nos tornarmos seres perfeitamente calmos e racionais é enganadora. Cada um de nós é uma mistura desconfortável do médico bom e do monstro emotivo. E ainda assim, a necessidade de negar as nossas emoções violentas e de as rotular de 'loucura' é tão profunda quanto difundida. Sontag (1988), ao escrever sobre o cancro, propôs que 'as doenças adquirem significados (ao representarem os medos mais profundos)'. O processo de nos livrarmos da temida urgência de sermos violentos e impulsivos é conseguido apenas ao atribuirmos estas características não desejadas aos outros. O outro ser odiado torna-se então na pessoa que desejamos eliminar da sociedade civilizada. Este foi, claro está, o destino de centenas de milhar de pessoas com doenças psiquiátricas que deram entrada em asilos e que geralmente passaram o resto das suas vidas isoladas do resto do mundo.

Esta formulação serve de base a uma série de questionários utilizados em inquéritos comunitários. Por exemplo, uma análise dos factores às Atitudes da Comunidade em relação aos Doentes Mentais (ACDM)[4], dividida em partes por Taylor e Dear (1981), que foi amplamente utilizada,

---

[4] Community Attitudes to the Mentally Ill (CAMI), no original. [N. da T.]

salienta três factores, dois dos quais são 'o medo e a exclusão' e 'o controlo social' (Wolff *et alii*, 1996b). Os inquiridos com elevadas pontuações no primeiro factor demonstram sentir bastante medo das pessoas com doenças mentais e desejam retirá-las da sociedade. Os que apresentam elevadas pontuações no segundo factor garantem medidas para exercer um maior controlo sobre as pessoas com doenças mentais. O terceiro factor contrasta com os outros dois, uma vez que representa 'a boa vontade', um conjunto de atitudes que é gratificantemente comum entre o público, como iremos referir mais à frente.

O estigma na universidade

Esta professora parece estar sempre a queixar-se de mim, que estou a ser inconveniente, que estou a invadir o espaço dela. Foi um outro professor meu que me contou acerca disto. No ano passado, esta professora ensinava a cadeira de formação contínua à noite, e ela recomendou que eu me inscrevesse numa turma normal na Primavera. Quando o fiz, ela chamou os seguranças que vigiavam a universidade e estes foram a minha casa e disseram-me que nunca mais iria ter qualquer ligação com a professora. Não lhe telefonar, não lhe dirigir a palavra, não ir às aulas dela, não lhe escrever, não fazer absolutamente nada. Não percebi o porquê. Ela deve ter ouvido de alguém, nalgum lugar, que me foi diagnosticado a esquizofrenia. Para a sociedade, os esquizofrénicos são pessoas muito assustadoras. Então ela ficou com medo que eu a magoasse ou assim. Não ajuda ter uma pessoa numa posição de autoridade, uma professora universitária, falando nas nossas costas com outros professores, dizendo coisas do género: 'Tens de ter cuidado com esta pessoa.'

3.4. O estereótipo contra a realidade

Se estereotipar implica atribuir às pessoas com doenças mentais aquelas características nossas que repudiamos, estaremos então a projectar sombras num ecrã vazio ou existe algum fundamento no estereótipo? Os dados que nos permitem examinar esta questão foram recolhidos pela EASP[5] na acção de avaliar a transição entre o hospital psiquiátrico e os cuidados na comunidade. Os doentes que permaneceram mais de um ano em dois hospitais psiquiátricos de Londres destinados ao encerramento foram avaliados de forma completa antes de receberem alta ou antes

---

[5] Equipa para a Avaliação dos Serviços Psiquiátricos; TAPS (Team for the Assessment of Psychiatric Services), no original. [N. da T.]

de morrerem. Com excepção dos doentes com demência, foram examinados 670 doentes, que incluiu uma entrevista com os profissionais da saúde para atestar os seus problemas comportamentais graves (Strurt e Wykes, 1986). O problema mais comum era a falta de higiene e desleixo na apresentação (74%), seguindo-se a pouca actividade (52%), falta de iniciativa (26%), incoerência no discurso (22%), incapacidade para estabelecer um contacto social adequado (22%) e uma fraca concentração (22%) (O'Driscoll *et alii*, 1993).

Os graves problemas de comunicação que afectam um em cada cinco doentes avaliados pela EASP fornecem alguma base para o estereótipo do público. No inquérito de Reda (1996) e no inquérito nacional do Gabinete de Estatísticas Nacionais – GEN (Crisp *et alii*, 2000), 40% e 58% dos inquiridos, respectivamente, consideraram que não é fácil manter uma conversa com as pessoas com esquizofrenia. Contudo, ao relacionar o estereótipo com os problemas reais apresentados por esta amostra de utentes, torna-se essencial ter em conta o contexto em que o estudo da EASP foi feito. Os dois hospitais psiquiátricos envolvidos reduziram o número dos seus doentes desde meados dos anos 50. Na altura em que o inquérito da EASP foi conduzido, no final dos anos 80, o número de doentes hospitalizados diminuiu para um terço do seu valor mais elevado. Os doentes com melhores resul-tados receberam alta (Jones, 1993), de maneira a que a restante população estudada pela EASP compreendia os doentes mais problemáticos. Mesmo neste grupo, apenas uma pequena minoria mostrava ter os problemas de comunicação que fazem parte do estereótipo defendido pelo público.

3.5. Doença mental e violência

Vimos que, quando perguntada directamente, a proporção de público indicando a perigosidade era de 71%. Será que tal reflecte a realidade de actos violentos cometidos por pessoas mentalmente doentes? Não é um assunto simples de esclarecer, porque o grupo mais violento na população geral é formado por jovens rapazes, e o grupo onde a esquizofrenia se manifesta primeiro é nos jovens, tendo os homens um começo mais precoce do que as mulheres. Assim, ao comparar os índices de incidentes violentos em pessoas com esquizofrenia e na população geral, é necessário ter em conta a idade e o sexo.

Angermeyer (2000) fez a revisão dos nove estudos epidemiológicos sobre violência e doença mental publicados desde 1990. Encontrou uma relação moderada mas significativa entre a esquizofrenia e a violência. Contudo, foi associado um risco muito maior de violência ao consumo excessivo de drogas e à personalidade antisocial. Arboleda-Flórez (1998) reparou, a partir da revisão da bibliografia, que o consumo excessivo de drogas é um factor de risco relativo à violência e criminalidade igualmente entre a comunidade, os doentes e as populações de criminosos. Também salientou que a violência por parte dos doentes é frequentemente dirigida aos membros da família e aos amigos e, em regra, acontece em casa. Assim, o medo que os elementos do público têm de serem atacados na rua por uma pessoa com uma doença mental tem apenas uma base ténue na realidade. Mais ainda, os actos violentos são cometidos por apenas uma pequena minoria de antigos doentes.

Esta observação é sustentada pelas descobertas oriundas do estudo da EASP. O estudo de acompanhamento ao longo de cinco anos, de 670 doentes há muito tempo internados e que tiveram alta, encontrou que 13 doentes atacaram elementos do público (Trieman *et alii*, 1999). Estas pessoas escaparam à rede de selecção pensada pelos profissionais de saúde do hospital para identificar os doentes que podiam ser agressivos e que foram depois colocados em instituições seguras. Salientando os números, os ataques foram cometidos por 2% dos doentes com mais de cinco anos de internamento.

Taylor e Gunn (1999) estudaram homicídios perpetrados por doentes mentais no Reino Unido durante o período de tempo em que o local dos cuidados mudou dos hospitais psiquiátricos para os serviços comunitários. Estes investigadores não encontraram nenhum aumento evidente no número de tais homicídios ao longo do tempo. Mais, repararam que os homicídios perpetrados por doentes mentais constituem uma proporção muito pequena do número total destes crimes. Resumindo, apenas uma porção minúscula de doentes mentais comete crimes violentos, só uma pequena quantidade deles comete homicídios, e os seus familiares e amigos correm muito mais risco de serem atacados do que os estranhos. Tendo este resumo em conta, parece claro que a percepção que o público tem de que as pessoas com doenças mentais são geralmente perigosas é claramente exagerada.

É evidente que a imagem negativa que o público tem acerca das pessoas com doenças mentais se baseia em características de um grupo muito pequeno e não-representativo. Um dos doentes entrevistados por Wahl (1999) implorou: 'Não peguem na forma mais grave de doença mental e pensem que é assim com toda a gente.' Partir dos doentes mais afectados e generalizar a todos eles é a base do processo de estereotipia. Iremos agora analisar os factores que moldam as atitudes do público e que podem levar ao estereótipo.

3.6. Factores que influenciam atitudes

Factores sociodemográficos

Descobriu-se que a idade, a classe social e o nível de instrução do inquirido geralmente influenciam as atitudes das pessoas em relação a doentes mentais. As pessoas mais velhas normalmente demonstram ter uma maior necessidade de controlar os doentes psiquiátricos (Rabbik, 1974; Taylor e Dear, 1981; Brockington *et alii*, 1993; Wolff *et alii*, 1996b). Como esta descoberta se mostrou consistente durante mais de 20 anos, é pouco provável que se trate de um efeito de um grupo etário mas, pelo contrário, sugere que as atitudes das pessoas se tornam mais severas com a idade. Este foi um assunto aclarado por Angermeyer e Matschinger (1997), que descobriram que os inquiridos com valores mais tradicionais, tais como a conquista, o dever, a aprovação social e o materialismo, expressavam o desejo de manter uma distância maior das pessoas com doenças mentais.

Os indivíduos com ocupações mais elevadas demonstram ser mais tolerantes em relação aos doentes mentais (Taylor e Dear, 1981; Brockington *et alii*, 1993), tal como aqueles com um elevado nível de instrução (Cumming e Cumming, 1957; Maclean, 1969; Brockington *et alii*, 1993). Wolff e os seus colegas (1996b) analisaram a ligação entre as variáveis sociodemográficas e os três factores derivados do IMCA[6] pela análise dos mesmos, nomeadamente 'medo e exclusão', ' controlo social' e 'boa vontade'. As pessoas com uma pontuação elevada no factor 'medo e exclusão' mostravam uma tendência para ser mais velhas e com um nível ocupacional menor, o que confirmava as descobertas anteriores. Tal também se verificava para as pessoas com uma elevada pontuação no factor 'controlo social' que, para além das outras características, pertenciam a um estrato social baixo. Uma nova descoberta deste estudo foi que as pessoas com filhos menores tinham elevadas pontuações tanto no factor

---

[6] Instituto de Medicinas Complementares e Alternativas; CAMI (Complementary and Alternative Medicines Institute), no original. [N. da T.]

'medo e exclusão' como no 'controlo social'. Os autores acharam que tal estava relacionado com o estereótipo segundo o qual as pessoas com doenças mentais representam uma ameaça para as crianças, para o qual não existe nenhuma base factual. Os asiáticos, os africanos e os caribenhos mostraram também uma maior preferência pelo controlo social. Uma análise da relação entre as atitudes e o conhecimento sobre doenças mentais (Wolff *et alii*, 1996a) mostrou que os inquiridos desejando ver mais controlo social sabiam menos acerca de doenças mentais. Tal aplicava-se particularmente aos inquiridos mais velhos, aqueles oriundos de uma classe social mais baixa e membros de grupos étnicos minoritários.

As pessoas com elevada pontuação no factor 'boa vontade' eram mais jovens e com um nível de instrução mais elevado, enquanto as que apresentavam resultados baixos neste factor pertenciam a um grupo minoritário étnico. Oitenta por cento dos inquiridos conheciam alguém que padecia de uma doença mental, e tal foi associado à menor ligação à necessidade de controlo social. Esta observação levanta a questão até que ponto contactar com pessoas com doenças mentais influencia as atitudes.

Contacto com pessoas com doenças mentais

A investigação anterior gerou descobertas contraditórias, mas os resultados de trabalhos mais recentes têm-se mostrado consistentes. Rabkin *et alii* (1984) fizeram o estudo das atitudes das pessoas em Nova Iorque que viviam perto de instituições para doentes mentais, e utilizaram um grupo de comparação de pessoas que não viviam perto destas instituições. A maioria (77%) dos residentes utilizados no estudo desconhecia a existência da instituição no seu bairro, enquanto 13% dos inquiridos identificaram erradamente a existência de tal instituição perto deles. Foi perguntado a todos os inquiridos se achavam que 'os doentes mentais que são tratados na comunidade formam perigo para as pessoas que nela vivem'. Apenas 27 pessoas (17%) responderam afirmativamente; destas, 25 disseram desconhecer que viviam perto de uma instituição destas, embora, na realidade, 14 o soubessem. Os autores concluíram que a experiência não é uma determinante na crença de que as pessoas com doenças mentais são perigosas. Esta não parece uma conclusão válida, uma vez que poucos dos que moravam perto destas instituições tinham conhecimento da sua existência e, supostamente, tinham pouco ou nenhum contacto com os doentes.

Reda (1995) dirigiu um estudo parecido em Londres, entrevistando os vizinhos de uma casa que albergava doentes com internamentos muito longos e que tinham recebido alta, e comparando as atitudes destes vizinhos com as dos moradores numa rua paralela. Descobriu que poucos dos moradores alvo do estudo sabiam da natureza da casa em questão, e os que sabiam partiam do princípio de que se tratava de uma lar de terceira idade. Não foi um pensamento estranho, já que a média de idades dos moradores da casa era de 60 anos.

É evidente que confiar nos contactos ocasionais com pessoas com doenças mentais é uma estratégia incerta para explorar os seus efeitos em atitudes. Link e Cullen (1986) conduziram dois inquéritos feitos aleatoriamente a moradores de uma comunidade, uma em Macomb, no Illinois, e outra em Cincinati, no Ohio. Encontraram ligações consideravelmente negativas entre a quantidade de contacto declarado com pessoas com doenças mentais e a percepção de perigo. A associação entre ambos não foi explicada por variáveis sociodemográficas conhecidas por estarem ligadas a atitudes para com doentes mentais. Uma interpretação possível é que as pessoas que receiam pouco as pessoas com doenças mentais procuram o contacto com elas. De modo a investigar esta possibilidade, Link e Cullen dividiram os contactos daquelas pessoas escolhidas pelo inquirido e aquelas escolhidas por circunstâncias incontroláveis. Mesmo nesta última hipótese, um maior contacto com doentes mentais fazia diminuir o medo que as pessoas sentem delas. Com efeito, parece que o contacto gera atitudes mais favoráveis. Esta conclusão foi apoiada por Angermeyer e Matschinger (1996), que dirigiram dois inquéritos à população, um na Alemanha Ocidental em 1990 e o outro na Alemanha unificada em 1993. Descobriram que a vontade de interagir socialmente com pessoas com esquizofrenia aumentou à medida que o seu contacto com elas se intensificou também. Em séries de inquéritos subsequentes, Angermeyer e Matschinger (1997) confirmaram estas descobertas de um maior contacto social, tanto com pessoas com esquizofrenia como pessoas com depressão.

Num alargamento recente deste estudo de investigação, Link e Phelan (2004) realizaram entrevistas telefónicas a 1507 adultos nas 20 maiores cidades dos Estados Unidos, alcançando um índice de resposta de 63%. Foi perguntado aos inquiridos sobre o perigo apercebido que os doentes mentais representavam, o grau de contacto pessoal com estes doentes (entre pessoas que se conhecessem pessoalmente), o grau de contacto não-pessoal (entre pessoas que só conheciam os doentes de vista) e experiências de já terem sido ameaçadas ou feridas fisicamente por alguém que tivesse estado hospitalizado por ser doente mental. Foi associado um maior contacto com estes doentes a um menor perigo apercebido e também a uma maior exposição a ameaças ou ferimentos. Sem surpresa, era mais provável que as pessoas que já tinham sido ameaçadas ou feridas por doentes mentais os vissem como perigosos. No entanto, estas associações não resultaram numa associação global positiva entre perigo real, fruto de um contacto, e perigo apercebido. A exposição à ameaça ou ferimentos representava apenas 1% da fracção atribuída de perigo apercebido. Porém, uma grande proporção (cerca de um quarto) das percepções de medo foi atribuída às características pessoais dos inquiridos e que não estavam relacionadas com a exposição destes à ameaça.

Link e Phelan (2004) concluem que as suas descobertas implicam que retirar os doentes dos locais públicos ou controlar os seus sintomas através de medicação não será suficiente para acabar com a rejeição e a discriminação. A maneira de combater o medo e o controlo social tem, assim, de incluir a focalização da atenção sobre questões pessoais que geram estas atitudes.

Será que as atitudes diferem com o diagnóstico?

Verificámos acima que o público não está bem informado acerca da distinção entre as diferentes categorias de diagnóstico na psiquiatria. No entanto, algumas condições atraem maior estigma do que outras. Alguns investigadores compararam as atitudes do público perante diferentes condições psiquiátricas. Angermeyer e Matschinger (1997) utilizaram a Escala de Distância Social[7] de Link e dos seus colegas (1999) em 11 inquéritos realizados na Alemanha. Foram apresentados aos inquiridos cinco casos com várias doenças mentais, incluindo a esquizofrenia, a depressão profunda, a dependência do álcool, as perturbações de pânico com agorafobia e o distúrbio de personalidade narcisista. Cada inquirido foi confrontado com apenas um caso. A dependência do álcool gerou o maior distanciamento social, seguido da esquizofrenia e depois do distúrbio de personalidade. A depressão profunda e as perturbações de pânico foram os casos que, de longe, obtiveram maior aceitação social. Tal foi confirmado por uma amostra de empregadores por Manning e White (1995), que enviaram questionários a 200 directores de pessoal de pequenas empresas.

---
[7] Social Distance Scale, no original. [N. da T.]

Descobriram que havia uma muito maior tolerância para com os candidatos com depressão do que para com os com esquizofrenia.

Fazendo parte de uma campanha contra o estigma da doença mental, encabeçada pela Escola Real de Psiquiatras[8] no Reino Unido, Crisp *et alii* (2000) utilizaram o GEN (Gabinete de Estatísticas Nacionais) para realizar um inquérito nacional sobre atitudes. Foram feitas perguntas acerca de sete problemas mentais: depressão profunda, ataques de pânico, esquizofrenia, demência, perturbações alimentares, dependência de álcool e de drogas. Os problemas mais mal vistos foram a esquizofrenia, o alcoolismo e a dependência de drogas. Este último foi visto como sendo mais perigoso para com as outras pessoas, mais do que a esquizofrenia. Tal reflecte a realidade do risco diferencial exactamente como foi avaliado por Angermeyer (2000), baseado na revisão que fez da bibliografia, e mostra que, neste momento, a percepção do público é correcta.

Sabemos a partir deste pequeno grupo de estudos que existe um espectro de estigma para as condições psiquiátricas, sendo a dependência de drogas o problema mais estigmatizado, seguido da esquizofrenia e dos distúrbios de personalidade. As neuroses, incluindo a depressão e os estados de ansiedade, são os menos estigmatizados, provavelmente por serem tão comuns na população em geral e por não serem associados a comportamentos violentos.

Variações das atitudes entre os países

A Associação Mundial de Psiquiatria construiu um programa global que existe desde 1996 com o objectivo de diminuir o estigma e a discriminação para com a esquizofrenia. O director científico deste programa é Norman Sartorius e, até agora, participam nele 20 países. Um dos primeiros passos a tomar no desenvolvimento local de um programa é conduzir um inquérito acerca das atitudes do público de maneira a direccionar a ênfase do programa. Em termos ideais, cada país devia utilizar o mesmo instrumento de inquérito mas, na prática, tal é difícil de conseguir. Contudo, as perguntas feitas são suficientemente parecidas para permitir a existência de comparações entre nove dos países envolvidos nas primeiras fases do programa global.

O quadro 3.1 resume as respostas a 12 perguntas, mostrando os *rankings* dos países em termos das respostas mais positivas e das mais

---

[8] Royal College of Psychiatrists, no original. [N. da T.]

negativas a cada questão. Existe uma consistência evidente no aparecimento de países específicos nas duas colunas. O Canadá, a Alemanha e a Polónia dominam as atitudes mais positivas, enquanto as mais negativas são demonstradas quase exclusivamente pela Grécia, Japão, Macedónia e Turquia. As excepções são a Áustria, com as piores atitudes demonstradas no trabalho com doentes psiquiátricos (embora a Grécia e a Turquia ocupem o segundo lugar *ex-aequo*),

Quadro 3.1. *Ranking* dos países nas diferentes perguntas

	Mais positivas	Mais negativas
Reacção a uma casa de grupo no bairro	Alemanha	Macedónia
Esquizofrenia = desvio de personalidade	Polónia	Grécia
Esquizofrenia = atraso mental	Canadá	Japão
Possibilidade de tratamento	Polónia	Turquia
Podem ser tratados na comunidade	Canadá	Macedónia
Vistos a falar sozinhos ou a gritar nas ruas	Canadá	Grécia
Precisam de receitas médicas	Grécia	Japão
São perigosos para os outros	Alemanha, Canadá	Grécia
Incómodo público por pedirem, falta de higiene	Alemanha	Grécia
Podem trabalhar em empregos normais	Japão	Grécia
Podiam trabalhar juntamente com um doente	Canadá	Áustria, Grécia e Turquia

e o Japão, com as melhores atitudes demonstradas para com doentes que trabalham em empregos normais. Esta anomalia verificada no Japão pode resultar da forte ética no trabalho que é característica da cultura japonesa e dos elevados índices de emprego do país.

É de notar que a lista das perguntas inclui o conhecimento em relação à esquizofrenia, às atitudes para com o cuidado psiquiátrico na comunidade, optimismo/pessimismo em relação aos resultados e à distância social preferida. O tamanho das amostras nestes inquéritos variava entre 100 (na Macedónia) e mais de 7000 (na Alemanha), e é surpreendente a consistência existente no *ranking*, indicando coerência entre conhecimento, crenças e atitudes.

Tendo em consideração o que podemos saber acerca das determinantes do estigma a partir destas descobertas, torna-se necessário afirmar que, nesta fase, apenas podemos especular. As nossas hipóteses deviam formar a base para inquéritos mais pormenorizados envolvendo os países em questão. Se perguntarmos o que têm o Canadá, a Alemanha e a Polónia em comum, vemos que são países industrializados com sistemas estatais completos de cuidados de saúde que progrediram no sentido de diminuir o tamanho das suas instituições psiquiátricas e do desenvolvimento de serviços psiquiátricos na comunidade. Pelo contrário, a psiquiatria na Grécia, na Turquia, na Macedónia e no Japão permanece centrada no hospital psiquiátrico. De facto, o Japão é um exemplo único, de entre os países desenvolvidos, a aumentar o número de camas em hospitais psiquiátricos nos últimos anos, contrariando a tendência evolutiva geral de o diminuir. Mais ainda, quase todos os hospitais psiquiátricos japoneses são detidos e geridos por uma entidade privada e, consequentemente, não estão sob o controlo do governo. Os direitos das pessoas com doenças mentais são fracamente salvaguardados e, até há pouco tempo, existia uma lei que permitia aos membros da família trancar o doente em casa se achassem que a pessoa sofria de um distúrbio psiquiátrico.

Os hospitais psiquiátricos na Grécia, na Macedónia e na Turquia fornecem, geralmente, um nível muito fraco de cuidados. O hospital na ilha de Leros, na Grécia, tornou-se um escândalo internacional quando as condições inumanas que aí existiam foram expostas ao público. Um de nós (Julian Leff) visitou aquele que era considerado o melhor dos quatro hospitais psiquiátricos na Macedónia. Foi, sem dúvida, o pior hospital que o autor conheceu, sendo uma enfermaria partilhada por doentes psiquiátricos e por outros com tuberculose crónica.

A ligação entre um fraco cuidado hospitalar e as atitudes repressoras do público em relação aos doentes psiquiátricos pode ser representada de duas maneiras. É possível que a enorme visibilidade das instituições fechadas, das quais poucos doentes saem, reforce o estereótipo do público de que a loucura é sinónimo de perigo e de inexistência de cura. Norman e Malla (1983) descobriram que a crença de que a doença mental tem uma fraca prognose estava relacionada com uma maior rejeição social. Em alternativa, a persistência de instituições de psiquiatria é uma manifestação das atitudes gerais da sociedade para com a doença psiquiátrica. Tal como acontece com a maioria das dicotomias deste género, a verdade está, provavelmente, entre os extremos, favorecendo um modelo de interacção. Tal significa que fechar os velhos asilos e substituí-los pelos serviços comunitários que têm pouca visibilidade vão provavelmente provocar melhorias nas atitudes negativas do público.

O estigma no centro de saúde mental

Encontrei-me com esta terapeuta algumas vezes e senti que ela falava para mim como se eu fosse atrasado, ou da mesma maneira que falaria para uma pessoa estrangeira que não falasse muito bem inglês. Ela falava um bocado lentamente e eu achei isso um pouco provocatório.

3.7. Auto-estigmatização

As atitudes dos profissionais e dos familiares

Os doentes têm de enfrentar atitudes de rejeição não apenas do público, que podem ser ultrapassadas através de uma retirada social, mas também dos elementos da família e dos profissionais a quem pedem ajuda, que são menos fáceis de evitar. Jorm *et alii* (1999) inquiriram membros do público australiano, médicos de família, psiquiatras e psicólogos clínicos. Os psiquiatras eram os mais pessimistas em relação aos resultados positivos, a longo prazo, da esquizofrenia. Pelo contrário, um inquérito recente realizado pela Escola Real de Psiquiatras no Reino Unido mostrou que estes médicos eram mais optimistas em relação à recuperação da esquizofrenia do que o público em geral (Kingdon *et alii*, 2004). No entanto, apenas um quarto dos psiquiatras que responderam ao inquérito pensavam que uma recuperação total da esquizofrenia poderia acontecer. Uma possível explicação para esta realidade é que os doentes que sofrem de esquizofrenia com uma boa recuperação do seu primeiro episódio deixam de contactar com os serviços de psiquiatria. Assim, os doentes com esquizofrenia que frequentam regularmente as consultas do psiquiatra são parcialmente vistos como doentes crónicos. Lefley (1987) inquiriu médicos de saúde mental que tinham já vivido pessoalmente a experiência de ter um familiar com uma doença mental grave de longa duração. A maioria destes médicos não se sentia à vontade para falar acerca da doença do familiar com os colegas. Apenas 26% afirmou que não tinha problemas em fazê-lo e outros 26% mostraram uma forte relutância; os restantes disseram que apenas falariam do assunto com alguém que considerassem capaz de compreender a situação.

Dado este grau de relutância em falar abertamente do assunto entre profissionais da saúde mental que também cuidam dos doentes fora do hospital, não é surpreendente encontrar ainda mais relutância entre familiares de doentes que não sejam médicos. Phelan *et alii* (1998) entrevistaram 195 pais ou cônjuges de doentes com uma psicose. Metade dos familiares relatou alguma tentativa para ocultar a hospitalização do seu familiar doente. Quase 40% referiu ter uma comunicação limitada com os amigos mais próximos, vizinhos ou restante família. A ocultação era ainda maior para os pais que não viviam com o doente, elementos da família com um nível de instrução mais elevado e parentes de doentes mulheres.

Karidi e os seus colegas (2006) em Atenas desenvolveram o Questionário sobre Auto-Estigma[9] para os doentes. Entregaram este questionário a um grupo escolhido aleatoriamente de 150 doentes não-hospitalizados com um diagnóstico de esquizofrenia ou de psicose esquizo-afectiva. Os pacientes afirmaram que os seus familiares mantinham a doença em segredo, 58% não a revelando à restante família, 47% aos amigos mais próximos e 33% aos vizinhos. Este tipo de reacção também se verifica nas culturas não-Ocidentais. Shibre *et alii* (2001) dirigiram um estudo na Etiópia, no qual se perguntou aos familiares de doentes com esquizofrenia ou com algum distúrbio a ela ligado acerca de estigma, crenças sobre a patologia e mecanismos de relacionamento com a doença e de como lidar com ela. De todos os inquiridos, 80% moravam em localidades rurais e 77% eram analfabetos. Pelo menos, uma resposta sobre o estigma foi positiva em 75% dos casos. Mais de um terço (37%) sentiu a necessidade de esconder a doença e 17% esforçaram-se por mantê-la em segredo.

Thara e Srinivasan (2006) entrevistaram familiares de 159 doentes não-hospitalizados, com esquizofrenia, que cuidavam deles, em Chennai, na Índia. A duração média da doença de cada paciente era de 12 anos. Um pouco mais de metade destes familiares era do sexo masculino, o contrário da mesma proporção no Ocidente; mais de metade destes familiares eram os pais do doente. A principal preocupação de 55% dos familiares que cuidavam dos doentes era a possibilidade de casamento dos restantes membros da família. Tal mostra como na cultura indiana o estigma de um doente mental ensombra toda a família. Consequentemente, 38% dos familiares receavam que as pessoas viessem a saber do parente doente, 37% tinham medo que os vizinhos os tratassem de modo diferente

---

[9] Self-Stigma Questionnaire, no original. [N. da T.]

ou que os evitasse (32%), e 36% mostravam a necessidade de se esconder. Contudo, era quase impossível esconder a doença do familiar, e aqueles que falavam acerca dela com os vizinhos recebiam mais ajuda e compreensão do que aqueles que a escondiam.

Incompreensão familiar

A minha mãe pensava que eu nunca tinha estado mentalmente doente. Nunca aceitou isso. Ela dizia: 'Estás apenas a ter alguns problemas.' Tive de aceitar que havia certas coisas sobre as quais não podia falar com a minha mãe, porque ela não ia compreender. Não se fala de sentimentos à frente dela. Ela nunca pensou que eu fosse doente e não importava quantos hospitais dissessem o contrário. Não importava que lhe tivesse apontado uma faca quando estava doente e que fui preso.

O impacto na auto-estima

A ocultação mantida pelos elementos da família perpetua o estigma ao não partilhar a informação com os outros familiares e amigos. Também os priva, e ao doente, do apoio por parte das suas redes sociais. O efeito que tal tem no doente é que ele ou ela sente que o que lhe aconteceu não pode ser mencionado, provocando um grande abalo na sua auto-estima. Os profissionais valorizam o doente que aceita a sua doença, porque se considera que essa atitude facilita a cooperação no tratamento. Mas aceitar que temos uma doença psiquiátrica grave ofusca o nosso futuro e pode também baixar a auto-estima. Kennard e Clemmy (1976) mostraram que os doentes psiquiátricos que estão a passar por um tratamento no qual a ênfase é o confronto da realidade do estatuto da doença revelam mudanças no seu auto-conceito. Os doentes a quem foi diagnosticada a esquizofrenia ou psicose paranóica sofreram uma mudança de uma auto-imagem positiva para outra negativa durante o decurso da sua doença.

A teoria da catalogação e a sua modificação

Os efeitos nefastos de um diagnóstico psiquiátrico foram formulados como teoria da catalogação nos anos 60 (Scheff, 1966), que se tornou uma das doutrinas principais do movimento anti-psiquiatria. Na sua essência, a teoria da catalogação postula que as crenças e os comportamentos incomuns que são inócuos em si são rotulados como patológicos pelos psiquiatras, condenando a pessoa a uma carreira desonrosa como doente. Por outras palavras, o rótulo de um diagnóstico psiquiátrico cria um estado patológico na pessoa. Tem-se tornado cada vez mais difícil de defender este ponto de vista com as descobertas de uma base biológica para as psicoses, mas Link e os seus colegas (1989) modificaram a teoria da catalogação numa tentativa de salvá-la do caixote do lixo das ideias ultrapassadas. Vale a pena citar a reformulação, *ipsis verbis*, da teoria, por parte destes autores:

> Uma vez rotulado, um indivíduo fica sujeito a respostas uniformes por parte dos outros. O comportamento cristaliza-se de acordo com estas expectativas e é estabilizado por um conjunto de recompensas e de castigos que constrangem o indivíduo rotulado ao papel de 'doente mental'. Quando o indivíduo interioriza este papel, incorporando-o como uma identidade central, o processo completa-se, e a consequência é uma doença mental crónica.

Estes autores não aceitam a ideia de que os rótulos criam directamente doenças mentais, mas sugerem que eles e o estigma que deles advém podem levar a um fraco resultado para o doente. Reiteram a análise de Goffman (1963) acerca das possíveis respostas à estigmatização, nomeadamente a ocultação, a retirada da convivência pública e a tentativa de educar os outros (ver ponto 3.1). Também salientam que 'cada uma destas respostas limita as oportunidades de vida dos doentes'. O resultado é que 'muitos deles irão sofrer de falta de auto-estima, de redes de contactos sociais e de emprego, como consequência da sua própria, e dos outros, reacção à rotulagem'.

Discriminação no local de trabalho

Existe um estigma em redor de ir ao psiquiatra. Deves ser forte e ser capaz de trabalhar normalmente ignorando os teus problemas... não tomar todos estes medicamentos e não seres capaz de fazer o teu turno. Existe um estigma, e quando vou trabalhar, não lhes digo que sou um doente mental. Se tiver problemas, então explico-os, mas não puxo o assunto nem com os colegas nem com o patrão. Só não quero que eles conheçam o meu passado, que eu tive problemas, porque assim eles vão pensar que isso vai interferir no trabalho deles e não me vão contratar. Podes chamar a isto discriminação, mas não vão dar oportunidade a uma pessoa que eles sabem ter uma doença mental em vez de a darem a alguém que não a tenha.

Os efeitos no estilo de vida e nas escolhas

Link *et alii* (1989) encontraram provas para as suas previsões a partir de um inquérito feito a doentes do foro psiquiátrico e pessoas saudáveis residentes em comunidades. Os doentes que se preocupam mais com o estigma confiavam mais nas pessoas que moravam com eles para uma ajuda prática. Quanto maior fosse o medo que sentissem do estigma e da desvalorização, menos apoio receberiam das pessoas que não moram com eles. Estas descobertas de redes reduzidas de contactos sociais foram consistentes em dois grupos de diagnóstico, um com esquizofrenia e outro com depressão profunda.

As dificuldades em encontrar emprego vividas pelas pessoas com um historial de doença psiquiátrica foram discutidas acima. Num primeiro contacto com os serviços de psiquiatria, pelo menos metade das pessoas a quem foi diagnosticada a esquizofrenia está desempregada (Mallett *et alii*, 2002). E tal não é simplesmente um resultado da sua doença. Um inquérito nacional sobre emprego no Reino Unido descobriu que apenas 13% das pessoas com um historial de um distúrbio psiquiátrico estavam a trabalhar, comparado com mais de um terço das pessoas com debilidades no geral (Gabinete de Estatísticas Nacionais, 1998), mostrando que a discriminação contra pessoas com doenças mentais por parte dos empregadores tem de verificar-se na realidade. Nos Estados Unidos, os doentes inquiridos por Wahl (1999) confirmam este facto, tendo 33% deles afirmado que foram despedidos de um emprego para o qual tinham qualificações depois de o seu estatuto de doente mental ter sido revelado.

Os efeitos da estigmatização no doente são claramente expressos por Gallo (1994) a partir da sua experiência pessoal. Esta autora define a auto-estigmatização como um processo 'através do qual os doentes mentais se torturam a eles mesmos a tal ponto que ultrapassa o que sofrem devido ao pior que a sociedade no geral pode livremente retirar deles'. A autora foi rotulada de 'doente mental crónica' após ter sofrido um episódio psicótico grave em 1985, do qual recuperou:

> Torturava-me a mim própria com o pensamento constante e repetitivo de que as pessoas que eu encontrava, mesmo estranhos completos, não gostavam de mim e que gostariam que as pessoas com doenças mentais como eu não existissem... Agora apercebo-me de que (os meus vizinhos) viam-me como alguém que se mantinha à parte e que os rejeitava devido ao meu próprio comportamento, imposto, de reclusão... Tinha a perfeita noção de quão terrivelmente estreitas e limitadas podem ser as escolhas quando nós aceitamos passivamente a auto-estigmatização.

Discriminação no local de trabalho

Eu não estava a ter o mesmo desempenho que tinha tido antes, por isso fui despedido. Talvez eles devessem ter esperado que eu recuperasse e terem arranjado um trabalhador temporário, esperar que eu recuperasse e então ter o meu emprego de volta. Podiam ter sido um pouco mais compreensivos. Tinha muita vergonha de lhes dizer o que se passava comigo, então eles pensaram que eu era... Eles sabiam que eu não estava normal e eu não ia ter com eles... E dizer-lhes o que se passava. Por isso, podia ter sido melhor nos dois sentidos.

Auto-estima e depressão

No seu trabalho, Gallo (1994) confirma a limitação de escolhas imposta pela estigmatização. Existe claramente um tom depressivo na sua percepção de como é vista pelos outros, reflectindo a forte associação entre uma baixa auto-estima e a depressão. Link *et alii* (1997) estudaram um grupo de 84 homens com um duplo diagnóstico de uma doença mental grave e consumo excessivo de drogas/álcool que estava inscrito em programas modelo para tratamento destes problemas. Estes autores mediram três componentes do processo de estigmatização: crenças culturalmente induzidas acerca da desvalorização e discriminação, experiências de rejeição e formas de lidar com a estigmatização. No começo, a desvalorização/discriminação apercebidas e as experiências de rejeição foram associadas, de modo significativo, à depressão, ao contrário do que se passou com os métodos da ocultação e da retirada para lidar com o estigma, que não foram relacionados com a depressão. Um ano mais tarde, o padrão das associações não se alterou. Os homens que permaneceram no programa de tratamento durante um ano melhoraram de forma considerável os seus sintomas psiquiátricos. Contudo, não houve nenhuma diminuição na percepção do estigma, nos métodos de lidar com ele ou na lembrança de experiências de rejeição. Tal sugere que a depressão é uma resposta ao estigma, e não que os sintomas depressivos aumentam a percepção do mesmo. Estes sintomas depressivos são um problema considerável para os doentes, dos quais 14% no inquérito de Wahl (1999) queixaram-se de ansiedade e de depressão persistentes.

Percepção da doença e auto-estima

Os dados indicam que existem consequências negativas, em termos de uma diminuição da auto-estima e da depressão, devido à aceitação da opinião do profissional de que estamos mentalmente doentes. Será o contrário verdade? Warner *et alii* (1989) estudaram 42 doentes com uma psicose e descobriram que aqueles que negavam ter uma doença mental mostravam ter níveis mais elevados de auto-estima, independentemente da maneira como estigmatizavam a doença mental. Os doentes que sabiam sofrer de uma doença do foro psíquico mostravam níveis de auto-estima mais baixos se se apercebessem que a doença era altamente estigmatizada. No entanto, aqueles que aceitavam o rótulo apresentavam um melhor desempenho. Um estudo realizado por Morgan (2003) comprovou a ligação entre auto-estima e percepção. O seu material de estudo consistiu numa amostra epidemiológica de doentes que estavam a ter o primeiro contacto com os serviços psiquiátricos devido a uma doença psicótica, e um grupo de comparação oriundo da população em geral. Os doentes com um diagnóstico de uma psicose depressiva ou esquizofrenia tinham uma auto-estima consideravelmente mais baixa do que os indivíduos do grupo de comparação. Associou-se, de modo significativo, uma auto--estima reduzida a uma maior percepção e a uma dedicação crescente ao tratamento. Este estudo mostra que a auto-estima está já, na origem da esquizofrenia e da psicose depressiva, em níveis inferiores aos dos indivíduos saudáveis. Na psicose depressiva, uma baixa auto-estima pode muito bem ser uma parte integrante da síndroma depressiva; porém, na esquizofrenia, é possível que seja uma resposta prematura à percepção do estigma inerente a uma doença mental grave. As descobertas de Warner e dos seus colegas (1989) tornam claro que é a percepção do doente em relação ao estigma que leva à diminuição da auto-estima.

O estigma no local de trabalho

Nunca falei sobre a minha doença com ninguém na loja onde trabalho. Tenho a sensação de que poderá não haver muita compreensão. Acho que provavelmente ia ter problemas se dissesse alguma coisa. Uma vez, uma das pessoas na loja estava irritada com a namorada do filho e disse: 'Acho que ela é esquizofrénica.' Ela não quis dizer 'Eu acho que ela tem esquizofrenia'; apenas utilizou a palavra para expressar o que pensava da rapariga. Por isso, a loja é um sítio onde nunca, mas mesmo nunca irei dizer alguma coisa.

A ocultação e as suas causas

No inquérito de Wahl (1999) feito aos doentes, aproximadamente 80% estavam cansados de ouvir as pessoas a fazer comentários ofensivos ou que os magoaram acerca da doença mental, 77% encontraram, feitos pelos meios de comunicação, retratos ofensivos ou dolorosos de doentes mentais em, pelo menos, algumas ocasiões, e 60% tinham vivido a experiência de serem, deliberadamente ou não, evitados. As entrevistas feitas a 100 dos doentes inquiridos revelaram que a fonte mais comum do estigma era a comunidade, seguida dos familiares e depois dos profissionais dos cuidados de saúde. O estigma que os profissionais tinham e de que os doentes se apercebiam era o facto de demonstrarem uma atitude pessimista em relação a possíveis bons resultados por parte dos doentes. Estas experiências adversas fizeram com que 57% dos doentes revelassem uma baixa auto-estima e uma perda de confiança. Tais experiências também faziam com que fosse menos provável que os doentes falassem sobre si próprios, que fosse mais provável que evitassem o contacto social e que fosse menos provável que se candidatassem a um emprego ou a oportunidades na educação.

Revelação da nossa própria doença mental

Eu não digo logo às pessoas que tenho uma doença mental. Acho bem que se diga que abraçámos um novo credo ou que fizemos uma operação aos cálculos biliares. Conhecemos alguém e passado algum tempo já lhe estamos a falar disso. Se o assunto vier à baila, falo sobre ele, mas tenho de conhecer a pessoa antes de lhe contar. As pessoas a quem eu conto dizem apenas: 'Ah, isso é interessante', e alguns perguntam-me um pouco mais acerca do assunto, outros nem sequer se interessam. Mas nunca o digo aos empregadores. Não é coisa que se diga a um empregador.

A confirmação e alargamento destes factos vieram do estudo pioneiro de Karidi e dos seus colegas (2006) acerca da auto-estigmatização por parte de pessoas com esquizofrenia na Grécia. Cerca de metade destas pessoas esteve doente durante mais de dez anos, e 78% estiveram hospitalizadas. Na resposta a uma pergunta sobre o segredo mantido pela família, 58% afirmaram que esta manteve a doença em segredo, 47% escondeu-a dos amigos próximos e 33% dos vizinhos. Se houve uma abertura aos vizinhos em relação a este assunto foi porque se revelou difícil esconder a doença deles. Trinta e três por cento dos doentes disseram não se sentir confortáveis em falar da doença com ninguém, um pouco mais de metade deles pensava que, se as outras pessoas soubessem da existência da doença, iriam sentir medo deles, e dois terços pensavam que iam ser evitados. A partir das suas experiências, 59% afirmaram terem sido evitados pelos amigos, 53% insultados pelas pessoas e 40% disseram aperceber-se do medo que as pessoas sentiam deles.

Em resposta à questão sobre a experiência mais dolorosa por que já passaram na vida relacionada com a doença, 64% deles não disseram absolutamente nada. Os restantes destes doentes gregos citaram as atitudes negativas por parte dos outros, dando como exemplos o uso da violência, bater-lhes e amaldiçoá-los. Estas acções punitivas podem surpreender-nos, mas vão ao encontro das provas obtidas num inquérito feito por correio, realizado no Reino Unido, pela organização de voluntariado Mente[10] (1996). Dos 778 inquiridos, 47% tinham sido vítimas de abuso ou de assédio sexual em público, e 14% tinham sido fisicamente agredidos. O assédio sexual tinha sido grave o suficiente para obrigar 26% dos inquiridos a mudar de casa. Entre os doentes gregos, os principais sentimentos que resultavam de terem sido alvo de estigmatização eram a falta de esperança e sentirem-se desprezados e diminuídos pelos outros. Aqueles que nunca tinham estado hospitalizados afirmaram ser mais bem aceites pelos familiares e amigos do que aqueles que já o tinham estado.

Um inquérito recente feito num hospital geral no sudoeste de Inglaterra comparou doentes em enfermarias de psiquiatria com aqueles em enfermarias de medicina interna (Bromley e Cunningham, 2004). Perguntou-se aos doentes acerca de a quantos familiares e amigos tinham falado sobre a sua entrada no hospital e a quantos tinham contado acerca do que lhe diagnosticaram. Um número de doentes na enfermaria de psiquiatria consideravelmente menor do que aquele verificado na enfermaria de medicina interna tinha falado aos familiares acerca da sua entrada no hospital, e era pouco provável que o fizessem em relação a parentes mais afastados ou a amigos. Sessenta e três por cento dos doentes de psiquiatria falaram acerca do que lhe foi diagnosticado à família, comparado com 95% dos doentes de medicina interna. A proporção daqueles que o contaram aos amigos era de 55% e de 90%, respectivamente. Os doentes de psiquiatria deram um sem número de razões para explicar a ocultação, as quais advinham principalmente de experiências ou do medo do estigma por parte dos outros. Os exemplos citados pelos autores incluem testemunhos do género: 'As pessoas vão estar sempre a vigiar-me depois de saberem o que tenho' e 'As pessoas têm medo: começam a ver-te de maneira diferente quando sabem o que tens'.

A resposta do 'fechamento' a uma doença esquizofrénica é categorizada como uma estratégia de evitar os outros (Thompson, McGorry

---

[10] Mind, no original. [N. da T.]

et alii, 2003). Um estudo dos factores associados ao "fechamento" não encontrou qualquer ligação com a visão negativa que a pessoa tem de si mesma, confirmando os resultados de Morgan (2003), mas uma forte relação com a crença de que os outros a viam de maneira negativa (Tait *et alii*, 2004). Com base nos resultados da investigação e dos relatos pessoais, sabe-se que as estratégias predominantes usadas pelos doentes contra o estigma são a evitação do contacto social e a ocultação, ou uma abertura limitada. Contudo, no inquérito de Wahl (1999), uma minoria respondeu que contava abertamente o que se passava e que tentava educar as pessoas que faziam comentários desrespeitosos ou incorrectos acerca da doença mental.

Falar abertamente da doença

Tenho de ter cuidado quando falo abertamente da doença porque há muito estigma à volta do assunto. Vi uma carta acerca da doença mental impressa num jornal local. Tive de me preocupar se os meus empregadores a vissem, porque eles não sabem que sofro de esquizofrenia. Se soubessem, acho que um deles ia aceitar, mas acho que o outro não iria fazê-lo.

3.8. A necessidade dos doentes de aceitação e de crescimento pessoal

Um estudo explorou a área negligenciada das opiniões dos doentes acerca do que queriam da família, dos amigos e dos profissionais, e das suas necessidades existenciais (Warner e King, 2005). Foram conduzidas entrevistas com doentes numa cidade do Brasil que estavam a receber cuidados psiquiátricos para a esquizofrenia, e também com as pessoas, profissionais ou não, que cuidavam deles. Foram seguidos grupos focados no tópico das necessidades dos doentes, e conduziu-se uma análise qualitativa das transcrições.

A maioria dos doentes tinha vivido a experiência da discriminação, à qual responderam com a necessidade de se retirarem do contacto social ou de se esconderem. Imploravam por respeito e expressavam a necessidade de serem compreendidos. Aperceberam-se de que, quando se sentiam inúteis, incapazes ou loucos, era quando interiorizavam o preconceito das outras pessoas. Com frequência percebiam os outros como sendo-lhes indiferentes ou tendo-lhes aversão. Um dos doentes resumiu esta experiência como 'ninguém queria ter nenhuma relação com um esquizofrénico'. Alguns referiram-se ao facto de sentirem necessidade de controlar o seu sentido de vergonha e de raiva e de responderem adequadamente quando fossem discriminados.

Muitos achavam que tinham perdido as conquistas que valorizavam e viam a doença como um obstáculo maligno ao seu desenvolvimento pessoal. Sofriam bastante devido ao sentimento de a sua integridade física e emocional estar constantemente em perigo de se fragmentar. Alguns queixavam-se de os seus familiares ou médicos interpretarem tudo o que viviam como sendo loucura, em vez de uma ameaça ao seu sentido de identidade e de humanidade.

Embora alguns doentes não aceitassem o diagnóstico de esquizofrenia, outros reconheciam que a aceitação da doença era uma necessidade existencial importante, independentemente de ter ou não algum 'significado'. Muitos sentiam que uma informação adequada acerca da natureza da sua doença ajudava-os a questionarem-se sobre os seus sintomas, desafiá-los e progredir. As descobertas deste estudo salientam a importância de ouvir as experiências dos doentes acerca do problema que têm e as respostas dos outros a elas, e o valor de lhes dar uma informação completa acerca da doença de que padecem.

3.9. Conclusões

As atitudes estigmatizadoras do público em relação às pessoas com condições psiquiátricas são baseadas em estereótipos que crescem quando não existe um conhecimento adequado, ideias erradas e pouco contacto com pessoas com doenças mentais, de modo a corrigi-los. A manutenção do segredo por parte da família e as atitudes pessimistas por parte dos profissionais perpetuam o estigma. Os efeitos destes comportamentos nos doentes são uma diminuição da auto-estima e uma indução da depressão. Os doentes podem defender-se destes efeitos negativos ao negar que estão doentes, mas esta estratégia tem as suas próprias consequências nefastas, através de um não comprometimento com o tratamento. A retirada do convívio social e a ocultação são também estratégias comuns utilizadas pelos doentes, que trazem igualmente prejuízos, desta feita na forma da perda de apoio por parte das suas redes de contactos sociais. Os doentes sentem de forma intensa as atitudes de rejeição por parte dos outros e têm tendência para interiorizar a imagem negativa que o público tem deles e que é largamente difundida pelos meios de comunicação. O doente corajoso que opta por não esconder o seu problema ou que tenta educar as pessoas preconceituosas consegue fazer muito pouco sozinho. No entanto, e como iremos ver, é possível mudar as atitudes do público e diminuir a distância social entre ele e os doentes através da educação, mas tal tem de ser feito com a colaboração entre doentes e profissionais esclarecidos.

    O hospital psiquiátrico à maneira antiga projecta a imagem do encarceramento e da impossibilidade de cura, o que reforça a imagem estereotipada do público. A política de substituir os hospitais por serviços de psiquiatria na comunidade irá contribuir para uma diminuição do estigma. Contudo, colocar esta ideia em prática gera novos problemas, que serão tidos em conta no capítulo 8.

4. POBREZA E DESVANTAGENS SOCIAIS

4.1. As duas populações de doentes

Ao discutir os efeitos da pobreza e das desvantagens sociais nas pessoas com distúrbios psiquiátricos graves, precisamos de distinguir entre dois tipos de população: um engloba os doentes que passaram um tempo considerável internados em hospitais psiquiátricos e que foram recolocados na comunidade. Nos países desenvolvidos que estão gradualmente a fechar hospitais psiquiátricos, este tipo de população está a decrescer em tamanho e, mais tarde, tornar-se-á insignificante em relação ao outro tipo de população. Este outro tipo de população é formado pelos doentes que podem ter dado entrada em enfermarias de psiquiatria em hospitais gerais, mas que nunca passaram anos das suas vidas em instituições. Ambos os tipos de populações podem ser alvo de pobreza e de desvantagens sociais, mas no primeiro grupo, estes factores são compostos pelos efeitos nefastos da vida institucional nas hipóteses de emprego, nas redes de contactos sociais e no aumento do estigma. Estes efeitos são interactivos, uma vez que o estigma ligado a uma longa estada num hospital psiquiátrico constitui um fardo muito pesado quando importa encontrar um emprego; a falta deste limita o orçamento e diminui a possibilidade de alargar as redes de contactos sociais, e os vários anos passados numa instituição destroem as já existentes.

Está a surgir um novo grupo de doentes com estadas prolongadas nos hospitais que passa mais de um ano em enfermarias de psiquiatria nos hospitais gerais. Contudo, esta experiência não pode ser comparada àquela de passar anos preso num hospital psiquiátrico isolado que a família e os amigos hesitam em visitar. A quantidade de bibliografia sobre redes de contactos sociais diz respeito aos tradicionais doentes com internamentos muito longos, por isso, a abordagem que faremos deles será diferente daquela relativa aos doentes actuais.

4.2. As redes de contactos sociais dos doentes com longos internamentos

O ambiente nos velhos hospitais psiquiátricos era de privação social, agravada pela perda progressiva do contacto com familiares, por parte dos doentes, por aqueles terem morrido ou hesitarem em continuar a visitar o parente doente. O inquérito da EASP sobre as redes de contactos sociais dos doentes com longos internamentos em dois hospitais psiquiátricos de Londres descobriu que três quartos dos 505 inquiridos ao Registo de Redes de Contactos Sociais[11] não tinham qualquer contacto com nenhum dos familiares (Leff *et alii*, 1990). Embora os profissionais de saúde não tivessem conhecimento acerca da actividade social dos doentes fora das enfermarias do hospital, estes tinham efectivamente criado redes de contactos sociais, apesar de pequenas. Em média, cada doente conseguia nomear duas pessoas que considerava amigas, mas um quinto não era capaz de identificar ninguém a quem pudesse chamar de amigo. Mais de dois terços não incluíram na sua rede de contactos nenhum dos profissionais de saúde, apesar da longa permanência de muitos deles no hospital. Com excepção dos familiares, mais de 90% dos doentes não tinha quaisquer contactos na comunidade.

Este levantamento das redes de contactos sociais dos doentes irá surpreender bastante muitos leitores, se compararem com o seu próprio círculo de amizades e de conhecimentos. No entanto, a realidade é talvez um pouco mais cruel, dado que 24% dos doentes neste estudo foram incapazes ou não quiseram completar o Registo de Redes de Contactos Sociais enquanto estiveram no hospital. Mais ainda, temos provas oriundas de outras avaliações de que aqueles que se recusaram a completar o Registo tinham mais lacunas sociais do que os que colaboraram. Metade dos doentes esteve internada de forma contínua durante mais de 20 anos, o que pode ter sido responsável pela diminuição considerável dos seus contactos sociais. Seja qual for a explicação, a quantidade e a qualidade dos contactos sociais não foram um bom augúrio para a reinserção social destes doentes na comunidade.

4.3. As redes de contactos sociais de pessoas com esquizofrenia prolongada

É importante descobrir até que ponto as redes de contactos sociais das pessoas com doenças do foro psiquiátrico graves se atenuam ao longo

---

[11] Social Network Schedule, no original.

do tempo, independentemente de estarem no hospital. Lipton e os seus colegas (1981) resolveram esta questão ao identificarem as redes de contactos sociais de 15 pessoas com esquizofrenia na primeira entrada no hospital, e de 15 pessoas com um historial de esquizofrenia de mais de dois anos e que deram entrada no hospital, pelo menos uma vez, no ano anterior. Verificou-se que a extensão das redes de contactos sociais dos doentes com longos internamentos era menos de metade daquela dos que tinham sido internados pela primeira vez, com uma média de 6,3 comparada com 15,5. Os doentes com internamentos longos tinham menos contactos com pessoas que não eram parentes do que os doentes com apenas um internamento. A intensidade das relações diminuiu bastante para os doentes com longos internamentos: um terço deles não tinha um grande amigo, um contacto muito próximo, ou uma pessoa muito importante nas suas vidas, ao passo que os doentes internados pela primeira vez tinham consideravelmente mais pessoas que encaixavam em todas estas descrições. Apenas duas pessoas em cada grupo disseram não ter nenhum amigo próximo enquanto adolescentes. Assim, parece que a grande diminuição em extensão das redes de contactos sociais das pessoas com esquizofrenia acontece depois da sua primeira entrada num hospital.

Lipton e os seus colegas (1981) consideram que a natureza das mudanças nas redes de contactos sociais, combinada com os auto-testemunhos dos doentes, indicam que as causas não são apenas as perdas de competências sociais que derivam da esquizofrenia. Pelo contrário, é provável que haja uma contribuição por parte dos não-familiares no seu comportamento de evitarem o doente. Como vimos, esta é uma atitude estigmatizadora típica para com as pessoas com esquizofrenia. Lipton *et alii* sugerem que educar as famílias e os amigos dos doentes numa fase inicial da doença pode ajudar a manter a integridade das redes de contactos sociais dos mesmos.

4.4. Mudanças nas redes de contactos sociais dos doentes que receberam alta e que se encontram na comunidade

O estudo da EASP acerca de doentes com longos internamentos recolocados na comunidade incluiu um acompanhamento dos mesmos um e cinco anos após terem recebido alta de dois hospitais psiquiátricos. Depois de um ano a viverem na comunidade, não houve alterações na rede de contactos sociais dos doentes, mas verificou-se uma melhoria na qualidade da mesma (Anderson *et alii*, 1993). Deu-se um aumento considerável no número de pessoas tidas como amigas: em média, cada doente ganhou um novo amigo. Tal pode não soar muito como uma vantagem, mas é um elemento que tem de ser tido em conta no contexto de redes de contactos sociais muito pequenas, contendo um média de dois amigos. Um número pequeno dos novos amigos era composto por vizinhos dos doentes, o que levanta a questão de saber até que ponto os doentes seriam capazes de se integrar socialmente nos seus novos bairros.

A maioria (78%) destes doentes com longos internamentos recebeu alta e foi colocada em casas com um grupo de pessoas aptas a cuidar deles; 7% foram para casas sem este grupo de pessoas e 15% eram capazes de viver de maneira independente. É concebível que os doentes instalados em casas com funcionários fossem circundados por um cordão sanitário de profissionais dos cuidados de saúde que evitavam que os doentes tivessem contacto com qualquer elemento do público. De maneira a estudar esta possibilidade, definimos uma categoria de contacto social, que denominámos de conhecimento, que não era nem um doente, nem nenhum profissional dos cuidados de saúde psiquiátrica. Verificou-se um aumento da proporção de doentes que tinham, pelo menos, um conhecido, de 19% no hospital a 29% na comunidade. A maioria dos conhecimentos tinha sido travada em clubes sociais ou eram vizinhos, ou familiares e amigos dos profissionais de saúde. Por isso, alguns doentes tinham contacto social com cidadãos comuns, mas ainda representavam uma minoria daqueles que tinham recebido alta após um longo internamento. Sem dúvida que parte do problema reside nas atitudes estigmatizadoras do público.

No estudo de acompanhamento cinco anos após a recepção da alta hospitalar, ainda não havia qualquer alteração na extensão das redes de contactos sociais dos doentes, mas verificou-se um aumento progressivo na qualidade das mesmas (Leff e Trieman, 2000). O número de amigos permaneceu igual, mas houve um aumento significativo no número de confidentes. Um confidente foi definido como uma pessoa a quem o doente podia desabafar os seus problemas e, consequentemente, representa uma relação mais próxima do que uma simples amizade. É natural que tenha demorado mais para os doentes a aquisição de novos confidentes do que criar mais amizades.

4.5. A mistura social nas casas comunitárias

Embora uma minoria dos doentes tivesse sido capaz de sair do círculo dos doentes e dos profissionais de saúde mental, muitos ficaram encurralados nele. Tal facto não implica que estejam condenados a uma vida social pobre, uma vez que os doentes podem criar laços de amizade e de companheirismo entre si. Contudo, tal depende da gravidade dos problemas sociais que afectam as pessoas seleccionadas para viverem na mesma casa. Uma comparação feita às redes de contactos sociais em duas casas estudadas no projecto da EASP mostrou que, numa das casas, se desenvolviam, ao longo dos tempos, relações cada vez mais intensas e recíprocas. Pelo contrário, na outra casa, os doentes permaneciam relativamente isolados uns dos outros, sem nenhum aumento da intensidade das suas relações mútuas (Dayson, 1992). A maior contribuição para o fracasso de uma possível mudança desta situação foi que os doentes escolhidos para viver na segunda casa tinham sido quase todos pessoas isoladas no hospital e não tinham a capacidade de criar relações recíprocas. Um doente num programa distinto descreveu este problema de modo muito claro: '[a casa] tinha sido boa se tivesse funcionado como uma comunidade, mas toda a gente se isolava, e embora pudéssemos tomar umas bebidas com alguém de tempos a tempos, não éramos uma casa – éramos pessoas a viverem perto umas das outras mas isoladas' (Barham e Hayward, 1996). A solução proposta por Dayson é que os doentes escolhidos para viverem juntos deveriam representar um equilíbrio, uma mistura de pessoas com aptidão para a convivência social e de pessoas a quem faltava habilidade para criar contactos sociais com os outros.

4.6. A vida social dos doentes num serviço comunitário

Sintomas negativos e retirada social

Podemos agora ter em consideração os doentes que nunca passaram grandes temporadas em hospitais psiquiátricos. Nos países em que os cuidados comunitários foram instituídos, os doentes não estão expostos ao ambiente de privação de contacto social dos velhos hospitais que desencorajavam os amigos e os familiares a visitá-los. No entanto, os doentes podem ainda ter uma vida social restrita devido a vários factores. Já analisámos a natureza dos sintomas negativos e afirmámos que são uma parte integrante da esquizofrenia, embora sejam indiscutivelmente intensificados pelo ambiente das instituições psiquiátricas. Tais sintomas incluem restrições na expressão de sentimentos através da voz, da cara e dos gestos. A consequente falta de resposta nas interacções sociais desencoraja os outros a comunicar com as pessoas afectadas por estes sintomas.

A retirada da sociedade é geralmente incluída na lista dos sintomas negativos, mas difere destes ao funcionar como uma resposta activa, por parte dos doentes, a situações que consideram difíceis de tolerar. A retirada da sociedade parece ser uma estratégia de defesa utilizada quando os doentes se sentem muito agitados por um encontro social (Tarrier et alii, 1979).

É pertinente ter aqui em conta um trabalho incomum de investigação qualitativa, feito num hospital psiquiátrico no Reino Unido, que se especializou na reabilitação de doentes enviados de outros hospitais. Morgan (1979) dirigiu um grupo pequeno com doentes com esquizofrenia que eram as pessoas mais incapacitadas do hospital, não tendo recebido os benefícios de um programa intensivo de reabilitação. Vinte e cinco doentes frequentaram o grupo durante uma média de quatro anos. Tinham estado doentes durante, em média, 21 anos, tendo a maioria desse tempo sido passado num hospital psiquiátrico. Morgan analisou o conteúdo das discussões através de notas tiradas ao longo da existência do grupo. Descobriu que o que mais interessava aos doentes era a comida, o dinheiro, fumar e dormir. A maioria dos doentes sabia quais eram os seus rendimentos semanais; metade sabia o que tinha ganho na semana anterior, mas outros ficariam sem dinheiro algum no espaço de dois ou mais dias. A maior parte do dinheiro era gasto em coisas consumíveis, particularmente em cigarros, chá, doces e cerveja. Apenas poucos doentes chegavam a comprar roupa nova ou outros pertences.

Morgan registou que 'um assunto que era invariavelmente pouco popular no grupo eram os acontecimentos actuais. Os doentes demonstravam a sua hostilidade para com eles ao bocejarem, ao exibirem sorrisos resignados e silêncio, normalmente gerando no grupo uma tensão e um desconforto consideráveis'. A maioria dos doentes não fazia nada durante as férias. 'As férias eram bem-vindas, mas não faziam ideia do que fazer durante esse período... Indignavam-se perante os meus esforços de os estimular para alguma actividade, e geralmente reagiam com uma hostilidade calada... Apercebi-me, e compreendi a situação, que a falta que sentiam de dinheiro suficiente, as dificuldades de transportes e a inexistência de familiares ou amigos não os podia incentivar a passarem à acção.'

Morgan concluiu: 'O ponto-chave dos problemas deles é a pobreza. Havia provas, na maioria dos casos, de uma pobreza social, cultural e material no crescimento daquelas pessoas. Em termos clínicos, havia pobreza de intelecto, de afectos e de vontade.' Este autor achou que os problemas se deviam à esquizofrenia e não à institucionalização, e que 'os doentes esquizofrénicos crónicos (irão tornar-se) não menos debilitados fora do hospital após um período de tempo semelhante de doença'.

O hospital psiquiátrico onde Morgan trabalhou, St Wulstan, foi o primeiro no Reino Unido a fechar. A sua previsão foi confirmada por experiências subsequentes do surgimento de doentes com esquizofrenia crónica na ausência de hospitais psiquiátricos. Infelizmente, uma pequena parte das pessoas nunca recupera de um primeiro ataque de esquizofrenia e sofre de sintomas psicóticos persistentes durante o resto da vida. O estudo DRDMG da OMS (Jablensky *et alii*, 1992) revelou que 10-15% das pessoas que têm o primeiro contacto com os serviços de psiquiatria devido à esquizofrenia não sentiam nenhum alívio dos seus sintomas durante os dois anos que se seguiam. Esta proporção de pessoas era mais ou menos a mesma, independentemente do país onde vivessem. Dada a grande variedade de culturas representada neste estudo, é razoável partir do princípio de que este tipo de esquizofrenia resistente ao tratamento é o que menos reage ao ambiente social. Tal não implica, contudo, que tenhamos de ser pessimistas em relação à reinserção social e ocupacional destes doentes, mas é claro que irão precisar de esforços profissionais especializados e prolongados de maneira a alcançar estes objectivos.

O efeito do estigma na rede de contactos sociais da família

Já descrevemos o estigma sentido pelos familiares que cuidam de pessoas com doenças do foro psiquiátrico graves (ver ponto 3.7). A resposta comum é que também eles se afastem dos seus próprios contactos sociais. Estas pessoas deixam de sair para visitar outros familiares e amigos e deixam de convidar pessoas para as suas casas. Este comportamento tem o efeito duplo de perder o apoio disponível nos seus contactos sociais e restringe, de forma considerável, o círculo social do doente. Tem-se verificado que as famílias com um dos seus membros mentalmente doente têm uma rede de contactos sociais de uma extensão normal no início da doença, mas esta diminui progressivamente à medida que a doença continua (Anderson *et alii*, 1984), reflectindo a diminuição dos contactos sociais dos doente ao longo do tempo (Lipton *et alii*, 1981).

Os irmãos saudáveis do doente podem reagir à doença afastando-se tanto quanto possível do irmão, saindo de casa ou passando a maior quantidade de tempo possível fora dela. Nas sociedades ocidentais industrializadas e urbanizadas, a família grande com valores tradicionais tem sido substituída pela família nuclear, mas tal processo está agora sob ameaça devido aos elevados índices de divórcio e separações. Não é incomum encontrar um doente de meia-idade a ser cuidado por uma mãe já de idade, não havendo quaisquer familiares em contacto com eles. O seu isolamento é intensificado se o pai ou a mãe tiver uma relação de um profundo envolvimento com o filho doente, mantendo uma relação exclusiva com ele ou ela.

4.7. A localização de residências para os doentes

A actividade social dos doentes que vivem longe das suas famílias é influenciada pelo sítio onde moram. As oportunidades de fazer amigos para alguém novo que chega a um bairro dependem das características da zona e da força do sentido de comunidade. Os bairros degradados com elevados índices de criminalidade, vandalismo e tráfico de droga são os piores sítios para uma pessoa com uma doença mental viver. Os doentes com problemas mentais graves são particularmente vulneráveis ao assédio sexual e à vitimação. O estudo da EASP descobriu que os doentes com longos internamentos eram mais frequentemente vítimas do que perpetradores de crimes (Trieman et alii, 1999). Mais ainda, a fácil disponibilidade de drogas nas ruas coloca os doentes em risco de sofrerem uma recaída da sua doença. Infelizmente, a oposição à abertura de casas para os doentes tem tendência para ser mais forte em bairros agradáveis, nos arredores das cidades, de classe média, onde as pessoas citam o medo de um decréscimo nos valores da propriedade como uma das suas principais objecções. No inquérito sobre as atitudes do público conduzido por Wolf et alii (1996b), 15% dos inquiridos concordaram com a afirmação: 'Os moradores têm boas razões para resistir à instalação de serviços de saúde mental no seu bairro.'

As campanhas da natureza da 'não no meu quintal' (NNMQ) são com frequência pagas por uma pequena mas vigorosa minoria de moradores que demonstram ter atitudes preconceituosas que estereotipam as pessoas com doenças mentais como indivíduos perigosos e imprevisíveis. Algumas destas campanhas conseguiram evitar que as casas para os doentes fossem estabelecidas em zonas agradáveis, obrigando os encarregados do projecto a colocarem-nas em bairros menos desejados. Contudo, um inquérito nacional realizado no Reino Unido sobre quem fornecia os serviços de saúde mental revelou que não havia variação regional na frequência desta oposição (Repper et alii, 1997). Das organizações que responderam ao inquérito, todas as três organizações nacionais de voluntariado, seis das sete associações de alojamento, oito dos nove fundos de serviços de saúde e 65% das organizações de voluntariado locais enfrentaram posições de oposição nos cinco anos anteriores. A oposição feita a nível local variava entre cartas de protesto, reuniões e violência contra a casa, doentes e funcionários. Este tipo de reacção levou a que 30% das organizações locais de voluntariado abandonassem todos os planos.

Ao planear a localização das residências, uma das principais considerações tidas em conta foi o evitamento da criação de guetos, levando à concentração de grandes grupos de doentes na mesma zona (Lamb, 1983). No entanto, existe a consciência das vantagens logísticas de um pequeno grupo de casas dispostas perto de uma instituição central para cuidados durante o dia, o tão falado modelo de 'semente e rebentos'. Este modelo permite aos doentes um acesso mais fácil às actividades estruturadas e também permite aos funcionários movimentarem-se pelas casas, diminuindo assim o número de pessoal necessário.

Na fase inicial de planeamento do alojamento na comunidade para os doentes com longos internamentos em dois hospitais psiquiátricos do norte de Londres, o centro das atenções era a construção de novas casas. Mas esta ideia foi rapidamente posta de parte, devido à despesa que iria custar, e substituída pela restauração e adequação de casas já existentes. Esta última ideia mostrou ser uma melhor solução para os doentes porque, como já vimos, os edifícios que da rua parecem ser todos iguais não publicitam a sua função de casas de abrigo e, frequentemente, não são reconhecidas pelos vizinhos como alojamento para pessoas com doenças mentais.

4.8. Disponibilidade de actividades diárias

No Reino Unido, os doentes mais debilitados são albergados em casas com funcionários, em geral fornecendo um bom alojamento e boas refeições aliados à segurança de ficar com um lugar permanente na casa (Trieman *et alii*, 1998a). No entanto, esta não é regra que se aplique globalmente na Europa e na América do Norte. Nos Estados Unidos, o principal programa com vista a cuidar dos doentes com longos internamentos e que são incapazes de viver de forma independente é conhecido como 'refeições e cuidados'. Lamb (1979) procurou saber as opiniões dos moradores e dos funcionários, nas casas de refeições e cuidados, acerca destas instituições, e descobriu que muitos viam que os dirigentes destes programas os encaravam, a eles, unicamente como um negócio, extorquindo lucros enormes às custas dos doentes. De facto, estas casas de refeições e cuidados tornaram-se uma grande indústria com lucros anuais de 16 mil milhões de dólares, uma quantia suficientemente avultada para atrair as atenções da máfia (Brown, 1985). Um número pequeno de casas provocou escândalo público quando se descobriu que a ganância pelo lucro fazia com que os moradores estivessem alojados em condições inumanas e inadequadamente alimentados.

Budson (1983) descreveu o modo como nos Estados Unidos, durante os anos 70, foram conduzidas acções legais ('acções de classes') contra os sistemas estatais de saúde mental, que resultaram na estipulação legal de níveis de cuidados nos hospitais psiquiátricos. Tal originou 'altas economicamente motivadas'. Contudo, havia muito poucas casas comunitárias para albergar tantos doentes com alta. 'Muitos foram conduzidos para casas de alojamento particulares ou hotéis com quartos individuais, numa espécie de isolamento que era um pouco melhor do que o que se vivia nas alas dos hospitais'. O problema era agravado pela falta de programas diários estruturados. Budson (1983, p. 290) também criticou as casas de refeições e cuidados, onde algumas 'providenciavam pouco mais de um quarto e refeições em salas sujas e escuras, sem qualquer parecença de todo com um programa de reabilitação'.

Em Inglaterra, a desinstitucionalização envolveu também algumas práticas indesejáveis. Durante os anos 70 e 80, este processo foi encarado como uma oportunidade de colocar os doentes com longos internamentos em casas de alojamento na zona costeira. Estas casas estão geralmente vazias e fechadas no Inverno. A oferta de moradores durante todo o ano foi aproveitada pelos proprietários. Contudo, existe pouco que fazer numa zona costeira inglesa durante o Inverno, visto que quase tudo fecha, e não foram estabelecidos nenhuns programas de actividades para os moradores (Barnes e Thornicroft, 1993). Os documentários televisivos mostravam imagens deprimentes de doentes com impermeáveis vagueando por passeios desertos e encharcados, e a exposição desta prática desonesta levou a que fosse terminada.

4.9. A condição de sem-abrigo

A grande visibilidade de pessoas sem-abrigo com doenças mentais nas ruas das cidades reforça inevitavelmente o estereótipo do público da pessoa 'louca', dado que muitos deles estão sujos, desarranjados e vestidos de maneira estranha, e são vistos com frequência a gritar, a falar ou a resmungar com eles próprios. É necessário pesquisar sobre as causas da falta de alojamento entre as pessoas com doenças mentais, porque a sua identificação pode levar a medidas preventivas.

É difícil conseguir um cálculo preciso do número de pessoas sem-abrigo numa cidade, devido aos muitos locais onde encontram alojamento, incluindo casas e carros abandonados e átrios de edifícios. Um doente sem-abrigo que estava sob os cuidados de um de nós (Julian Leff) costumava esconder-se numa lavandaria até que a programação automática fechava a porta à noite. Este exemplo revela as habilidades de conhecimento de rua que os doentes podem adquirir de modo a sobreviverem no ambiente hostil das ruas dos centros problemáticos das cidades. Desde os anos 70, os inquéritos feitos aos sem-abrigo em espaços residenciais calcularam a prevalência de doenças psiquiátricas graves (com excepção do alcoolismo) entre 25% e 45% (Leff, 1997). Kovess (2002) chegou a uma conclusão semelhante, a partir da sua revisão da bibliografia, calculando a prevalência vitalícia de distúrbios psiquiátricos entre os sem-abrigo como variando entre 28% e 37%. Esta autora também concluiu que o consumo excessivo de drogas e a ausência de apoio familiar são factores-chave que contribuem para o estatuto de sem-abrigo entre as pessoas com problemas psicóticos.

Caton e os seus colegas (1994) dirigiram um estudo de controlo de casos sobre homens sem-abrigo com esquizofrenia; descobriram que ficar sem sítio para morar era uma situação que se seguia ao início da psicose em um terço destes homens. Tal fornece alguma esperança na prevenção do desvio para a situação de sem-abrigo em, pelo menos, esta proporção de homens com esquizofrenia. Estudos acerca da infância dos sem-abrigo encontram uma grande prevalência de cuidados recebidos em instituições (Bassuk, 1984). Esta situação resulta com frequência da negligência parental e/ou maus-tratos físicos ou sexuais que conduzem a que a criança seja levada para instituições de apoio. A aplicação desta observação a pessoas sem-abrigo com doenças mentais foi esclarecida por Sullivan *et alii* (2000), que compararam os sem-abrigo com e sem doenças mentais. Ambos os grupos apresentavam semelhanças em termos demográficos e da pobreza considerável vivida na infância. Contudo, nos sem-abrigo com doenças do foro psiquiátrico havia um maior número de pessoas que tinha sido levado para instituições de apoio enquanto crianças, que tinha sofrido maus tratos físicos ou sexuais durante a infância, e que tinha tido uma pessoa que cuidasse deles com um problema físico ou mental. Herzberg (1987) estudou os sem-abrigo com uma doença mental e descobriu que metade da sua amostra tinha um historial de se terem separado dos pais durante mais de três anos.

Estas descobertas sugerem que a ruptura entre pais e a criança tem um efeito destrutivo na capacidade de criar laços estáveis com outras pessoas mais tarde na vida, e que quando uma doença mental se segue, a deslocação de laços subsequente leva a pessoa a procurar o anonimato numa vida errante pelas ruas. Seria necessária a existência de uma campanha enorme para diminuir os maus-tratos físicos e sexuais para com as crianças, mas há sinais encorajadores de que tais movimentos já estão a dar os primeiros passos nalguns países. Foi instituída uma lei no Reino Unido que limita a quantidade de castigos físicos que um pai pode dar a um filho. Mais ainda, uma tomada de consciência crescente de que a prevalência de maus-tratos sexuais sobre crianças e dos seus efeitos nefastos, como o surgimento de doenças mentais enquanto adultos, levou à criação de linhas telefónicas através das quais as crianças podem fazer queixa dos maus-tratos sofridos.

Para os doentes que estão a viver com a família quando a doença começa, os conflitos com os parentes em casa podem levar à expulsão ou à saída voluntária do doente da habitação. Trabalhar com os familiares de doentes mentais graves mostrou ser eficaz na redução dos conflitos e na promoção de capacidades de resolver problemas (Kuipers *et alii*, 2002). Consequentemente, a urgência em trabalhar com as famílias imediatamente quando é diagnosticada uma doença mental grave num dos elementos da família pode evitar que alguns doentes sigam o caminho que leva ao isolamento social e ao estatuto de sem-abrigo.

4.10. A pobreza e a qualidade de vida

Como vimos, mais de metade dos doentes com doenças mentais graves, no seu primeiro contacto com os serviços psiquiátricos, está desempregada. À medida que a doença avança, o problema agrava-se: os índices de desemprego relativos aos doentes no Reino Unido com longos períodos de internamento ultrapassam os 85% (Gabinete de Estatísticas Nacionais, 1998). A situação é um pouco melhor na Itália, onde existem índices de emprego mais elevados entre os doentes (Warner *et alii*, 1998). Muitos países desenvolvidos criaram um sistema de apoios sociais que ajudam os doentes com longos internamentos. No Reino Unido, existe uma licença para deficientes; nos Estados Unidos, existe uma pensão para deficientes. No entanto, estes apoios não são generosos, quando comparados com aqueles fornecidos nos países escandinavos, e torna-se difícil para os doentes manterem uma qualidade de vida razoável com os apoios que recebem. Bradshaw *et alii* (1992) estudaram o estatuto económico de um número de lares no Reino Unido. Descobriram que, por volta de 1991, o valor dos apoios da segurança social tinha diminuído para menos do nível exigido para comprar comida e roupas adequadas.

Surpreendentemente, houve poucos estudos sobre os problemas financeiros das pessoas com doenças mentais graves que vivem na comunidade. Pode reunir-se alguma informação sobre este assunto através de uma investigação que avaliou a qualidade de vida destas pessoas. Rosenfeld (1992) estudou 157 doentes num clube social em Nova Jérsia, baseado no modelo Fountain House. Esta investigadora pediu aos doentes para completarem a Escala de Qualidade de Vida de Lehman[12] (1988). Uma grande percentagem daqueles que afirmaram que o trabalho era, para eles, a parte mais importante do programa, salientou que o que era decisivo era a esperança ou as hipóteses de encontrarem emprego. Os serviços para apoio financeiro estavam relacionados de maneira considerável com a qualidade de vida. Combinada com os dados sobre reabilitação vocacional, a ajuda através de recursos económicos seguros é encarada pelos doentes como sendo uma grande contribuição para a satisfação na vida.

Sullivan *et alii* (1991) também utilizaram a Escala de Qualidade de Vida de Lehman, da qual seleccionaram perguntas para colocar aos doentes com esquizofrenia que tinham recebido alta do Hospital Estatal do Mississipi. A maioria dos 101 inquiridos era constituída por afro--americanos que viviam em zonas rurais ou em cidades pequenas. As respostas destes foram comparadas com as de amostras de pessoas com doenças mentais graves estudadas por Lehman e seus colegas, e com as respostas de uma amostra nacional de pessoas sem doenças mentais. Os resultados da amostra do Mississipi foram consideravelmente inferiores aos do da amostra nacional de pessoas saudáveis nas áreas das finanças e da vida social. Comparados com subgrupos da amostra nacional que tinham um estatuto económico baixo ou eram negros, os doentes do Mississipi mostravam-se mais insatisfeitos em relação às finanças e à vida social. Uma comparação feita com as amostras de Lehman, compostas por pessoas com doenças mentais graves de Los Angeles e de Maryland, mostrou de novo que os doentes do Mississipi demonstravam estar menos satisfeitos com as suas finanças. Esta amostra do Mississipi era a única que continha pessoas que viviam com os familiares. A maioria era relativamente pobre: em quase metade dos lares, nenhum elemento da família tinha estado empregado no ano anterior. Assim, é possível que a falta de

---

[12] Lehman's Quality of Life Scale, no original. [N. da T.]

recursos da família tenha exagerado a posição do doente relativamente às questões financeiras.

Foram obtidos dados sobre a associação entre distúrbios mentais graves e a pobreza a partir do segundo Inquérito Nacional Britânico sobre Morbidez Psiquiátrica[13], que foi levado a cabo entre Março e Setembro do ano 2000. Foi realizada uma entrevista clínica aos inquiridos que tinham passado a uma entrevista de despistagem sobre psicoses para uma identificação definitiva das condições psicóticas. Descobriu-se que os distúrbios psicóticos eram 17 vezes mais comuns naqueles que ganhavam menos de 100 dólares por semana, comparado com aqueles que ganhavam mais de 500 dólares por semana (Jenkins, comunicação pessoal, 2005). Ao mesmo tempo que indicavam os seus rendimentos, foi perguntado aos inquiridos se tinham contraído diferentes tipos de dívidas durante o ano anterior. Um terço deles com uma condição psicótica tinham dívidas, comparado com 12% da população geral (Jenkins, comunicação pessoal, 2005). As dívidas mais comuns estavam relacionadas com os impostos municipais, telefone, renda, gás, água, electricidade, televisão e pagamentos de encomendas por correio. A um em cada dez dos inquiridos com um distúrbio psicótico tinha sido cortada a linha telefónica por dívidas, com implicações óbvias na sua capacidade de planear saídas sociais. Cerca de um terço das pessoas com uma psicose pedia dinheiro emprestado, sendo as fontes principais destes empréstimos a família e os amigos.

Pobreza

Eu tenho mesmo dinheiro suficiente para sobreviver, mas chateia-me ter quase 40 anos e não conseguir amealhar nenhum dinheiro, e viver num nível tão baixo na altura em que ganho mais na vida. Realmente aborrece--me. Agradeço ao menos não ter filhos, porque seriam pobres também.

4.11. Conclusões

Os doentes que permanecem muito tempo nos velhos hospitais psiquiátricos levantam particulares problemas para a integração, devido aos efeitos nefastos dos cuidados de custódia provocados nas suas redes de contactos sociais, na sua iniciativa e actividade, e no seu conhecimento acerca do mundo fora da instituição. No entanto, um aumento na qualidade

---

[13] British National Psychiatric Morbidity Survey, no original. [N. da T.]

das suas redes de contactos pode acontecer depois de terem passado alguns anos na comunidade. Contudo, relativamente poucos destes doentes foram capazes de criar relações com cidadãos normais.

Os problemas das incapacidades de longo termo devidas a doenças não vão deixar de existir com o desaparecimento dos hospitais psiquiátricos, porque estão a surgir da população novos doentes crónicos. Estes doentes vão precisar de programas centrados e prolongados para os ajudar a ultrapassar as limitações sociais e ocupacionais.

As redes de contactos sociais dos doentes e dos familiares que cuidam deles começam a diminuir com o despoletar da doença, sendo um grande argumento para uma intervenção prematura de maneira a preservar os seus contactos naturais de apoio. As casas de abrigo para os doentes que não vivem com a família precisam de ser localizadas em bairros com baixos índices de criminalidade e de consumo excessivo de drogas. A oposição à instalação destas casas é geralmente feita por uma minoria de pessoas que pode ser neutralizada se a boa vontade da maioria for mobilizada. Uma vez estabelecida uma casa destas, há a tendência para a oposição se desvanecer. Onde quer que os doentes morem, devia haver um fácil acesso a actividades diárias, estruturadas ou não, quer a pé, quer através de um único meio de transporte público.

Os sem-abrigo com doenças mentais são facilmente identificados nas ruas de muitas cidades e tal reforça as atitudes estigmatizadoras. É necessário combater o estatuto de sem-abrigo através de medidas preventivas centradas no controlo dos maus-tratos físicos e sexuais a crianças e de ajuda psicológica às mesmas que foram separadas dos pais por qualquer motivo.

A maioria das pessoas nos países desenvolvidos que sofre de doenças mentais graves não está empregada. Os apoios sociais são insuficientes para compensar a perda de rendimentos e são reduzidos quando os doentes começam a ganhar pelo trabalho desenvolvido nos locais de emprego protegido. Muitos dos doentes desempregados são sustentados pela família, que faz sacrifícios económicos para tal conseguir. É comum haver rendimentos muito baixos e dívidas por despesas básicas entre as pessoas com doenças mentais graves. A falta de dinheiro afecta a capacidade do doente de criar novas relações sociais, uma vez que está impedido de usufruir das actividades de lazer que os podiam levar ao contacto com os amigos. A ausência de um trabalho também diminui a possibilidade de aumentar os seus contactos sociais. As formas de combater os problemas relacionados com o emprego serão objecto de análise na Segunda Parte.

5. MELHORANDO OS SINTOMAS DOS DOENTES

5.1. Aperfeiçoando a medicação

Afirmámos em capítulos anteriores que os sintomas psicóticos que não são tratados ou que não respondem de forma adequada ao tratamento aumentam o estigma, uma vez que tais sintomas reforçam o estereótipo do público de uma pessoa com uma doença mental. Mais, tanto os sintomas positivos como os negativos interferem na capacidade do doente de se envolver no trabalho e em actividades sociais. A primeira fase do tratamento é farmacológica, mas tem os seus próprios efeitos nefastos no funcionamento dos doentes. Os efeitos secundários mais prejudiciais dos medicamentos antipsicóticos convencionais são a doença de Parkinson, um estado sedativo e um pensamento lento. Os efeitos da doença de Parkinson são o resultado do bloqueio dos receptores de dopamina-2 nos gânglios basais do cérebro. A nova geração de medicamentos antipsicóticos tem um padrão de acção diferente. Bloqueia os efeitos da dopamina durante períodos de tempo muito mais curtos do que os medicamentos antipsicóticos convencionais (Kapur e Seeman, 2001) e também tem uma acção bloqueadora no efeito do neurotransmissor serotonina (Sartorius *et alii*, 2002).

O mais eficaz dos tão falados antipsicóticos atípicos é o clozapina, mas tem o efeito potencialmente letal de eliminar as células brancas em cerca de 1% das pessoas que o recebem. Assim, torna-se essencial testar regularmente o sangue de pessoas que tomam clozapina, de maneira a poder verificar o número de células brancas. Alguns destes doentes que tomam clozapina não querem que o seu sangue seja testado, querendo dizer que não deviam tomar esta substância. Outros antipsicóticos atípicos de uso comum incluem risperidona, olanzapina e amisulprida. O efeito bloqueador do risperidona nos receptores de dopamina-2 aumenta consideravelmente com doses mais elevadas da substância, por isso é aconselhável que as doses sejam pequenas.

Estudos de imagens cerebrais mostraram que, no passado, eram dadas doses demasiado elevadas de antipsicóticos de forma rotineira, gerando efeitos secundários desnecessários. Por exemplo, uma dose de 20 mg de haloperidol satura completamente os receptores no cérebro, por isso não existe nenhum benefício terapêutico em administrar esta dose por mais de 24 horas. As imagens da Tomografia por Emissão de Positrões (TEP) mostram que existe uma melhoria clínica quando 65% dos receptores de dopamina-2 são bloqueados pela medicação, e que os efeitos secundários da doença de Parkinson ocorrem quando 78% destes receptores estão ocupados (Kapur e Seeman, 2001). Assim, é provável que os doentes tenham vantagens benéficas quando as doses são mantidas bem abaixo dos 100% da ocupação do receptor. Costumava ser uma prática comum aumentar a dose de um medicamento para a dose máxima recomendada e, assim, se os sintomas psicóticos persistissem, acrescentar-se-iam outros medicamentos antipsicóticos sem parar a administração do primeiro. Como resultado, os doentes recebiam quantidades excessivamente elevadas de medicação antipsicótica e estavam grandemente sedados. O termo 'camisa de forças química' foi aplicado a esta prática. Era encontrado, na grande maioria das vezes, em alas de psiquiatria e aplicado a doentes com longos períodos de internamento com sintomas psicóticos persistentes, particularmente aqueles com um historial de agressão. A combinação dos efeitos da medicação excessiva com um ambiente de privação social tornava improvável que fosse considerado que tais doentes pudessem receber alta e ser recolocados na comunidade (Trieman *et alii*, 1998). Contudo, a substituição de tais regimes de vários antipsicóticos convencionais por um único antipsicótico atípico melhora a capacidade dos doentes de participar activamente em programas de reabilitação e faz com que um grande número deles deixe o hospital psiquiátrico (Leff e Szmidla, 2002).

Estratégias cognitivas para conseguir o auto-controlo

Houve uma coisa que eu desenvolvi para mim próprio e que ando a fazer há pelo menos dez anos. Quando as vozes se tornam muito más e discutem muito, pego numa parte da discussão e repito-a vezes sem conta, de maneira a não fazer parte dela. Uma das minhas partes preferidas é: 'Oh, tempo, qualquer que sejas, goste de ti ou não.' Repito isto muitas vezes e isso acalma-me e diz-me: 'Não te juntes à discussão. Apenas vou continuar, aconteça o que acontecer.' Pego numa palavra cuja sonoridade eu gosto muito, como 'Shostakovich'. Então repito-a inúmeras vezes, como se fosse um mantra. As vozes continuam a discutir

ao fundo. Ainda consigo ouvi-las, mas tenho tendência para não me juntar a elas porque estarei a prestar atenção à palavra que escolhi para dizer. Ainda faço isto todas as noites.
É uma espécie de aceitação das coisas como elas são. Aceitar que existem vozes na minha cabeça e que não posso fazer nada contra isso. Não tento combatê-las, porque sei que não vou conseguir ganhar. Descobri este estratagema por mim próprio porque percebi que não podia calar as vozes. Não havia nenhuma medicação que pudesse pará-las. Quero dizer, se tomasse medicamentos suficientes para parar as vozes, tornar-me-ia muito gagá. Mas se dissesse uma das minhas expressões vezes sem conta, ficava mais calmo. Apercebi-me de que, se me juntasse à discussão, não iria a lado nenhum. Nunca chegavam a nenhuma conclusão importante. Apenas iriam discutir sobre que canal de televisão devia ver. Então aprendi a dizer, 'que se lixe'. Como, 'Tudo bem, vocês continuam e decidem o que querem fazer, decidem o que decidirem, e eu sigo na minha e faço o que quiser. Qualquer que seja a decisão, farei o que quiser fazer.'

Mesmo com o melhor tratamento farmacológico possível, resta sempre um número de doentes (cerca de 40%) cujos sintomas psicóticos não são adequadamente abordados e permanecem muito perturbadores para os doentes e para os familiares que cuidam deles (Marder, 1996). Nestes doentes incluem-se aqueles que não conseguem recuperar do primeiro episódio de psicose (ver ponto 2.9). A recente introdução de uma terapia cognitiva-comportamental (TCC) para psicoses fez nascer a esperança de uma melhoria na qualidade de vida destes doentes.

5.2. Terapia cognitiva-comportamental para sintomas psicóticos

Desde os anos 90, tem sido publicado um número de testes aleatórios de terapia cognitiva-comportamental (TCC) sobre sintomas psicóticos. Tarrier e os seus colegas (1993; 1998) conduziram dois testes, o primeiro com doentes que apresentavam sintomas psicóticos resistentes à medicação, e o segundo com doentes com esquizofrenia crónica. No primeiro teste, os doentes treinados para melhorar as suas estratégias de lidar com os sintomas psicóticos sofreram uma melhoria consideravelmente maior em termos de quantidade de delírios do que aqueles que foram ensinados a resolver os problemas. No segundo teste, a TCC gerou uma diminuição significativamente maior no número e na severidade de sintomas psicóticos comparativamente à consulta de apoio.

Kuipers e os seus colegas (1997) estudaram doentes com sintomas psicóticos que resistiam à medicação e compararam a TCC com cuidados comuns. Num período de nove meses após este estudo, os doentes que fizeram a TCC mostraram uma melhoria significativa em relação a vários sintomas psiquiátricos do que os doentes do grupo de cuidados comuns. Contudo, as mudanças nos delírios e nas alucinações não foram significativas. Num período seguinte de 18 meses, as melhorias verificadas no grupo da TCC mantiveram-se quase sempre nos mesmos níveis que foram registados no período dos nove meses, e surgiu uma melhoria altamente significativa no sofrimento causado pelos delírios, bem como uma diminuição considerável na frequência das alucinações (Kuipers *et alii*, 1998).

Sensky e os seus colegas (2000) também centraram o seu estudo em doentes com esquizofrenia e distribuíram-nos aleatoriamente quer pela TCC quer por uma situação de relação de amizade com um terapeuta. Num período seguinte de nove meses, a TCC gerou uma melhoria consideravelmente maior em todos os sintomas medidos, comparada com a relação de amizade com o terapeuta. Foram aplicados dois testes em doentes com um grave episódio de psicose. Drury e os colegas (1996) compararam a terapia cognitiva a uma intervenção de controlo envolvendo a mesma quantidade de tempo passado em lazer e em apoio informal. Ambos os grupos sofreram uma diminuição nos sintomas positivos, mas ela foi consideravelmente maior nos indivíduos do grupo experimental. Os sintomas negativos também diminuíram em ambos os grupos, e atingiram o estatuto de insignificantes por volta da décima-segunda semana do estudo. No período seguinte de nove meses, os doentes que receberam terapia cognitiva mostraram ter consideravelmente menos sintomas positivos do que o grupo de controlo.

Um estudo feito na Holanda centrou-se em doentes com esquizofrenia internados que demonstravam ter delírios residuais ou alucinações auditivas após pelo menos três meses de tratamento medicado, incluindo um antipsicótico atípico (Valmaggia *et alii*, 2005). Os doentes foram distribuídos aleatoriamente pelo grupo de TCC ou pelo grupo de consultas de apoio. Depois de 16 sessões de tratamento, os doentes que receberam a TCC mostraram uma melhoria considerável em relação às alucinações auditivas, mas não em relação aos delírios, comparados com os doentes do grupo de controlo. No entanto, a diferença entre os dois grupos deixou de ser evidente no período seguinte de seis meses.

Esta breve revisão mostra que a TCC é eficaz na diminuição dos delírios e alucinações tanto nas psicoses crónicas como nas agudas. É particularmente pertinente para os doentes cujos sintomas psicóticos não são adequadamente controlados através da medicação. Na altura em que estamos a escrever, e embora vários manuais da TCC tenham sido publicados (por exemplo, Fowler *et alii*, 1995), podemos afirmar que poucos profissionais têm prática nesta técnica. Uma outra dificuldade que existe na aplicação da TCC é que os doentes com os sintomas psicóticos mais perturbadores têm uma atenção mais curta, exigindo flexibilidade de disponibilidade por parte dos terapeutas. Prevemos que o valor da TCC tornar-se-á mais claro com mais investigação e que serão criados cursos de formação para habilitar os profissionais com as competências essenciais. Entretanto, vale a pena ler um dos manuais da TCC de modo a ter uma ideia da abordagem, tendo em atenção que as técnicas têm de ser aplicadas no contexto de uma relação de confiança entre o terapeuta e o doente.

Estratégias cognitivas para lidar com os sintomas

> Estava a ter um enorme ataque de ansiedade e disse: 'Já chega. Se vou morrer então que morra. Não quero saber.' Então concentrei-me na minha respiração e disse: 'Eu vou acabar com isto, sou responsável por levar esta mulher a casa e vou fazê-lo.' E assim foi, e quando chegámos a casa, eu estava bem. Então aprendes que mesmo os piores sintomas de saúde mental não são forçosamente fatais. Pensar assim torna-nos mais maduros. Apenas como que perdes a paciência com a doença e dizes: 'Não lhe vou ligar nenhuma. Apenas vou deixar que ela aconteça e se acontecer, consigo lidar com ela. Por isso eu digo que a minha recuperação é apenas metade medicação e metade aprender a lidar com tudo isto.

5.3. Lidar com delírios paranóides

Um elevado número de pessoas com delírios paranóides comporta-se de maneira segura para contrariar a ameaça que julgam existir contra elas próprias. Freeman e Garety (2004) estudaram 25 pessoas com delírios constantes. Todas se serviam de algum tipo de comportamento de segurança: 92% evitavam as situações que entendiam ser perigosas, enquanto 68% adoptavam estratégias que deviam usar quando estivessem numa situação dessas, como por exemplo, proteger-se a si mesmas não abrindo a porta da frente e diminuindo a sua visibilidade, usando, por exemplo, um chapéu ou um capacete de ciclista ou caminhar depressa com os olhos baixos. Quase dois terços delas pensavam que tinham atingido um grau de controlo sobre a situação.

Um objectivo-chave da TCC é construir modelos alternativos de experiências que sejam aceitáveis para os utentes e não estigmatizadoras. Desde o começo, é melhor mostrar cuidados na fase da avaliação para que a lógica do delírio não seja questionada. O terapeuta pode centrar-se em compreender como se desenvolveu a crença, em vez de centrar-se simplesmente na sua correcção ou inconsistências lógicas. Desta maneira, obtém-se uma boa compreensão da experiência subjectiva enquanto não se arrisca perder a relação. O objectivo ideal da terapia é a diminuição do sofrimento emocional através da mudança no grau de convicção das crenças de ameaças. As crenças respeitantes aos delírios são gradualmente enfraquecidas no processo de desenvolvimento e de avaliação dos relatos alternativos da experiência. Logo no início da terapia, podem ser usadas estratégias de lidar com a situação, de maneira a construir uma relação de confiança ou a lidar com elevados níveis de sofrimento emocional, antes de se prosseguir na avaliação das crenças.

5.4. Combatendo os sintomas negativos

Embora as meta-análises feitas por Davis *et alii* (2003) tenham indicado que alguns antipsicóticos atípicos podem diminuir os sintomas negativos (ver ponto 2.7), os efeitos não são grandes. É necessário aplicar outras abordagens terapêuticas. Os sintomas negativos provocam atitudes críticas nos familiares que cuidam dos doentes, que não reconhecem que os sintomas são um produto da doença e que, em vez disso, os atribuem à preguiça, ao egoísmo e a outros defeitos de personalidade (Leff e Vaughn, 1985). Surpreendentemente, é vista a mesma resposta em profissionais que cuidam dos doentes pela mesma razão (Willetts e Leff, 1997). Um número de testes controlados sobre trabalho psicoeducacional familiar mostrou que é possível diminuir as atitudes críticas dos familiares que cuidam dos doentes depois de alguns meses (por exemplo, Leff *et alii*, 1982). Foi desenvolvido um programa educacional baseado nas intervenções familiares e pode gerar mudanças de atitudes semelhantes para com os doentes em profissionais que trabalham em enfermarias hospitalares onde os internamentos são longos (Willetts e Leff, 2003) e em residências na comunidade (Willetts e Leff, 1997). As intervenções para mudar as atitudes dos familiares e dos profissionais que cuidam dos doentes são um prelúdio importante para se ganhar a sua cooperação no combate aos sintomas negativos dos mesmos.

Voltar a reviver os interesses

É útil começar por explorar a experiência que o doente tem do problema. Alguns não demonstram interesse por qualquer actividade, enquanto outros acham que não têm energia para tentar fazer alguma coisa. Durante alguns anos, a abordagem à falta de interesse era a de recompensar os doentes com actividades aprovadas pelos profissionais do hospital. As recompensas eram, geralmente, pequenas quantias de dinheiro ou cigarros; este tipo de programa foi designado por "economia de géneros". Tais programas foram aplicados amplamente nas enfermarias dos hospitais psiquiátricos no Reino Unido onde os doentes estão internados há muito tempo. A utilização de cigarros como recompensa é agora considerada eticamente insustentável, especialmente tendo em conta a enorme taxa de mortalidade das pessoas com esquizofrenia. Uma outra desvantagem comum de tais programas comportamentais é o facto de as mudanças de comportamento não acontecerem quando as recompensas já não "existem", por exemplo, depois do doente receber alta e ser recolocado na comunidade. As recompensas que moldam o comportamento das crianças são a aprovação por parte dos pais e uma impressão de controlo sobre o ambiente que as rodeia. A aprovação de um professor ou terapeuta pode ainda motivar um adulto, e os doentes cujas patologias inculcaram um sentimento de inadequação ou desespero podem sentir-se satisfeitos ao controlarem uma tarefa se forem encorajados a enfrentar o desafio.

Em vez de tentar envolver um doente num novo interesse, uma estratégia melhor consiste em explorar os interesses que o doente tinha antes da doença e tentar fazer com que os reviva. Estes interesses podem consistir em jogar com bolas com outros jovens ou apreciar as aulas de artes na escola. Qualquer que seja o interesse escolhido para ser trabalhado, a abordagem inicial tem de ser modesta na abrangência, por exemplo, assistir a um jogo de bola na televisão com um terapeuta, de maneira a que se possa falar sobre ele durante ou após o mesmo. Mais tarde, o doente pode ser encorajado a jogar à bola com outros doentes ou com funcionários. O clube psicossocial, sobre o qual saberemos mais no capítulo 13, pode ser muito eficaz em envolver doentes desmotivados em actividades de grupo. São inscritos novos membros em programas de trabalho que vão mais ao encontro dos seus interesses, por exemplo, a unidade de cozinha. Embora não exista uma grande pressão sobre a pessoa para que se envolva nos programas de imediato, há uma expectativa colectiva de que a pessoa se comece a juntar mais tarde.

Estruturar o dia

Para começar, escrevia tudo o que precisava de fazer em cada dia e depois riscava essa actividade quando já a tivesse concluído. Isso fazia- -me levantar de manhã, porque tinha esta lista de coisas que tinha de fazer e de acabar. É como uma lista de supermercado. Sabes, vais até ao supermercado, tens uma lista, e riscas as coisas que já tens. Ajuda-te a ver algo que já fizeste. A lista ajuda-me muito porque consigo ver as coisas que já fiz. Assim, quando acabares, podes fazer o que te apetece. Esta é a recompensa por cumprires os teus deveres diários. Faço isto quase todos os dias.

Lidar com a falta de energia

Um doente que é incapaz de realizar ou de acabar uma tarefa pode atribuir tal facto à falta de energia, mas é provável que se trate de falta de confiança e medo de fracassar, que são menos fáceis de formular. Assim, é essencial começar por tarefas pequenas e pouco exigentes que podem ser concluídas. Colocar a fasquia demasiado elevada leva inevitavelmente ao fracasso e acaba por eliminar a confiança do doente. Este é um erro comum, cometido pelos familiares que cuidam dos doentes e que tentam espevitá-los. Os familiares que prestam cuidados são aliados de valor incalculável dos terapeutas que tentam aliviar os sintomas negativos, mas em países desenvolvidos onde impera um forte ética de trabalho, as expectativas são, com frequência, irrealisticamente elevadas. Os pais esperam que o filho doente volte para o trabalho ou para os estudos pouco tempo depois de recuperar de um episódio de psicose, não se apercebendo de que os sintomas negativos podem persistir durante bastante tempo. A situação é diferente em países em desenvolvimento com estruturas familiares tradicionais. Os parentes em famílias numerosas comparados com aqueles em famílias nucleares são mais tolerantes para com as pequenas anomalias comportamentais dos doentes, permitem-lhes uma retirada temporária, não têm tantas expectativas em relação às respostas por parte do doente e são mais eficazes em ajudá-lo a ocupar os tempos livres (El-Islam, 1982).

Os familiares que cuidam dos doentes demonstram geralmente vontade em dispensar tempo e energia a ajudá-los a atingir os seus objectivos nas áreas dos cuidados pessoais, das tarefas domésticas e dos tempos livres. Contudo, torna-se necessário para os terapeutas trabalhar conjuntamente com os familiares, de modo assegurar que as tarefas propostas são atingíveis, que o doente está activamente envolvido na escolha de uma tarefa, e que quem cuida dele o apoie e que evitem críticas quando o doente não consegue atingir o objectivo pretendido. Quando os familiares que cuidam dos doentes insistem em manter expectativas irrealistamente elevadas, tal indica que não conseguiram ultrapassar as perdas resultantes da doença do seu familiar. Envolver estes parentes num trabalho de luto (Miller, 1996) pode permitir-lhes avançar para uma maneira de encarar as capacidades do familiar doente de uma maneira mais realista.

Diminuir o afastamento social

Indicámos acima que a retirada social tem como função diminuir o nível de excitação do doente, que se intensifica através de interacções sociais perturbadoras. Permitir ao doente que passe algum tempo longe das situações sociais é necessário para evitar um agravamento da sua psicose, mas fugir à companhia dos outros leva sem dúvida à inércia e a um brotar de sintomas psicóticos sem relação com a realidade. Os doentes que consideram a companhia dos outros desconfortavelmente perturbadora precisam de ser ajudados a encontrar formas de ultrapassar o que parece estar a ser o caminho para a fobia social. Os familiares podem ajudar os doentes a tolerar as visitas de outros parentes ou amigos ao conversarem com eles sobre a possibilidade de saírem de ao pé deles quando se sentirem nervosos e de poderem voltar um pouco mais tarde quando se sentirem mais calmos. É necessário encorajar o doente a preparar uma desculpa que explique a sua ausência temporária da sala.

O ambiente do clube psicossocial (ver capítulo 14) é criado para não ser nem demasiado invasivo nem exigente. Os membros podem estar sentados em silêncio ou trabalhar sozinhos, se preferirem, sem exigências excessivas para interagir com os outros. Tal permite-lhes tornar-se gradualmente mais próximos socialmente dos outros a um ritmo que não é desconfortável para eles. Contudo, o problema é que mesmo este ambiente pode ser demasiado ameaçador para algumas pessoas com um forte medo de contacto social, e estas pessoas irão escolher não participar no programa de início. Com um encorajamento cuidado, no entanto, podem começar a fazê-lo um ano ou dois mais tarde.

Encontrar um assunto para falar

Um problema comum é não ser capaz de falar com um conhecido sobre qualquer coisa que não esteja ligado à doença ou ao tratamento. As conversas sociais têm tendência para se centrar no emprego, nas relações, nos interesses e livros lidos ou filmes vistos recentemente. No entanto, é provável que todos estes assuntos não sejam abordados pelo doente comum. Alguns precisam de saber que não é adequado falar acerca das suas experiências psicóticas com pessoas que não sejam os familiares que cuidam deles. Um doente de um de nós (Julian Leff), um homem que se vestia muito bem e com roupas caras, e que ia a discotecas na esperança de encontrar uma namorada, desconhecia esta necessidade. Após poucos minutos de conversa com uma rapariga, começaria a falar-lhe do *ship* electrónico que tinha no joelho através do qual recebia mensagens.

Uma abordagem útil a este problema é formar grupos de doentes em que se converse sobre assuntos actuais, filmes recentes, eventos desportivos e outros tópicos de interesse actual. Como vimos, esta não era uma actividade popular para os doentes com internamentos muito longos (Morgan, 1979) (ver ponto 4.6), dado que tinham poucas ou nenhumas oportunidades de ir a jogos, ao cinema e a outro locais de lazer que lhes dariam assunto para conversas. Temos a esperança de que a passagem para os cuidados na comunidade tenha aumentado as oportunidades de um maior aproveitamento dos tempos livres para os doentes, embora no último capítulo tenhamos notado que a falta de recursos financeiros impõe os seus limites.

5.5. Treinar as aptidões sociais

Esta abordagem desenvolveu-se a partir da terapia comportamental e foi popular durante os anos 70 e 80. A partir destas décadas, deixou de ser tão importante no Reino Unido, embora ainda exista, e de boa saúde, nos Estados Unidos. A necessidade que muitos doentes com uma psicose têm de melhorar as suas capacidades de interagir com os outros é clara. Existe uma tendência comum para evitar o contacto visual e, entre aqueles com sintomas negativos, para não sorrir ou servir-se de respostas breves para encorajar a outra pessoa a continuar a conversa. Pode também não haver respostas verbais na troca de ideias, por uma lentidão no pensamento ou por distracção, devido ao surgimento invasivo de pensamentos ou vozes. Mueser *et alii* (1997b) salienta que a competência social exige a integração bem sucedida de várias capacidades. Esta pode ser uma das razões para a diminuição do interesse em capacidades sociais, uma vez que a nossa experiência é de que os componentes individuais ensinados a um doente não são absorvidos, de modo convincente, num repertório coerente de piadas sociais.

A outra lacuna principal que perturba esta forma de terapia é evidente a partir de uma meta-análise da investigação relevante conduzida por Dilk e Bond (1996). Estes autores tiveram acesso a publicações e a teses produzidas entre 1970 e 1992 que avaliavam a eficácia do treino das capacidades sociais para os adultos com doenças mentais graves. Identificaram 39 estudos que englobavam um grupo de controlo e participação aleatória, e todos envolviam apenas doentes. Na maioria destes estudos, o período de treino era curto, com uma média de 17,1 horas, e o período seguinte era de três meses ou menos. O tamanho geral dos efeitos do treino era, no final do curso, médio (0,40), mas aumentou para um grande efeito (0,56) no período acompanhamento. Os autores concluem então que o treino das capacidades comportamentais é eficaz para ensinar aos doentes internados capacidades interpessoais e assertivas. Contudo, poucos estudos analisaram de que modo um treino feito num ambiente hospitalar generaliza as interacções sociais na comunidade.

Mueser et alii (1997b) identificaram um grande número de estudos publicados depois de 1992 que envolviam doentes com esquizofrenia que viviam na comunidade. Deram a conhecer que os dados encontrados não eram inteiramente consistentes de estudo para estudo, mas consideraram que, em média, foram obtidos efeitos benéficos no que respeita à adaptação e à severidade dos sintomas. Concluíram que, embora os resultados fossem encorajadores, era necessária mais investigação para clarificar o valor do treino das capacidades sociais para os doentes com esquizofrenia, na comunidade, e outros com outros diagnósticos.

Apesar da falta de provas sobre se o que se aprende nas sessões de treino se generaliza nas situações do dia-a-dia, Mueser et alii (1997b) afirmam que a grande disponibilidade de módulos de treino e de manuais 'teve como resultado o facto de o treino das capacidades sociais se ter tornado uma das intervenções mais utilizadas para melhorar o funcionamento social dos doentes com DMG [doenças mentais graves]'. Esta afirmação revela uma divisão transatlântica: embora possa ser a prática nos Estados Unidos, não é certamente algo utilizado no Reino Unido, onde já poucos serviços oferecem este tipo de treinos. O cepticismo dos médicos ingleses pode muito bem ser a consequência injustificável de vender em excesso estes treinos quando eles começaram a existir, e o fracasso das capacidades adquiridas se poderem generalizar para além das situações de treino. A resposta a este problema podia consistir na condução destes treinos em situações da vida real, em vez de na clínica. A necessidade de intervenções para desenvolver as capacidades dos doentes de interagirem socialmente é um pré-requisito tão importante para a reintegração social que uma forma melhorada de treino devia ser uma grande prioridade.

5.6. Conclusões

Os profissionais de saúde mental precisam de estar cientes de que as suas intervenções podem, por vezes, agravar os problemas dos doentes, tal como o podem fazer os cuidados nas instituições. O mesmo aviso se aplica à medicação. Os efeitos secundários dos medicamentos antipsicóticos nos movimentos, na expressão facial e na velocidade de pensamento criam obstáculos à integração social e ocupacional. Devia ser evitado o uso excessivo de fármacos, e as doses de medicamentos deviam ser as mínimas necessárias para controlar os sintomas, mas sem induzir efeitos secundários. É preferível aceitar alguma persistência de delírios e alucinações, que podem agora ser combatidas através de métodos não-farmacológicos, do que tornar os efeitos secundários incapacitantes um fardo para o doente.

O desenvolvimento de uma abordagem cognitiva-comportamental para controlar os delírios e alucinações é promissor, tanto para a fase grave das psicoses como para os sintomas duradouros que não respondem à medicação. O seu lugar nos regimes terapêuticos permanece ainda por ser definido, mas com certeza que merece um teste quando os sintomas psicóticos persistirem. Contudo, as capacidades terapêuticas necessárias ainda não estão disponíveis em todo o lado.

Os sintomas negativos têm sido o alvo da terapia cognitiva-comportamental, mas com poucos efeitos demonstráveis. No entanto, novos antipsicóticos produzem realmente alguma melhoria nos sintomas negativos, embora as vantagens não sejam muitas. Tanto os familiares como os profissionais que cuidam dos doentes tornam-se muito críticos dos sintomas negativos, tendo essas críticas um impacto adverso no doente. As atitudes críticas de ambas as partes podem ser alteradas através de programas psicoeducacionais, que se justificam por muitas outras razões.

A apatia e a falta de interesse têm de ser combatidas, de maneira a ajudar os doentes a integrarem-se socialmente. É mais eficaz basearmo-nos em interesses prévios do que introduzir novos. As actividades de grupo ajudam, como foram utilizadas no modelo do clube social. Os familiares que cuidam dos doentes podem ter expectativas irreais, o que torna o fardo daquele ainda mais pesado. Estes familiares precisam de ser ajudados para poderem desenvolver aspirações realizáveis e encorajados para elogiar os pequenos avanços conseguidos pelo doente.

Alguns doentes são intolerantes em relação à interacção social e precisam de ser introduzidos de maneira suave e paciente nas situações sociais, tendo sempre como saída possível uma retirada, quando necessária. Frequentemente precisam de ajuda para encontrar outros assuntos para conversar que não estejam relacionados com a doença. O treino das capacidades sociais mostrou-se pouco eficaz, mas pode ainda ser útil se for utilizado em situações da vida real.

Lidar com o stress

Se eu fico muito nervoso, fico como maluco e não consigo suportar. Por isso, tento mesmo acalmar-me. Não faço mais nada durante a semana a não ser ir trabalhar. Se as pessoas me convidam para sair não vou. Tudo o que quero fazer é trabalhar, porque é isso que me dá o meu salário justo. Então, não faço mais nada durante a semana porque me enerva. Um dia por mês, telefono para o emprego e digo que não vou trabalhar, que não vou sair de casa, que vou cuidar de mim. Não posso fazer isso mais vezes. É só um dia por mês.

6. DESMANTELANDO AS INSTITUIÇÕES PSIQUIÁTRICAS

6.1. O legado do passado

Afirmámos anteriormente que o hospital psiquiátrico ao estilo antigo perpetua o estigma da doença psíquica pelo seu isolamento original das áreas residenciais, e pela sua exclusão dos serviços médicos gerais e pela prática de custódias que acabaram por caracterizar os cuidados oferecidos dentro das suas paredes. O grande programa de construção de asilos ocorreu no século XIX em resposta à preocupação sobre a qualidade dos cuidados que os doentes mentais recebiam em hospícios privados ou isolados em casas particulares comuns. O número de hospitais psiquiátricos no Reino Unido aumentou de nove em 1827 para 77 em 1900 (Carrier e Kendall, 1997). No início incitado por motivos humanitários, o programa envolvia uma atenção minuciosa pela construção dos hospitais, incluindo a circulação eficaz de ar. Os espaços ocupados pelos doentes eram grandes, com tectos altos e com muitas salas para actividades de lazer. Também havia campos ao ar livre para os doentes poderem praticar exercício físico regularmente.

Era medida certa localizar os hospitais em áreas rurais a alguns quilómetros da localidade mais próxima. Tal impedia que os doentes fossem visitados pelos familiares ou amigos, embora no caso do hospital Friern Barnet, construído a cerca de 13 quilómetros para lá da Londres Vitoriana, a linha de caminho-de-ferro tivesse sido alargada de modo a atingir o hospital. Infelizmente, uma vez abertos, os hospitais rapidamente excediam bastante a sua capacidade prevista. O hospital Friern Barnet foi construído para albergar 1000 doentes e abriu em 1851. O limite máximo de 2400 camas ocupadas foi atingido 100 anos depois. Foi apenas nos anos 80 do século XX, quando reduziram as camas para o seu número planeado originalmente, que foi revelada a sabedoria dos projectistas vitorianos. Um número excessivo de doentes encheu de camas os espaços para actividades de lazer, e a incrível quantidade de doentes tornou impossível uma atenção individual por parte dos profissionais de saúde a cada um deles. Em vez disso, instituiu-se um tratamento de massas, num regime uniforme e com uma perda de individualidade. Eram dadas roupas de hospital aos doentes, que depois eram passadas de doente para doente, e não havia espaço para guardar os pertences de cada um.

Rapidamente, os profissionais de saúde desistiam dos doentes que não conseguiam melhorar. Estes eram mudados para as alas traseiras do hospital, onde quase não havia actividades terapêuticas. Assim, era comum que os doentes que dessem entrada no hospital enquanto jovens aí permanecessem para o resto da vida. Tal facto ajudava a alimentar a visão do público acerca da impossibilidade de cura da 'demência'. Quando o período da desinstitucionalização teve início, no final dos anos 40, e quando se começou a pensar em dar alta aos doentes com longos internamentos, descobriu-se que algumas mulheres tinham dado entrada nos hospitais décadas antes porque tinham engravidado fora do casamento. Nunca tinham padecido de nenhuma doença do foro psiquiátrico mas tinham sido internadas para as retirar da sociedade. Claro que os asilos foram também utilizados para albergar pessoas vistas como uma vergonha para a sociedade.

6.2. O passado ainda está presente

O processo de diminuir o tamanho dos hospitais psiquiátricos avançou de modo diferente nos países desenvolvidos e atingiu estádios igualmente distintos. Foi irregular por toda a Europa, com o antigo bloco soviético a seguir os passos dos países Ocidentais (Thornicroft e Rose, 2005). Mesmo na Europa Ocidental existem grandes diferenças entre os países. Na Grã-Bretanha, o processo teve início nos anos 40, mas na Itália apenas começou na década de 60. Estes são os países que mais avançaram actualmente, neste campo, na Europa. A Lei 180 barrou a entrada de quaisquer novos doentes em instituições psiquiátricas italianas desde 1978; em vez disso, os doentes passaram a dar entrada em pequenas unidades de cuidados psiquiátricos em hospitais gerais, para cuidados profundos e para depois serem tratados na comunidade. A lei obrigava ao fecho de todas as instituições antigas e nenhuma delas está agora aberta. A Inglaterra e o País de Gales fecharam a maior parte dos seus hospitais psiquiátricos – mais de 115 dos 130 que estavam em funcionamento em 1975. Os Estados Unidos diminuíram drasticamente o número de camas em hospitais psiquiátricos, mas fecharam menos hospitais do que no Reino

Unido. Muitos dos 50 estados ainda têm um hospital psiquiátrico estatal em funcionamento, e um número dos grandes hospitais sob a alçada da Administração dos Veteranos[14] ainda existe. Mais, as restrições e o isolamento físicos estão ainda em uso na maioria dos hospitais americanos (Mattson e Sacks, 1983; Telintelo *et alii*, 1983; Donat, 2003; Delaney e Fogg, 2005), enquanto raramente se recorre a tais métodos nos Reino Unido e na Itália. Na Austrália, um dos estados encerrou todos os seus hospitais psiquiátricos, tal como o fez uma província em Espanha.

Noutros países em todo o mundo, o hospital psiquiátrico ainda domina os serviços. Até há pouco tempo, o número de camas de psiquiatria no Japão estava a aumentar gradualmente. A maioria dos hospitais psiquiátricos neste país são propriedade dos psiquiatras que os administram e o estado tem pouca influência na sua gestão. O governo japonês ofereceu incentivos financeiros aos psiquiatras para criarem clínicas sem internamentos e hospitais de dia, mas não houve grande impacto nos serviços até agora.

Os autores deste livro visitaram hospitais psiquiátricos na China rural, na Indonésia, na Macedónia, no México e no Chile, e descobriram que as condições em que os doentes vivem são, na melhor das hipóteses, deprimentes, e na pior, desumanas. A sobrelotação era tão grave num hospital em Hong Kong que os doentes tinham de saltar pelas camas dos outros doentes para chegarem à sua. Trabalhando num serviço moderno e virado para a comunidade, é fácil esquecer as piores características das instituições de psiquiatria e desconhecer que em muitos sítios do mundo elas ainda projectam a imagem do louco perigoso e sem cura possível.

6.3. Os problemas de descentralizar um serviço

Não é uma questão simples recolocar na comunidade os serviços prestados por um hospital psiquiátrico. Os asilos representam um exemplo extremo de centralização, estando todos os serviços pretendidos localizados num único lugar, em conformidade com o conceito de Goffman (1963) de instituição total. Os doentes viviam, comiam, trabalhavam e

---

[14] Veterans Administration, no original. Este departamento do governo norte-americano foi criado a 21 de Julho de 1930 com o objectivo de consolidar e de coordenar as actividades relacionadas com os veteranos de guerra, tais como administrar programas de vantagens para eles, para as suas famílias e sobreviventes. Actualmente, designa-se por United States Department of Veterans Affairs (VA). [N. da T.]

dormiam debaixo do mesmo tecto. É necessária uma dispersão social destas actividades se não se pretender que um serviço comunitário imite as piores características dos asilos.

A desinstitucionalização inclui, segundo Bachrach (1976) três elementos: os moradores em hospitais psiquiátricos precisam de ser recolocados em casas na comunidade; as enfermarias hospitalares devem existir para os doentes que necessitam de internamento; e é necessário desenvolver uma rede de serviços psiquiátricos e de apoio. Juntos, estes três elementos têm de voltar a fornecer todas as funções úteis de um hospital psiquiátrico, enquanto reduzem as restrições ao mínimo possível e proporcionam a participação total da pessoa na vida social e económica da comunidade.

O que aconteceu à terapia industrial?

A descentralização inerente aos serviços comunitários levanta problemas que eram evitados pela natureza centralizadora do hospital psiquiátrico. O hospital Friern Barnet, por exemplo, geria um departamento de terapia industrial frequentado diariamente por 120 doentes, tendo alguns deles que se deslocar das suas casas na comunidade até ao hospital, porque não havia nenhuma instituição semelhante perto de si. No processo de planear o encerramento do hospital, tornou-se evidente que a unidade de terapia industrial não podia ser reproduzida na comunidade, porque os doentes estariam dispersos numa área muito vasta, tornando impraticáveis as viagens de e para estas unidades. Uma solução possível – dividir o departamento em subunidades em locais dispersos – não era prática, porque tinha de confiar grandemente no trabalho fornecido por grandes empresas com quem se tinha estabelecido um contrato, precisando para tal de uma grande quantidade de mão-de-obra. Considerou-se economicamente inviável a coordenação das entregas, execução e recolha das partes do trabalho a partir de um número diversificado de locais.

Para tal, foi criado um número de oficinas de trabalho locais, cada uma oferecendo uma diversidade de experiências laborais. No entanto, eram poucos os doentes com longos internamentos, e que haviam recebido alta, que frequentavam estas oficinas. Verificou-se, então, que quando os doentes tinham a liberdade de escolher o que fazer no seu tempo livre, muitos preferiam um espaço de auxílio temporário, onde não eram pressionados para enveredar em actividades estruturadas. Em resposta, foi criado um número destes espaços de auxílio temporário, na maioria por agências de voluntariado. Tem de ser salientado que esta população com longos internamentos era idosa, sendo os 55 anos a idade média. A nova população de doentes, tanto com internamentos longos como curtos, tem necessidades diferentes. A viabilidade e a utilidade das oficinas de trabalho para estes grupos de doentes serão abordadas no capítulo 11.

A reabilitação

Não havia muita pressão para dar alta aos doentes internados nos antigos hospitais psiquiátricos. Contudo, e à medida que as enfermarias hospitalares se enchiam, os doentes que já estavam internados há alguns meses mas que não estavam preparados para receber alta, eram mudados para enfermarias de internamentos de média duração, onde participavam em programas de reabilitação. Os profissionais que dirigiam estes programas tinham tendência para se centrar nos cuidados pessoais e nas aptidões necessárias para viver o dia-a-dia. À medida que a psicologia comportamental se desenvolvia, foram introduzidos os princípios das alterações comportamentais nos programas. Estes incluíam o treino de aptidões sociais, criado para colmatar as deficiências que muitas pessoas com esquizofrenia demonstravam ter nas suas interacções sociais.

Alguns doentes respondiam positivamente a estes programas enquanto ainda estavam no hospital, mas não conseguiam ajustar-se à vida em comunidade. Tornou-se visível que para as pessoas com esquizofrenia, havia frequentemente o problema de generalizarem o que tinham aprendido numa circunstância (no hospital) para outra (a comunidade). A maneira de combater esta situação era a de conduzir um treino numa situação o mais parecida possível com a eventual vida do doente na comunidade. Em termos ideais, o treino devia ser feito no ambiente comunitário onde o doente iria em breve ser inserido. Tal conduzia à formação de equipas comunitárias de reabilitação, que eram criadas fora do hospital e que cuidavam dos doentes que estavam a ser preparados para receber alta.

Os programas de encerramento dos hospitais no Reino Unido aperceberam-se de forma limitada das necessidades de reabilitação por parte dos doentes. Parecia haver uma crença tácita de que o desmantelamento das instituições psiquiátricas poria fim às doenças mentais crónicas. Claro que não havia fundamento para tal crença, e o optimismo ilusório foi destruído quando se tornou evidente que os doentes com longos internamentos abundavam nas enfermarias de psiquiatria que tinham sido abertas nos hospitais gerais. O problema aumentou em tamanho, e os inquéritos mostraram que cerca de metade dos novos doentes com longos internamentos nas enfermarias de psiquiatria podiam receber alta se houvesse instituições adequadas e bem-equipadas na comunidade (Carey *et alii*, 1993). Por todo o Reino Unido, tanto nas áreas de acolhimento rurais como urbanas, as enfermarias de psiquiatria estavam a funcionar com uma ocupação bem acima dos 100% (Powell *et alii*, 1995) e lidavam com esta sobrecarga transferindo os doentes para os hospitais privados.

Killapsi *et alii* (2006) conduziram um inquérito nacional sobre instituições de reabilitação em Inglaterra. Foi conseguida uma taxa de resposta de 89% de todos os centros do Serviço Nacional de Saúde (SNS). Apenas pouco mais de três quartos dos centros tinham unidades de reabilitação de curta duração, com um período máximo de permanência de 12 meses. Cada unidade tinha uma média de 13 camas. Este número não variava entre áreas rurais e urbanas. Quase todas as unidades realizavam uma avaliação antes da entrada do doente e 42% tinham critérios de selecção. A maioria dos serviços tinha a contribuição de todos os elementos de uma equipa multidisciplinar. Onde havia unidades tanto de estadas longas e curtas, havia a tendência para ambas serem cobertas pelos mesmos profissionais de saúde. Mais de metade tinha ao seu dispor uma equipa comunitária de reabilitação. Evidentemente que o crescimento destes serviços ocorreu há poucos anos, em resposta às necessidades dos doentes mais incapacitados. No extremo do espectro das incapacitações, estão os doentes internados que têm poucas possibilidades de receberem alta, devido à persistência dos sintomas psicóticos graves e de comportamentos difíceis, em particular, a agressividade (Trieman e Leff, 1996). Estas pessoas precisam de um processo de reabilitação de longa duração, permanecendo durante vários anos (Leff e Szmidla, 2002), e são poucas as unidades que podem manter doentes por um tão longo período de tempo.

O ambiente alienador do hospital

Estávamos confinados a uma enfermaria em forma de L com quartos, uma sala de refeições pequena e uma sala onde toda a gente fumava e algumas pessoas jogavam jogos como o xadrez ou o monopólio. Havia uma televisão, mas não havia nada que tivesse a ver com religião. Eu tinha de ter uma pessoa que me acompanhasse à missa, e eles esperavam até ao último minuto para me dizer que não havia ninguém disponível. Então acho que, durante os seis meses que estive no hospital, apenas fui à missa uma ou duas vezes. Ninguém conversava. Todos éramos tratados como um cadáver a quem entupiam de medicamentos.

Para mim, tudo isto era muito perturbador. Eles põem as pessoas de lado no sistema de saúde mental, através da medicação, mas não enchem a pessoa de nada que seja positivo depois disso. Somos apenas deixados atarantados, com televisão e com conversas sem interesse.

6.4. Os problemas com as enfermarias de internamento psiquiátrico

Uma inovação importante do movimento da desinstitucionalização foi a criação de enfermarias de internamento psiquiátrico em hospitais gerais. Foram observados vários benefícios desta medida: houve uma diminuição do estigma da doença mental, que não podia continuar a ser associada a asilos medonhos, uma integração de um serviço psiquiátrico nas restantes práticas de medicina, o termo do isolamento profissional da psiquiatria, e o acesso das visitas aos doentes, uma vez que as alas de internamento psiquiátrico se situavam perto das casas dos mesmos. No entanto, havia também desvantagens que não eram perceptíveis à primeira vista.

Projectando enfermarias de internamento psiquiátrico

No Reino Unido, o Sistema Nacional de Saúde é administrado pelo governo central, incluindo a concepção dos hospitais. O departamento de arquitectura do SNS optou por um projecto modular para todas as enfermarias hospitalares, por razões económicas. A ideia era que uma unidade--base pudesse ser utilizada para qualquer ramo da medicina, cirurgia ou obstetrícia, com poucas alterações. Este pensamento não podia ser aplicado nos cuidados psiquiátricos graves, uma vez que a cama aqui desempenha uma função diferente daquela que desempenha nas outras áreas da medicina. Para os doentes psiquiátricos, a cama não é um lugar de tratamento, mas apenas um sítio onde dormir. O tratamento é feito nos outros locais de uma enfermaria – espaços que podem ser utilizados para actividades ocupacionais e de lazer, para convívio e para tratamentos individuais ou colectivos. Os arquitectos que projectavam os hospitais psiquiátricos no século XIX entendiam estas particularidades, mas os *designers* modulares do século XX não. Em resultado, muitas das enfermarias de internamento psiquiátrico dos hospitais gerais são minúsculas e claustrofóbicas, com poucos consultórios e pouca privacidade para os doentes.

Uma solução para este problema é localizar as unidades de internamento psiquiátrico no local do hospital geral, mas numa estrutura separada do edifício principal. A unidade não deve ser muito alta, com não mais de dois andares, de maneira a diminuir o perigo de os doentes suicidas saltarem de um ponto alto. Em termos ideais, devia haver quartos individuais, de maneira a proporcionar privacidade aos doentes, e um local de refúgio, para as alturas em que o ambiente na enfermaria for demasiado perturbador. São necessários espaços flexíveis para uma variedade de actividades, e são precisos consultórios em número suficiente para ver os doentes e os seus familiares. É necessário haver acesso a um jardim seguro, que esteja longe dos olhares do público, e que disponha de espaço suficiente para os doentes alterados poderem caminhar à vontade. No Reino Unido, existem poucas unidades que contenham estas características.

6.5. Alternativas ao internamento hospitalar

O hospital de dia para o tratamento de doentes agudos

Desde os anos 50, têm sido desenvolvidas uma série de instituições inovadoras na América do Norte e na Europa Ocidental, com a intenção de evitar os internamentos hospitalares para os doentes com recaídas das suas doenças. Estas medidas incluem a criação de hospitais de dia, casas de apoio social e casas privadas de apoio social. O primeiro hospital diurno mundial foi aberto em Londres por Joshua Beirer nos anos 50. O objectivo deste hospital era proporcionar aos doentes um local onde pudessem ir e receber tratamento terapêutico, onde pudessem conviver e participar em actividades de lazer. Muitos foram os hospitais que se seguiram e tornaram-se fornecedores de serviços para dois tipos distintos de doentes: um deles era o doente com uma longa doença do foro psiquiátrico, que vivia quer sozinho quer em família, e que precisava de um local para passar os dias da semana participando no tipo de actividades oferecidas pela instituição pioneira de Beirer. O outro tipo era o doente que esteve submetido a um tratamento enquanto internado numa enfermaria hospitalar de psiquiatria e que estava um pouco melhor, mas que ainda precisava de tratamento e de cuidados. Para estes doentes, o hospital de dia representava um estádio intermédio entre o hospital que proporcionava cuidados durante 24 horas e as visitas aos doentes externos.

Mais recentemente, foi instituído um novo tipo de hospital de dia, cujo objectivo é cuidar dos doentes em fase aguda sem os internar. O hospital de dia para o tratamento de doentes agudos, como é conhecido, aceita doentes que, de outra forma, seriam internados em enfermarias hospitalares comuns. Não pode, porém, aceitar doentes que foram internados sob as cláusulas da Lei de Saúde Mental do Reino Unido[15], por motivos legais. Alguns outros doentes são excluídos deste tipo de hospitais porque os seus médicos os consideram demasiado doentes ou porque são sem-abrigo. Uma avaliação feita a uma instituição destas localizada em Manchester, no Reino Unido, foi dirigida utilizando um plano de controlo aleatório (Creed *et alii*, 1990). Dois terços dos doentes em cuidados diurnos foram tratados de modo satisfatório no hospital de dia, um número muito parecido àquele verificado num estudo semelhante feito nos Estados Unidos (Zwerling e Wilder, 1964). A equipa de Manchester descobriu que era mais provável que os doentes que vivem com familiares permanecessem nos cuidados hospitalares diurnos quando uma enfermeira psiquiátrica comunitária dedicada visitava as famílias, que eram instruídas por ela acerca de como lidar e cuidar do familiar doente.

Os hospitais de dia para tratamento de doentes em fase aguda não estão, de todo, disponíveis em qualquer zona do Reino Unido, mas existem exemplos deles em High Wycombe, Buckinghamshire, em North Kensington e East Ham, nas duas regiões de Londres e em Dublin, na Irlanda. Todos estes hospitais estão em funcionamento das 9 até às 17 horas, sete dias por semana. Alguns têm períodos de funcionamento mais pequenos aos fins-de-semana. O pequeno número de avaliações rigorosas para este tipo de instituições significa que ainda são vistas como fazendo parte de uma fase experimental. Porém, e uma vez que as provas existentes indicam que são eficazes para um número considerável de doentes, e que tanto os doentes como quem cuida deles preferem este tipo de tratamento ao fornecido nos hospitais em funcionamento durante 24 horas, existem então boas razões para proporcionar este tipo de tratamento nestas instituições em cada vez mais locais.

Casas de apoio em situação de crise

A rejeição dos cuidados institucionais para os doentes com problemas mentais em situação aguda conduziu à utilização inovadora de ambientes domésticos por parte de alguns prestadores de serviços pioneiros. O uso de ambientes domésticos de porta-aberta evita muitas das restrições impostas pelo tratamento dos doentes quando internados e normaliza o ambiente para os doentes mentais. Tais ambientes proporcionam uma série de vantagens: fornecem cuidados que são muito mais baratos,

---

[15] The UK Mental Health Act, no original. [N. da T.]

menos coercivos e menos alienadores do que aqueles fornecidos pelos tratamentos hospitalares, e os resultados que deles advêm são diferentes dos que provêm destes últimos. As pessoas que recebem serviços num ambiente não-institucional são chamadas a utilizar os seus próprios recursos interiores. Têm de exercitar o auto-controlo, atingindo um determinado grau, e aceitar as responsabilidades tanto das suas acções como da preservação do ambiente onde vivem. Consequentemente, os doentes mantêm e lembram-se mais do seu auto-controlo, das suas capacidades e do seu sentido do conhecimento. A natureza doméstica e não-coerciva da instituição torna também o contacto entre o doente e as outras pessoas mais fácil do que o é no hospital.

Um bom exemplo deste tipo de cuidados é aquele fornecido pela Casa Cedar em Boulder, no Colorado (Warner e Wollesen, 1995). Esta é uma casa grande, situada numa rua residencial movimentada, e foi criada nos anos 80. Tanto os doentes como os profissionais gostam da casa porque é menos isolada, menos coerciva e menos alienadora do que as enfermarias de internamento de um hospital. Assim, os doentes esforçam-se por cumprir as regras da casa, e aqueles com grandes perturbações psicológicas têm um comportamento menos agressivo do que o que teriam se estivessem num hospital.

O número de funcionários é equivalente àquele existente numa ala hospitalar de psiquiatria para doentes graves, constituído por enfermeiros, um psiquiatra e outros profissionais da saúde mental. A casa oferece todos os serviços normais de diagnóstico e tratamento, com excepção da terapia electroconvulsiva. Tanto quanto possível, a casa parece uma residência de classe média, e não um hospital. Os moradores e os funcionários podem levar os seus animais de estimação para a casa. Os doentes e os funcionários interagem ocasionalmente e partilham tarefas domésticas. Não existem portas trancadas e os moradores saem e entram com relativa liberdade depois de terem negociado autorizações com o seu terapeuta. No entanto, muitos doentes dão entrada nesta casa involuntariamente, sob as normas do estatuto estatal de doença mental. Eles aceitam as restrições porque a alternativa é o tratamento hospitalar, o que praticamente ninguém prefere.

As pessoas que não podem ser tratadas na casa são aquelas violentas ou ameaçadoras, que são tão barulhentas e agitadas que tornariam a casa um espaço intolerável para os outros moradores, e que estão tão confusas que não conseguem obedecer às regras dos funcionários. A casa não consegue lidar com pessoas que fogem com frequência ou que é provável que fujam com alguém ou alguma coisa e que, assim, podem ferir-se a si próprias de maneira grave. Na prática, quase todas as pessoas com uma depressão psicótica, a maioria das pessoas com um episódio grave de esquizofrenia e muitas pessoas com perturbação bipolar podem ser tratadas na instituição. Muitos dos moradores têm um diagnóstico dual de doença mental e de consumo excessivo de drogas. Menos de 5% deles precisam de ser transferidos para um hospital. A Casa Cedar não substituiu completamente os cuidados hospitalares fechados, mas fornece mais de metade dos tratamentos das doenças mentais graves para os doentes do centro de saúde mental e podia fornecer um número ainda maior se houvesse mais camas deste tipo. É incrível que o tratamento de doentes internados na Casa Cedar custe metade da taxa diária existente nas alas hospitalares locais de psiquiatria. Existem ambientes semelhantes de tratamentos de doentes graves em Vancouver, na British Columbia, em Washington DC, em Trieste, na Itália, e noutros lugares.

Foi construída uma casa de apoio especial que cuida apenas de mulheres no norte de Londres (Killapsi et alii, 2000). Esta casa oferece 12 lugares para mulheres que, se ali não estivessem, dariam entrada num hospital. As mulheres podem ter os seus filhos consigo durante a sua estada na casa: o espaço pode alojar até quatro crianças com mais de seis meses, com um máximo de duas crianças por mulher. A equipa de funcionários, toda composta por mulheres, é constituída pela directora do projecto, 17 profissionais que põem o projecto em prática, uma assistente administrativa e uma cozinheira. Estão excluídas da casa mulheres que necessitam de um processo de desintoxicação por consumo excessivo de drogas, aquelas potencialmente violentas e aquelas que precisam de ser constantemente vigiadas. O período máximo da estada na casa é de 28 dias, e a média da duração das estadas, durante os primeiros três anos de funcionamento da casa foi de 19 dias. A terapia aqui centra-se em identificar e resolver as origens das crises, usando uma abordagem sistémica baseada no modelo utilizado na terapia familiar. O diagnóstico mais comum (53%) é a depressão, seguido da esquizofrenia (16%) e dos distúrbios bipolares (15%). O motivo mais frequente pelo qual as mulheres entram na casa é a tentativa de suicídio ou auto-mutilação (47%), seguido de recaídas de episódios de psicose (23%).

Casas particulares de apoio nas crises

Uma alternativa ainda mais inovadora foi criada em Denver, no Colorado, por Polak e pelos seus colegas durante os anos 70 e 80 (Polak et alii, 1976). Esta alternativa consistia num sistema de casas patrocinadas por famílias, destinadas a cuidar de doentes com patologias mentais graves. Estes eram colocados em várias casas particulares, onde recebiam ajuda por parte de famílias criteriosamente avaliadas e seleccionadas. Uma equipa móvel de psiquiatras, enfermeiros e de outros profissionais forneciam tratamento aos doentes colocados nestas casas privadas. Surpreendentemente, este tipo de cuidado de doentes graves mostrou adequar-se à grande maioria dos casos graves na área de acolhimento das casas em questão. Existe um antecedente histórico para este sistema. Foi originalmente criado na cidade de Gheel, na Bélgica, durante a Idade Média, e copiado muitos anos depois, em meados do século XX, pelo psiquiatra Tom Lambo. Este médico criou casas privadas para doentes graves na aldeia de Aro, na Nigéria. Um de nós (Julian Leff) visitou a aldeia e perguntou ao seu líder sobre o modo como Lambo conseguira convencer os habitantes a aceitarem os doentes nas suas casas. Em resposta, afirmou que tinham sido oferecidas à aldeia água limpa e electricidade em troca do alojamento para os doentes.

O sistema das casas de apoio particulares já não está em funcionamento em Denver, mas foi utilizado como modelo para outros empreendimentos. Numa revisão acerca do assunto, Stroul (1988) teve acesso a informações de cerca de 40 programas de casas deste tipo analisadas num estudo feito pelo Instituto Nacional Americano de Saúde Mental[16]. Esta investigadora descobriu que, quase dois terços dos doentes que se pensava precisarem de ser internados num hospital foram tratados com êxito em ambientes de casas particulares. A duração da estada nestas casas variava entre uma noite e 60 dias, sendo a média de dez dias a duas semanas. Um exemplo típico desta forma de cuidados é providenciado pelo Centro de Saúde Mental da Região de Dane[17], em Madison, no Wisconsin (Bennett, 1995). Neste local, mais de uma dúzia de casas familiares proporcionam cuidados a uma grande variedade de pessoas em crise, a maioria das quais estaria no hospital se assim não fosse. Aproximadamente três quartos destes doentes sofrem de doenças psicóticas graves e outros têm comportamentos seriamente suicidas. Cerca de 40% dos doentes que entram no programa são oriundos da comunidade, em alternativa aos cuidados hospitalares, e 20% deles são pessoas cuja condição clínica não é tão grave de modo a necessitar de cuidados hospitalares, mas têm problemas de alojamento ou crises sociais. A média da duração das estadas é apenas de três dias.

---

[16] US National Institute of Mental Health, no original. [N. da T.]
[17] Dane County Mental Health Centre, no original. [N. da T.]

A violência exercida pelas pessoas que dão entrada nestas casas quase nunca é um problema. Tal acontece porque, por um lado, existe uma selecção cuidada de doentes adequados, por outro, porque os doentes sentem-se privilegiados por serem convidados a ir a casa de outra pessoa e, consequentemente, esforçam-se por se comportar com a cortesia necessária de um hóspede. Por este motivo, as pessoas com distúrbios difíceis de personalidade parecem comportar-se melhor em casas de apoio particulares do que em enfermarias hospitalares. O modelo destas casas tem custos fixos baixos. As famílias recebem cerca de 85 dólares por cada dia em que o doente está na casa. Consequentemente, um programa deste tipo pode ser criado com um número pequeno (quatro a seis) de vagas de tratamento, sem uma perda considerável na eficácia de custos. Nas comunidades rurais, o modelo tem a vantagem de as casas poderem estar amplamente dispersas umas das outras, em vez de situadas todas num centro, como um hospital, sendo assim possível providenciar um tratamento intensivo perto da casa do doente. Para ser eficaz, a agência que gere e fornece o tratamento tem de manter um elevado nível de envolvimento para que o programa tenha sucesso. Cada família de adopção precisa de um apoio considerável por parte de um profissional permanentemente disponível, e os doentes colocados na casa necessitam de um tratamento psiquiátrico intensivo por parte de uma equipa móvel de profissionais, disponível 24 horas por dia.

Tendo em conta o estigma ligado às doenças do foro psiquiátrico, podíamos prever que poucas são as pessoas na comunidade que, desta maneira, abririam as portas das suas casas a pessoas com doenças mentais em situação de crise. Porém, foi lançado em Boulder, no Colorado, um programa deste tipo, através de uma combinação de artigos de jornal e de publicidade. Cem pessoas ligaram, no primeiro mês da campanha, mostrando interesse no programa e, em poucas semanas, foram seleccionadas seis casas.

Stroul (1988) observou que nem as casas de apoio nem as de apoio particulares foram amplamente usadas, e verificou que o problema estava em obter fundos. A escassez destas casas não se alterou, de modo considerável, desde então, deixando-nos com a pergunta: porquê? Em Inglaterra, na Austrália e noutros países onde existem programas nacionais de saúde mental que ainda estão muito ligados aos hospitais, é preciso reduzir o número de camas hospitalares para se conseguir mais dinheiro, uma tarefa que exige negociações burocráticas alargadas. Nos Estados Unidos, onde os programas de saúde mental geralmente não dependem tanto do governo, esta tarefa é mais fácil de ser concretizada. No entanto, e até agora, os mecanismos dos seguros de saúde não apoiaram financeiramente a utilização das casas de apoio nem as de apoio privadas. Contudo, as pessoas que proporcionam os cuidados aos doentes nos Estados Unidos estão a aperceber-se de que os programas não-hospitalares oferecem vantagens custo/benefício. Nos sítios onde estão a introduzir-se esquemas de cuidados de saúde *per capita*, em muitos estados norte-americanos, podemos esperar encontrar ambientes que funcionam em alternativa aos hospitais, com oportunidades de poupança de dinheiro, a serem usados com mais frequência, sendo preferidos aos cuidados de saúde convencionais.

6.6. A localização e tamanho das casas com profissionais para doentes

Muitos doentes não vivem com a família, quer porque não existe nenhum parente que tal queira, quer porque o doente precisa de um acompanhamento mais especializado por parte de um profissional de psiquiatria. São levantadas várias questões relacionadas com a localização e o tamanho das casas com profissionais para doentes. Já analisámos a questão de dispersar no espaço estas casas de maneira a evitar que fosse criado um gueto psiquiátrico. Contudo, existe um limite para as distâncias estabelecidas entre as casas, ditado pela facilidade de deslocação entre elas e um edifício onde os doentes possam trabalhar, realizar actividades de lazer ou simplesmente encontrar amigos. Em termos ideais, estes edifícios deviam ser acessíveis a pé ou através de um único meio de transporte público. De modo a evitar a reprodução das características institucionais dos hospitais psiquiátricos, estas casas com profissionais têm de proporcionar aos doentes quartos individuais e uma sala de estar comum confortável, onde os doentes possam receber visitas.

Ter em consideração o tamanho e o aspecto da casa também é importante. Se for demasiado espaçosa, vai parecer um mini-hospital na comunidade. Quando o número de moradores ultrapassa os dez, o próprio edifício começa a atrair muito a atenção, salientando-se pelas suas dimensões. Em termos ideais, o aspecto exterior de uma casa deste tipo não deve distanciar-se muito do das casas circundantes. Nalguns dos programas do Reino Unido, foram projectados novos edifícios para alojar doentes com alta hospitalar. Estes teriam inevitavelmente atraído a atenção dos vizinhos, fazendo com que os preconceituosos levantassem obstáculos ou mesmo montassem campanhas contra o facto de os doentes se mudarem para o bairro. Felizmente, construir casas novas mostrou ser incomportável, e optou-se por se utilizar, em vez disso, as casas já existentes.

Um outro ponto que limita o tamanho de uma casa de grupo é o facto de uma grande quantidade dos doentes que passaram por longos internamentos e com sintomas predominantemente negativos criar uma massa inerte que os profissionais lutam por espevitar. Como já foi afirmado antes, é aconselhável que se seleccione os doentes, de maneira a criar-se grupos tanto de pessoas socialmente activas como de indivíduos fechados: assim, facilita-se a criação de uma rede social coesa (Dayson, 1992). Os profissionais que trabalham nestas casas não são forçosamente muito qualificados. De facto, um inquérito feito aos profissionais em casas destinadas a doentes com longos internamentos que receberam alta do hospital psiquiátrico Friern Barnet mostrou que apenas metade tinha estágio em psiquiatria (Senn et *alii*, 1997).

> *O ambiente alienador do hospital*
>
> *Quando eu estava no hospital, havia este tipo de coisas: de manhã, se quisesses tirar a tua escova de dentes do cacifo, tinhas de te dirigir aos profissionais e dizer: 'Posso ter acesso à minha escova de dentes?' Bom, os profissionais podiam dizer: 'Vai-te embora e volta dentro de 15 minutos.' Ou simplesmente ignoravam-te. Então, eu pensava: 'Como hei-de dizer isto de maneira a que esta pessoa entenda que eu gosto de escovar os dentes de manhã?' Percebes?*

6.7. Mudar as atitudes dos profissionais

Embora os hospitais psiquiátricos fossem, com frequência, construídos no campo, foram crescendo, na zona circundante, casas para os profissionais e lojas para eles e para os doentes. Tornou-se frequente e comum a tradição familiar de trabalhar como enfermeiro no hospital e, nas instituições mais antigas, várias gerações podiam ser empregadas desta maneira. Em resultado, desenvolveu-se uma cultura de enfermagem com um cariz particularmente protector. À medida que o processo de desinstitucionalização avançava, tornou-se notória uma resistência comum à mudança entre o pessoal de enfermagem. Um de nós (Julian Leff) trabalhou num hospital tradicional de cuidados mentais durante oito anos e foi responsável por um grupo de 12 homens idosos com longos internamentos, alojados na vivenda que havia sido anteriormente a residência do médico director do hospital. Numa tentativa de normalizar o ambiente, Julian Leff deu a conhecer a sua intenção de trazer para a vivenda doentes mulheres. O enfermeiro de serviço opôs-se firmemente a esta mudança alegando a imoralidade da ideia.

De modo a evitar um excesso de funcionários aquando do encerramento de alas hospitalares, é comum serem oferecidos postos de trabalho para enfermeiros nas novas casas com funcionários. Nalguns países, o sindicato dos enfermeiros pode insistir neste assunto por uma questão política. Embora tal pareça justo e correcto, traz a desvantagem de o pessoal carregar consigo a cultura proteccionista do hospital. Vários estudos encontraram níveis elevados de emoção expressa (ver capítulo 2, ponto 2.3) para caracterizar as atitudes dos profissionais perante os doentes nas casas da comunidade (Ball *et alii*, 1992; Snyder *et alii*, 1994; Willetts e Leff, 1997). É comum aqueles serem críticos e hostis para com os doentes, embora raramente demonstrem um envolvimento demasiado. Tal como acontece com os familiares que cuidam dos doentes, os comentários críticos dos profissionais devem-se principalmente aos sintomas negativos que os doentes apresentam (Moore *et alii*, 1992). Apesar da prática que têm, os profissionais, tal como os familiares, falham em reconhecer que os sintomas negativos são uma consequência da esquizofrenia e não um sinal de preguiça ou de egoísmo.

Perante estas semelhanças com as atitudes dos familiares que cuidam dos doentes, considerou-se importante tentar mudar as atitudes dos profissionais ao oferecer-lhes um programa adaptado de trabalho para familiares de cuidados da esquizofrenia (Kuipers *et alii*, 2002). Em dois estudos consecutivos, este programa foi proporcionado aos profissionais que trabalhavam em casas de alojamento para doentes com longos internamentos que haviam recebido alta (Willetts e Leff, 1997), e a profissionais que trabalhavam com doentes 'difíceis-de-serem-alojados', num hospital psiquiátrico com data marcada para ser encerrado (Willetts e Leff, 2003). No primeiro estudo, o programa conseguiu uma mudança nas atitudes dos profissionais, o que os aproximou dos pontos de vista dos doentes e equipou-os com uma maior variedade de estratégias para lidar com eles. O segundo programa gerou um aumento considerável no conhecimento dos profissionais acerca da esquizofrenia e também a aquisição de estratégias para conseguir uma mudança. Estes dois estudos mostram que um programa de relativa curta duração (nove a dez sessões) pode modificar as atitudes negativas dos profissionais perante os doentes e pode alargar o seu conjunto de estratégias eficazes. Tal pode ajudar a espevitar os doentes com sintomas negativos e, assim, facilitar a sua ligação com a vida na comunidade.

6.8. Conclusões

Embora os hospitais psiquiátricos tenham sido criados com a melhor das intenções e providenciassem muitas funções úteis, à medida que o tempo foi passando e com o aumento inexorável do número de doentes internados, o valor dos hospitais tornou-se nulo devido às práticas proteccionistas e a um conjunto de ideias ou crenças de pessimismo terapêutico. Conseguiram sobreviver à sua utilidade e não têm lugar num serviço moderno baseado na comunidade. Mais ainda, perpetuam o estereótipo do público a respeito do lunático incurável.

Substituir as suas funções importantes não é tarefa fácil, devido à descentralização envolvida. É preciso encontrar novas soluções para a criação de instituições preparadas para a reabilitação dos doentes debilitados pela sua doença, para a criação também de casas com profissionais que garantam privacidade e autonomia máxima e de cuidados durante episódios agudos da doença que afastem o doente o menos possível das condições normais de vida. Além disso, as atitudes dos profissionais que trabalharam no sistema anterior precisam de ser mudadas, de maneira a irem ao encontro da nova filosofia de cuidados. Foram desenvolvidos serviços pioneiros que preenchem estes requisitos, mas que permanecem ainda exemplos longe do ideal. Provaram que são úteis e deviam tornar-se os modelos de toda e qualquer rede de cuidados psiquiátricos.

7. DIMINUINDO O MEDO E A DISCRIMINAÇÃO ENTRE O PÚBLICO

7.1. Utilização dos meios de comunicação para influenciar as atitudes do público

Já falámos dos preconceitos que os meios de comunicação social mostram, quando relatam de modo selectivo, incidentes violentos envolvendo pessoas com doenças mentais e ao referirem-se a tais pessoas utilizando termos pejorativos. Este facto tem efeito nas atitudes do público em relação às doenças do foro psiquiátrico e aos próprios doentes. Dada a possibilidade que os meios de comunicação têm de chegar a populações inteiras e de todas as idades, é forçoso tentar usá-los para incentivar atitudes positivas acerca da doença mental. Uma campanha antiga realizada no Canadá por Cumming e Cumming (1957), tendo como alvo uma comunidade local, foi um fracasso desastroso, tendo os educadores sido rejeitados pela população. Uma tentativa semelhante para mudar as atitudes do público, feita em Northamptonshire, no Reino Unido, também não foi eficaz (Gatherer e Reid, 1963). Foi montada uma campanha pelo Colégio Real de Psiquiatras do Reino Unido, tendo por foco a depressão. Embora tenham acontecido algumas mudanças positivas, estas foram decepcionantes, tendo em conta o esforço investido na campanha (Paykel *et alii*, 1998). Uma tentativa subsequente, pelo mesmo Colégio, com o objectivo de diminuir o estigma relativo a uma grande variedade de distúrbios psiquiátricos, incluiu a divulgação de um filme de quatro minutos antes da sessão principal do filme em cartaz em todos os cinemas do país. Uma vez mais, o impacto no público foi mínimo.

A Associação Mundial de Psiquiatria (AMP)[18] começou um programa em todo o mundo contra o estigma em relação à esquizofrenia em 1996,

---

[18] World Psychiatric Association (WPA), no original. [N. da T.]

que mais tarde passou a envolver 20 países (Sartorius, 1997). O local central do programa era em Calgary, uma cidade na província canadiana de Alberta. O programa piloto incluía uma variedade ambiciosa de actividades que foram avaliadas de modo cauteloso. Foi lançada uma campanha educacional intensiva através da rádio local. Os efeitos deste empreendimento foram calculados através de um inquérito telefónico, feito antes e depois do programa, a uma amostra aleatória de população geral, e por intermédio da análise dos jornais locais e da identificação de artigos versando o assunto da doença mental. O inquérito mostrou a inexistência de mudanças positivas de atitude em relação à doença mental e nem tão-pouco um maior conhecimento sobre o assunto. Os artigos dos jornais foram catalogados como positivos ou negativos e calculou-se o número de centímetros das colunas para cada catalogação. No fim da campanha, verificou-se uma mudança global mínima no rácio dos artigos positivos e negativos. As pessoas que realizaram as campanhas explicaram a resposta equívoca por parte dos meios de comunicação pela duração de vários acontecimentos importantes envolvendo pessoas com doenças mentais. Um deles foi a invasão da moradia do primeiro-ministro canadiano. Outros incluíram os disparos contra dois agentes da polícia no edifício do Capitólio, em Washington, DC, e a prisão do Unabomber[19], todos tendo tido lugar durante a campanha. Embora alguns destes incidentes tenham acontecido nos Estados Unidos, conseguiram uma grande cobertura na imprensa canadiana. Acontecimentos deste género podem ensombrar qualquer campanha dos meios de comunicação e são difíceis, senão impossíveis, de uma reversão.

O fracasso desanimador das campanhas em larga escala nos meios de comunicação para mudar as atitudes do público em relação aos distúrbios do foro psiquiátrico assenta em parte nos recursos disponíveis para as financiar. As campanhas publicitárias montadas por organizações comerciais duram meses ou anos e utilizam a rádio, a televisão, os jornais e grandes placares. Os custos vão muito além do que uma organização de serviços de saúde pode pagar. Uma outra explicação para o fracasso das campanhas pode advir do desenvolvimento do marketing social. Estas campanhas foram utilizadas, com êxito, e por todo o mundo, na prevenção da síndroma de imunodeficiência adquirida (SIDA), de combate ao

---

[19] O Unabomber, de seu verdadeiro nome Theodore Kaczynski, é um terrorista conhecido por lançar bombas em universidades e em companhias aéreas nas décadas de 70 a 90. [N. da T.]

tabagismo e de muitas outras causas (Rogers, 1995). A eficácia destas campanhas é aumentada através da 'segmentação do público' – dividir um público global em sub-públicos que são relativamente homogéneos e planear mensagens e estratégias com um alvo adequado (Rogers, 1996). No desenvolvimento destas campanhas, é útil conduzir uma avaliação das necessidades que reúna informações acerca das crenças culturais e do meio de comunicação através do qual as pessoas poderão saber mais e melhor sobre o assunto em questão. A avaliação das necessidades pode conter grupos-alvo, inquéritos telefónicos ou informações de líderes de opinião. São seleccionados assuntos, públicos, mensagens e meios de comunicação específicos e desenha-se um plano de acção. As mensagens e os materiais são previamente testados junto dos públicos e são revistos. O plano é aperfeiçoado e, através de um controlo contínuo do seu impacto, é permanentemente retocado (Rogers, 1995).

7.2. Os estudantes do secundário como alvo

No local piloto em Calgary, decidiu-se seleccionar estudantes do ensino secundário como um dos grupos-alvo. Esta escolha foi influenciada não tanto pelo facto de se ter considerado que estes estudantes fossem uma fonte de estigma, mas mais pelo fácil acesso a eles e pela oportunidade de influenciar as atitudes de uma nova geração.

Ter acesso aos estudantes mostrou ser relativamente fácil. Em reuniões com os directores das escolas, os elementos do projecto apresentaram o esforço de diminuir o estigma como uma componente importante na formação para a diversidade, e salientaram que a doença mental é frequentemente negligenciada nas disciplinas de saúde nas escolas. Foram utilizados métodos diferentes de comunicar as mensagens anti-estigma, uma vez que o impacto de uma campanha de marketing social aumenta se o grupo-alvo receber a mesma mensagem através de várias fontes (Smith, 2002). Foi preparado um guia de ensino para os funcionários da escola, foi organizado um concurso de arte para os alunos prepararem materiais anti-estigma, e foram recrutadas pessoas com doenças mentais para falar aos estudantes e responder a questões.

Esta parte do programa no local piloto foi muito eficaz no melhoramento das atitudes dos estudantes. O conhecimento dos alunos sobre esquizofrenia e as atitudes em relação às pessoas com a doença foram avaliados antes e depois do programa. O número de alunos com um resultado mostrando um conhecimento perfeito aumentou de 12% para

28%, e o número que indicava uma não-distância social entre eles e as pessoas com esquizofrenia aumentou de 16% para 30%.

O êxito desta abordagem aos alunos do ensino secundário levou a réplicas em mais de metade dos 20 países que participaram na campanha global da Associação Mundial de Psiquiatria (AMP). Em Boulder, no Colorado, foi criado um gabinete para as pessoas com doenças mentais dispostas a falar aos estudantes do secundário. Foi também organizado um concurso de arte com o apoio dos directores das escolas e dos professores da disciplina. Elementos do gabinete e um coordenador do projecto com uma formação em artes visuais fizeram apresentações nas aulas de arte. Estes anunciaram um concurso avaliado por um júri, com prémios em dinheiro, com o objectivo de levar os estudantes a criar objectos de arte relacionados com o estigma e com a doença mental. Após cada concurso anual, era montada uma exposição pública de objectos artísticos e uma cerimónia de distribuição de prémios, e o evento era mostrado ao público nas escolas participantes.

Em Boulder, os anúncios publicitários dentro dos autocarros alcançam um público predominantemente jovem e estão livres para anúncios de serviço público. O projecto de Boulder afixou vários anúncios anti-estigma nos autocarros, incluindo um de um aluno, com a frase: 'Às vezes, aqueles que são diferentes são os mais interessantes'. O cinema é também uma arte predominantemente apreciada pelos jovens. O projecto de Boulder mostra slides com três mensagens anti-estigma diferentes entre os anúncios que antecedem o principal filme em exibição em 16 ecrãs de cinema locais. Uma das mensagens dizia: 'Não acredites em tudo o que vês nos filmes: a doença mental não é sinónimo de violência'. Inquéritos feitos à saída do cinema mostraram que 18% dos jovens se lembravam de, pelo menos, uma das três mensagens exibidas. Assim, durante os três meses em que os slides foram mostrados, mais de 10.000 pessoas foram capazes de se lembrar de uma mensagem duas horas depois de a terem visto. Tal resulta num custo total de 36 cêntimos por mensagem por pessoa, o que mostra um gasto económico bastante favorável se comparado com o obtido nos anúncios habituais dos meios de comunicação.

7.3. Os vizinhos como alvo

O esvaziamento dos hospitais psiquiátricos nos países desenvolvidos precisava da criação de casas de acolhimento para milhares de doentes com alta: muito poucos podiam voltar para a casa da família, porque ou os parentes já tinham falecido ou não tinham vontade de desempenhar o papel de cuidador do doente. Na renovação feita nos hospitais Friern Barnet e Claybury, em Londres, apenas 4% dos doentes com longos internamentos receberam alta e foram para casa, ao cuidado dos familiares. A grande maioria mudou-se para casas de grupo com profissionais para cuidar deles (Trieman, 1997). Por vezes, as tentativas de criar estas casas encontram oposição por parte dos vizinhos na zona, a famosa resposta do 'não-no-meu-quintal' (NNMQ) (Boydall *et alii*, 1989; Repper *et alii*, 1997). Numa tentativa de evitar este tipo de oposição, os autores do projecto destas casas tentam manter o assunto o mais secretamente possível. Infelizmente, esta estratégia não consegue tirar partido da quantidade considerável de boa-vontade existente na comunidade, como o mostram os inquéritos sobre a atitude do público (Wolff *et alii*, 1996a). A abordagem alternativa de educar o bairro tem mais trunfos para ser recomentada, mas foi vista pelas equipas de planeamento dos projectos como correndo o risco de acicatar a oposição.

Wolff e os seus colegas (1996c) dirigiram um programa educativo para os vizinhos de uma casa de grupo planeada, utilizando um paradigma experimental. Estudaram duas ruas no sul de Londres, onde em cada uma iria ser construída uma casa de grupo com profissionais, destinada a alojar doentes com longos internamentos oriundos do mesmo hospital psiquiátrico. Uma das ruas foi escolhida aleatoriamente para o programa educativo, enquanto a outra servia de controlo. Foi realizado um inquérito em ambas as ruas, antes e depois do programa, contendo avaliações do conhecimento sobre doenças mentais, das atitudes em relação a pessoas com estas doenças e aos cuidados na comunidade, e das intenções comportamentais em relação a estes doentes. Além disso, antes e dois anos depois dos residentes se mudarem para as duas casas de grupo, foram apuradas as suas redes de contactos sociais.

Os materiais do programa educativo incluíam um vídeo especialmente feito para a ocasião, que explicava os objectivos da mudança dos doentes para a comunidade, e que mostrava entrevistas com profissionais, lojistas locais de uma outra zona com uma casa de grupo já estabelecida, e com doentes. Estes materiais foram complementados com folhetos informativos sobre cuidados na comunidade e doenças do foro psiquiátrico. Foi organizada uma reunião para os vizinhos numa igreja local, na qual foi mostrado o vídeo e foram oferecidos os folhetos informativos, batendo à porta dos vizinhos que não compareceram na reunião. Foram também organizados eventos sociais na casa de grupo, tais como feiras e churrascos, para os quais todos os vizinhos foram convidados.

Comparados com os vizinhos na "rua de controlo", aqueles na "rua experimental" demonstraram uma pequena melhoria nos conhecimentos acerca das doenças, e uma diminuição considerável no medo que sentiam pelos doentes mentais e no desejo de os excluir da sociedade. Era muito mais provável que os vizinhos na "rua experimental" conhecessem os nomes dos doentes e que os visitassem, os convidassem para ir às suas casas e que os considerassem amigos. Estes factos foram confirmados através da avaliação feita às redes de contactos sociais dos doentes. Na zona em experiência, cinco dos oito doentes mantinham um contacto regular com os vizinhos, comparado com nenhum dos seis doentes na zona de controlo. Dois doentes na zona em experiência disseram considerar três dos seus vizinhos como amigos.

Uma vez mais, tornar um grupo específico de pessoas um alvo destes programas mostrou ser uma maneira eficaz de diminuir as atitudes estigmatizadoras e, neste caso, esta acção levou a um resultado evidente em termos de inclusão social dos doentes. Este programa experimental mostrou que é possível mobilizar os vizinhos e traduzir a sua boa-vontade em acções de amizade.

7.4. Trabalhar com familiares que cuidam dos doentes

Por todo o mundo, as famílias são quem mais cuida dos doentes mentais, embora a percentagem de doentes que vivem com a família varie de quase 100% nas sociedades tradicionais para menos de metade nas cidades ocidentais. Já referimos a quantidade de doentes que fazem o seu melhor para esconder a doença com base num medo válido de serem discriminados ou rejeitados. Outros, que são mais confiantes e seguros de si, podem revelar a natureza da sua condição aos amigos e conhecidos. Os familiares dão uma resposta semelhante à questão, muitos mantendo a doença do parente em segredo e retirando-se das actividades sociais de maneira a evitar uma exposição. Embora estas sejam reacções compreensíveis, apenas reforçam o silêncio que envolve a doença mental e não fazem nada para diminuir a ignorância e o preconceito em relação a ela.

Falar sozinho num mundo visto como hostil ou indiferente exige uma coragem considerável, mas existe a possibilidade de nos juntarmos a outros que vivam a mesma situação, e então as coisas tornam-se mais fáceis. Os familiares que cuidam dos doentes têm vindo a criar grupos ao longo de várias décadas, mas o grau em que estes cresceram e se tornaram organizações de âmbito nacional varia muito de país para país: nos Estados

Unidos, a Aliança Nacional para os Doentes Mentais[20] tem milhares de membros, mas em muitos países africanos não existe este tipo de associação nacional. Na Índia, existem várias organizações locais fortes, tais como a Fundação de Investigação sobre Esquizofrenia (FIE)[21] em Chennai (Madras), mas estas organizações não se fundiram para criar um grupo nacional. Um dos obstáculos à criação de grupos nacionais pode ser as diferentes perspectivas em relação à natureza e ao tratamento de doenças psiquiátricas graves. Por exemplo, no Reino Unido, a Associação de Esquizofrenia da Grã-Bretanha[22] tem um compromisso forte com o tratamento dietético da esquizofrenia, algo que não é partilhado pela Repensar[23] (antes designada por Sociedade Nacional de Esquizofrenia[24]).

As organizações nacionais dos familiares que cuidam dos doentes têm o poder de exercer uma influência política considerável nos governos, e tal pode ser usado para tentar influenciar algumas mudanças na lei, melhorias nos serviços, e mais fundos para as doenças mentais. É mais provável que os políticos respondam aos familiares, que representam muitos votos, do que aos profissionais, que são vistos como agindo em função de interesses próprios.

Os grupos locais oferecem muitas vantagens aos seus membros. A atitude de simplesmente encontrar os outros que lidam com os mesmos problemas diários ajuda a diminuir a impressão de responsabilidade pessoal pela doença do familiar. Aliviar o sentimento de culpa desta maneira faz diminuir as dificuldades de falar abertamente sobre a doença. Mais ainda, quem cuida dos doentes aprende uns com os outros maneiras eficazes de os ajudar a lidar com os seus sintomas e melhorar as suas capacidades da vida do dia-a-dia (Kuipers *et alii*, 2002, pp. 118-30).

As famílias que se juntam a um grupo de familiares também começam a criar laços sociais com as outras pessoas do grupo, e podem partilhar actividades sociais com elas fora do contexto formal das reuniões. Este comportamento pode ser vantajoso para os doentes, que regra geral têm redes de contactos sociais restritas. A realidade é que muitas famílias não estão dispostas a juntar-se a estes grupos, especialmente as famílias da classe trabalhadora e oriundas de minorias étnicas. Juntar-se a um grupo é, por si só, um sinal de abertura em relação ao termo

---

[20] National Alliance for the Mentally Ill, no original. [N. da T.]
[21] Schizofrenia Research Foundation (SCARF), no original. [N. da T.]
[22] Schizofrenia Association of Great Britain, no original. [N. da T.]
[23] Rethink, no original. [N. da T.]
[24] National Schizophrenia Fellowship, no original. [N. da T.]

'esquizofrenia' e uma vontade de discutir problemas familiares com pessoas que são, no início, estranhos. Para aqueles que hesitam em frequentar o grupo, trabalhar com a família a nível individual pode ajudar bastante os doentes.

Trabalhar com uma família começa com um programa educativo pequeno, que assegura com firmeza que as famílias não podem 'causar' a esquizofrenia. É essencial para os profissionais ganhar a confiança da família, dado que muitas podem ter passado por más experiências de terem sido acusadas de gerar a doença do seu parente. Ao ser totalmente francos sobre a esquizofrenia, os profissionais pretendem quebrar o silêncio que envolve a doença. Encorajam os pais que protegem demasiado o filho doente a conviver com pessoas da mesma idade que eles, dando liberdade ao doente para sair com os seus próprios amigos. Contudo, as doenças mentais graves diminuem as capacidades do paciente de conhecer pessoas (ver ponto 1.1) e é necessária ajuda para resolver este problema. Uma fonte possível de ajuda é um irmão saudável, que possa mostrar-se disponível para acompanhar o irmão doente a eventos sociais ou apresentá-lo ao seu próprio círculo de amizades de pessoas da mesma idade. Os irmãos nesta situação vivem emoções complexas em relação ao seu irmão ou irmã doente, e precisam de ajuda por parte de profissionais antes de estarem preparados para agir (Kuipers *et alii*, pp. 97-8).

O apoio da família

O meu marido tem-me apoiado muito. Esteve sempre comigo de cada vez que tive um problema e cuidou de mim e das questões financeiras ligadas a esta questão enquanto estive no hospital. Não sei o que teria feito sem ele. A minha filha também me apoia muito. Ela liga-me muitas vezes e fala comigo, e quer saber como estou. Falamos muito tempo ao telefone, às vezes quase três horas. E falo com a minha mãe todas as noites, porque se eu não lhe ligar, ela fica nervosa e preocupada comigo.

As famílias são também uma fonte potencial de material valioso para os programas anti-estigma. As histórias da vida real causam um maior impacto no público do que slogans publicitários, experiências de vida breves de se ter sido alvo de estigma, quer directamente através da associação com uma doença mental grave, ou indirectamente através de serviços inadequados, e estas circunstâncias podem ser bastante comoventes. Apenas uma pequena minoria de famílias está disposta a expor-se desta maneira, mas podem ser convencidas se se salientar o poder influente das suas histórias.

7.5. Trabalhar com o sistema de justiça criminal

Já mostrámos provas (ponto 3.5) de que não houve nenhum aumento nos actos de violência por parte de pessoas com doenças mentais ao longo das últimas décadas, apesar do encerramento de muitos hospitais psiquiátricos, e que tal violência é rara. No entanto, a ligação feita pelos meios de comunicação entre as doenças mentais e a violência teve uma poderosa influência na formação das atitudes do público, incluindo agentes policiais e funcionários da justiça criminal. Uma pessoa com uma doença mental e que também tem cadastro enfrenta dupla desvantagem na procura de aceitação por parte de outros cidadãos e empregadores. Nalguns países em desenvolvimento, e nas partes rurais dos Estados Unidos com falta de recursos psiquiátricos, os calabouços são utilizados para albergar pessoas com doenças mentais graves até que estas possam ser vistas por um profissional da saúde mental, uma prática que, inevitavelmente, aumenta o estigma destas condições.

A polícia e os oficiais da justiça criminal são parceiros subaproveitados na gestão da doença mental. As forças policiais são agentes locais e nacionais muito importantes nos serviços comunitários e, se usados de modo eficaz, podem contribuir significativamente para melhorar a consciência da comunidade em relação aos problemas relacionados com a saúde mental. As pessoas com problemas do foro psíquico entram em contacto com a polícia, tanto em situações do dia-a-dia, como em situações de crise. Os agentes policiais levam as pessoas que sofrem de crises agudas em casa ou nos espaços públicos para locais onde possam receber cuidados e protecção. Os agentes lutam para controlar as pessoas com surtos psicóticos agudos em ambientes totalmente impróprios para a missão. Os juízes lutam com o comportamento dos perturbadores da ordem com doenças mentais, e os oficiais do período probatório vigiam os doentes vivendo neste período sem terem acesso a uma consulta de avaliação sobre a capacidade do doente em responder às instruções. E ainda assim, existem poucos exemplos de programas que tentam propiciar aos funcionários da justiça criminal a preparação necessária para executar estas partes essenciais do seu trabalho. A educação que se oferece centra-se na violência das pessoas com problemas mentais. Esta ênfase afecta particularmente os oficiais jovens sem experiência, que têm tendência para usar uma força desnecessária, exagerando na reacção perante uma ameaça percebida de violência.

Formação para agentes policiais

Um exemplo do que pode ser conseguido ao organizar um curso de preparação para os agentes policiais é oferecido pelo programa anti-estigma montado em Boulder, no Colorado, como parte do programa global da AMP. Profissionais da saúde mental, incluindo um dos autores (Richard Warner), doentes e agentes policiais colaboraram no desenvolvimento de um programa de formação piloto de oito horas destinado a agentes sazonais e recrutas na maior cidade da região (população de 100.000 habitantes). Da experiência conseguida a partir deste exercício preliminar, o projecto de formação passou a englobar o departamento completo da polícia na segunda maior cidade da região (população de 70.000 habitantes). De modo a minimizar a ruptura entre os serviços policiais e a comunidade, a formação foi efectuada em seis secções diferentes, tendo como alvo um certo número de agentes do departamento de cada vez, em troca do turno da tarde ou da noite antes dos agentes saírem em serviço. A formação englobava duas sessões de duas horas sobre distúrbios em adultos e em crianças, apresentadas por psiquiatras, doentes e familiares. O conteúdo das sessões englobava as características, decurso, tratamento e resultado dos distúrbios psicóticos, os mitos sobre esquizofrenia, tentativas de suicídio, distúrbios da infância e o motivo pelo qual as pessoas com uma psicose não devem ser detidas. As turmas discutiam o motivo pelo qual as pessoas com perturbações de personalidade pouco definidas (personalidade *borderline*) não dão, geralmente, entrada nos hospitais. Este aspecto é importante, se se pretender que a formação tenha êxito, uma vez que é provável que os agentes policiais de todos os lados se queixem de levar uma pessoa para a esquadra para avaliação de uma tentativa de suicídio, e venham a aperceber-se depois, como é habitual: 'Eles chegaram a casa antes de mim!'

Testes feitos aos agentes policiais, antes e depois da formação, mostraram não haver quaisquer mudanças de atitude em relação às pessoas com uma psicose, mas verificou-se uma melhoria de 48% nos resultados sobre o conhecimento acerca destas pessoas. A percentagem de agentes que demonstravam um conhecimento impreciso acerca das causas da esquizofrenia caiu de 24% para 3%. Contudo, a percentagem daqueles que demonstravam um conhecimento errado acerca do comportamento habitual das pessoas com esquizofrenia diminuiu apenas de 82% para 71%. Depois da formação, 71% dos agentes ainda acreditavam numa ou mais das seguintes afirmações: as pessoas com esquizofrenia são (i) sempre irracionais, (ii) têm mais probabilidade de serem violentas do que a pessoa normal ou (iii) são geralmente incapazes de tomar decisões na vida. Apercebemo-nos depois que os encontros entre os agentes e as pessoas com uma psicose acontecem quase sempre quando a pessoa está altamente perturbada, e os agentes têm poucas oportunidades de se encontrarem com esquizofrénicos que trabalham, que têm relacionamentos estáveis ou que quase nunca precisam de ser internados num hospital. Concluímos que a formação dos agentes policiais tem de promover, de maneira intensiva, encontros entre os agentes e pessoas que recuperaram de uma psicose se se pretender mudar as atitudes deles. Sessões de formação de agentes policiais subsequentes na região de Boulder, variando de quatro a sete horas de duração, conseguiram melhorias modestas nas atitudes, mas ganhos consideráveis nos conhecimentos adquiridos.

Os juízes, advogados e oficiais do período probatório

Na campanha de Boulder, psiquiatras, pessoas com doenças mentais e familiares ofereceram a juízes, advogados e a oficiais do período probatório, três sessões de treino sobre distúrbios de adultos e uma sessão sobre distúrbios de crianças. Quase todos os juízes da região estiveram presentes. Uma avaliação feita ao conhecimento dos juízes sobre o assunto, antes e depois da formação, mostrou que o seu conhecimento sobre esquizofrenia melhorou de 47% para 74%, em termos de precisão; alguns declararam mudanças imediatas nas sentenças que determinavam. Consequentemente, os juízes pediram mais duas sessões de formação, desta feita sobre distúrbios juvenis.

Foi introduzida em vários serviços no Reino Unido uma outra abordagem que evita a condenação de pessoas com doenças do foro psiquiátrico; esta é conhecida pelo esquema de contorno do tribunal. O seu objectivo é a transferência de pessoas com distúrbios mentais do sistema de justiça criminal para um serviço adequado de psiquiatria, se indicado. Está em funcionamento um programa deste tipo no sul de Inglaterra, durante o período normal de trabalho, de segunda a sexta-feira, e é conduzido por profissionais de enfermagem forense da comunidade (Kingham e Corfe, 2005). Durante um período de três anos, foram feitos 1830 pedidos de atendimento ao esquema, 40% das quais por parte da polícia. Um estudo feito a estes pedidos descobriu que a maioria (71%) eram pessoas mantidas à guarda policial e que tinham sido presas recentemente; 8% estavam na prisão, tendo sido mandadas de volta em regime de custódia pelo tribunal. A maioria (83%) dos casos referenciados foi avaliada por um enfermeiro forense da comunidade; 16% foram vistos por um médico. O diagnóstico mais comum foi a utilização errada de medicamentos (19%), seguido pelo consumo excessivo de álcool (12%) e pela esquizofrenia (11%). Foi feita uma recomendação, pelo médico ou pelo enfermeiro, de contorno ou ligação, em 47% dos casos, dos quais o tribunal rejeitou apenas 4%. A maioria das pessoas avaliadas neste esquema foi vista pouco depois de ser detida e antes de se apresentar em tribunal. Este difere de outros esquemas de contorno que funcionam apenas dentro de um tribunal, por exemplo, na cidade de Glasgow (White *et alii*, 2002).

7.6. Coordenar actividades para a inclusão social de pessoas com doenças mentais

Os programas acima descritos envolvem actividades dirigidas a diferentes sectores da comunidade. Uma maneira eficaz de organizar ou de coordenar algumas ou todas estas actividades é criar um comité de acção.

Estabelecer um comité de acção local

Um comité de acção junta membros da comunidade local que manifestam um grande interesse em facilitar a inclusão social e ocupacional das pessoas com doenças mentais. Os membros do comité devem incluir representantes dos grupos-alvo de possíveis programas, embora estes não sejam conhecidos quando for criado o comité de acção. Assim, o grupo inicial de planeamento do projecto deve seleccionar os membros do comité a partir de todas as facções sociais com possibilidade de se tornarem grupos-alvo, tais como os agentes policiais, empregadores e clérigos e acrescentar outros membros mais tarde, à medida que forem sendo precisos. Alguns dos membros mais úteis do comité de acção serão os doentes e os familiares, que entendem como ninguém a experiência da discriminação.

Os membros do comité têm de ter vontade de dedicar uma quantidade de tempo considerável ao programa, uma vez que muito do trabalho será conseguido através do seu esforço voluntário. É muito importante incluir no comité cidadãos proeminentes (por exemplo, legisladores). Quando for necessário pedir que se realize uma reunião com, por exemplo, o quadro editorial do jornal local, a presença de alguém cujo nome é bem conhecido aumenta o impacto. As pessoas importantes podem ter menos tempo a dispensar ao programa e, assim, pode ser-lhes atribuído o estatuto de associado.

Um comité de acção deve englobar 10 a 20 membros: nem muito pequeno, de modo a não sobrecarregar os seus membros com muito trabalho, nem demasiado grande, para não ser difícil de gerir. Um grupo grande pode dividir-se em subgrupos, cada um com uma tarefa, para aperfeiçoar planos de acção para diferentes grupos-alvo. Os comités de acção no geral reúnem-se mensalmente, fazendo a distribuição de minutas e de um programa em cada reunião.

Selecção de grupos-alvo

Na decisão sobre quais os grupos-alvo a escolher, ajuda realizar um inquérito aos doentes locais, aos familiares e a outras pessoas, de modo a determinar onde é que o estigma prevalece (por exemplo, nas salas de emergência, pelos empregadores). Utilizando esta informação, o comité deve seleccionar um número manuseável de grupos-alvo (provavelmente não mais de três). Estes grupos devem ser homogéneos e acessíveis. Os proprietários, por exemplo, não são um grupo acessível, uma vez que não formam um grupo nem utilizam um receptor comum de meios de comunicação. Os empregadores são mais acessíveis porque o comité pode identificar os maiores empregadores locais e localizar os seus departamentos de recursos humanos. Os agentes policiais são um grupo acessível porque recebem regularmente formação em serviço.

Construir um gabinete de comunicação para o doente

Um gabinete de comunicação é importante para dirigir a palavra aos estudantes, aos agentes policiais e a outros grupos. Um gabinete deste tipo contém pessoas que já viveram a experiência de uma doença mental, os familiares e um profissional da saúde mental cuja função é responder a perguntas factuais (por exemplo, 'O que é que causa a esquizofrenia?'). Uma investigação feita sobre as atitudes do público sugere que o contacto com alguém que sofre de uma doença mental melhora os estereótipos negativos (Link e Cullen, 1986; Penn et alii, 1994). Contudo, os doentes são pessoas vulneráveis e podem reagir ao facto de falarem em público com um aumento dos sintomas pouco depois do evento. De maneira a minimizar esta possibilidade, devem ser seleccionados doentes que toleram bem o stresse. Devem ser introduzidos gradualmente na experiência de falar em público, primeiro observando e depois fazendo uma intervenção breve, até que possam participar totalmente sem sentirem stresse. Quem fala deve ser questionado após cada intervenção, de maneira a ser possível perceber aquilo que consideraram stressante. Devem ser treinadas várias pessoas para falar, de modo a que não se exija demasiado de cada uma.

Os doentes que fazem estas intervenções públicas mostram a realidade da recuperação, gerando optimismo e simpatia. Um estudo conduzido em Innsbruck, na Áustria (Meise *et alii*, 2001), revelou que estudantes do ensino secundário interpelados por um psiquiatra e por um doente mental demonstraram mudanças consideráveis nas atitudes de distanciamento social, enquanto aqueles que foram interpelados por um psiquiatra e por um trabalhador da área social não demonstraram mudanças. Os doentes podem falar sobre a discriminação no emprego, no alojamento e no cumprimento da lei, mas devem tentar evitar gerar no público uma atitude de defesa.

O coordenador do gabinete de comunicação pode ser um doente, um familiar ou um cidadão que apoia a iniciativa. A pessoa deve manter um diário dos encontros, seleccionar quem vai discursar em cada evento, questionar quem discursou após a intervenção e pedir ao anfitrião para fornecer uma avaliação. Tanto as pessoas que discursam como o coordenador geralmente recebem uma remuneração. Um gabinete de comunicação com êxito, tal como o Programa de Parceria posto em funcionamento pelo departamento de Calgary da Sociedade de Esquizofrenia, irá desenvolver um forte sentido de missão partilhada que é alimentado ao longo das reuniões regulares.

7.7. Conclusões

As primeiras tentativas de mudar as atitudes do público ao trabalhar com comunidades inteiras falharam, e levaram à conclusão de que os programas que funcionam a nível local têm mais possibilidades de êxito. Um número de iniciativas locais gerou descobertas encorajadoras ao criar grupos-alvo, tais como os vizinhos de uma casa de grupo com profissionais, estudantes do ensino secundário e a polícia. Os programas com uma variedade de grupos-alvo foram criados no âmbito do Programa Global da AMP para Diminuir o Estigma e a Discriminação oriundos da Esquizofrenia. A experiência de levar a cabo estes programas mostrou a importância de se criar comités de acção locais englobando doentes, familiares, figuras públicas e elementos dos grupos-alvo. Um gabinete de comunicação destinado a doentes, familiares e a um profissional de psiquiatria é uma fonte importante de iniciativas com estes grupos.

Este é um campo relativamente novo de intervenção social e de investigação, e ainda existe muito para a aprender acerca dos métodos mais eficazes de conseguir mudança. O programa da AMP, ao envolver 20 países, proporcionou uma oportunidade única de comparar diferentes abordagens visando diminuir as atitudes estigmatizadoras e de facilitar a integração de pessoas com doenças do foro psiquiátrico. Também irá gerar informação sobre as alterações necessárias para adaptar os programas de modo a encaixar nas culturas locais.

8. COMBATENDO A AUTO-ESTIGMATIZAÇÃO

8.1. Normalizar as experiências incomuns

Falámos anteriormente acerca da resposta dos doentes às atitudes de discriminação e estigmatizadoras (ponto 3.7). Uma pequena minoria deles fala abertamente sobre as suas experiências e comportam-se como campeões pela sua causa. Contudo, a grande maioria reage retirando-se ou escondendo-se, isolando-se das possíveis fontes de ajuda. O isolamento faz com que o doente se sinta, de forma única, alguém anormal. De facto, as alucinações vividas pelos doentes que sofrem de uma psicose não são, de todo, únicas. Sabe-se, há muitas décadas já, que cerca de metade das pessoas que perdeu um ente querido, vê, ouve ou sente o defunto, por vezes durante anos após a perda (Rees, 1971). Rees salienta que as pessoas enlutadas hesitam muito em falar destas experiências por medo de serem consideradas 'loucas', e nenhuma das pessoas que tem conhecimento delas revelou estes acontecimentos a um médico. Mais recentemente, inquéritos feitos à população geral perguntando sobre experiências percebidas e crenças incomuns descobriram que entre 5% e 18% revelam ter vivido experiências psicóticas pontuais que parecem não as incomodar (van Os *et alii*, 2000; Johns *et alii*, 2004). Para sustentar estas descobertas, um inquérito feito pela Internet a mais de 1000 elementos do público, cujo assunto central era a paranóia, revelou que entre 10% e 20% dos inquiridos tinham pensamentos paranóicos com grande convicção e sofrimento considerável (Freeman *et alii*, 2005).

Existem ainda muitas culturas tradicionais onde a maioria da população acredita veementemente na existência de um mundo espiritual. Em tais culturas, uma pessoa que afirmasse ter ouvido a voz de um antepassado seria considerada de afortunada e não doente; assim, as pessoas que falam consigo próprias ou com vozes imaginárias não são levadas a curandeiros tradicionais (Cheetham e Cheetham, 1976). Dar conhecimento a um doente que ouve vozes ou que acredita em coisas pouco comuns do género daquelas que acabámos de referir iria provavelmente diminuir o sentimento de se ser um estranho que ninguém aceita. Podia conseguir-se a mesma vantagem ao juntar estas pessoas com outras com experiências psicóticas e partilhá-las entre elas. Este é um dos objectivos principais dos grupos Ouvir Vozes. Marius Romme, na Holanda (Romme e Escher, 2000), foi um pioneiro em criar este tipo de grupo. No Verão de 2000, enquanto estava no Reino Unido, Romme lançou a Rede Ouvir Vozes. No seu discurso de abertura, afirmou:

> Ouvir vozes, por si só, não é sintoma de nenhuma doença, mas é visível em 2-3% da população... Existem mais pessoas na nossa sociedade que ouvem vozes e que nunca se tornaram doentes de psiquiatria do que aquelas que as ouvem e que se tornaram doentes psiquiátricos... A diferença entre os doentes e os não-doentes que ouvem vozes é a relação que mantêm com elas... Aqueles que nunca se tornaram doentes aceitaram as vozes que ouvem e utilizaram-nas como conselheiras... Nestes grupos de pessoas que ouvem vozes, cada um pode aprender com os outros acerca de como lidar com as suas vozes e podem apoiar-se uns aos outros na batalha contra a discriminação que sentem.

Seguindo esta iniciativa, várias organizações voluntárias, tais como a Mind, criaram grupos de auto-ajuda semelhantes. Existem agora mais de 80 grupos destes no Reino Unido, bem como muitos outros noutros países europeus. Para além de diminuírem o sentimento de isolamento dos doentes e de normalizarem as suas experiências, estes grupos proporcionam a existência de um fórum de debate para a partilha de métodos de lidar com as vozes perseguidoras, fazendo com que os elementos do grupo aprendam uns com os outros, tal como sugere Romme.

Os autores do inquérito pela Internet sobre pensamentos paranóicos (Freeman *et alii*, 2005) fizeram as seguintes recomendações clínicas, baseados nas suas descobertas:

> As intervenções podem ser mais eficazes se incluírem o reconhecimento da ubiquidade da desconfiança; deve encorajar-se os doentes a falar de tais experiências com os outros; a melhorar a auto-estima; a ajudar as pessoas a negociarem relacionamentos com os outros; e encorajar as pessoas a desligarem-se das situações e a criarem sentimentos de controlo sobre elas.

8.2. Trabalhar com a família

Vimos anteriormente que os doentes podem ser discriminados pelos próprios familiares e que estes podem manter o silêncio em relação à doença do parente. Esta situação pode ser combatida durante sessões psicoeducacionais com a família, encorajando o doente a descrever as suas experiências. Um ambiente que leva à abertura é criado pelos terapeutas, que não escondem, desde o início, o diagnóstico de esquizofrenia nem os seus sintomas. Quando o doente começa a falar das suas alucinações ou dos seus delírios, os terapeutas devem salientar que estas são experiências comuns das pessoas com doenças mentais. Por vezes, depois de um doente ter falado sobre uma determinada experiência, um familiar pode de imediato dizer que já tinham vivido algo semelhante antes e para o qual não procuraram ajuda. Os familiares podem viver a experiência de episódios passageiros de uma psicose como uma manifestação de esquizofrenia. Numa família, com a qual Julian Leff trabalhou, a doente dizia acreditar que os passageiros nos transportes públicos se afastavam dela porque ela cheirava mal. Em seguimento desta afirmação, a mãe da doente disse que, alguns anos antes, a filha costumava achar que havia um estranho em casa sempre que ela entrava. A mãe não procurou ajuda para resolver esta experiência assustadora e, após algum tempo, desvaneceu-se. Estes desabafos com os familiares podem ajudar a diminuir o sentimento de alienação e rejeição que muitos doentes sentem.

8.3. Terapia cognitiva para combater uma baixa auto-estima

A terapia cognitiva foi desenvolvida inicialmente para tratar a depressão e centrava-se na auto-estima do doente, que era invariavelmente baixa e era tida como a origem dos sintomas depressivos (Beck, 1976). A depressão é um componente comum das doenças esquizofrénicas e nem sempre passa quando os sintomas psicóticos têm uma resposta positiva ao tratamento (Leff *et alii*, 1988). Existem provas consideráveis que atestam a eficácia da terapia cognitiva no tratamento da depressão e da baixa auto-estima a ela associada. Infelizmente, a investigação sobre as abordagens cognitivo-comportamentais da esquizofrenia raramente incluiu, até agora, uma medida da auto-estima dos doentes.

Porém, um grupo iniciou uma intervenção criada para melhorar a auto-estima nas pessoas com esquizofrenia. Lecomte, Cyr e os seus colegas (1999) desenvolveram um módulo que engloba cinco áreas: segurança, identidade, pertença, objectivo e competência. Avaliaram a eficácia da sua intervenção por intermédio de um teste de comparação, onde os doentes com esquizofrenia foram colocados aleatoriamente num grupo de controlo e num grupo experimental. A intervenção experimental foi realizada por dois psicólogos clínicos a grupos de oito participantes. A Escala de Auto-Estima de Rosenberg[25] foi utilizada como medida, mas falhou ao não mostrar qualquer efeito da intervenção. O módulo tinha como objectivo não a aquisição de capacidades comportamentais específicas, mas o desenvolvimento do conhecimento sobre si próprio, incluindo as próprias qualidades e forças.

Uma abordagem diferente à terapia foi levada a cabo por Hall e Tarrier (2003). A intervenção destes autores merece uma descrição pormenorizada, uma vez que mostrou ser eficaz num teste aleatório de comparação. O seu alvo eram doentes internados numa unidade de cuidados intensivos que padeciam de esquizofrenia crónica. Os doentes distribuídos aleatoriamente pelo grupo experimental receberam sete sessões de terapia semanalmente. Foi pedido aos doentes que fizessem uma lista de dez qualidades ou afirmações positivas (duas por sessão) que consideravam possuir ou terem dito. Foi-lhes depois pedido para avaliarem de 0 a 100 o quanto acreditavam possuir aquela qualidade. O terapeuta percorreu a lista com o doente, e para cada qualidade positiva, o doente devia dar tantos exemplos concretos quantos podia, que demonstrassem a exibição daquela qualidade. Foi-lhes depois pedido que fizessem um trabalho de casa em que tinham de vigiar e controlar o seu comportamento ao longo da semana seguinte, e registar provas específicas evidentes que sustentassem as qualidades positivas presentes nas suas acções. Exemplos dessas provas incluem relatos como 'Mesmo quando desço a rua, encontro meia dúzia de amigos' e 'Faria isso de olhos fechados.'

Os doentes dos grupos experimental e de controlo foram comparados no início, imediatamente após a intervenção para o grupo experimental, e no período de três meses que se seguiu. Verificou-se um aumento considerável na auto-estima, medido pelo Questionário de Robson sobre Auto-Imagem[26], nos doentes do grupo experimental depois do tratamento e no período que se seguiu. Estes doentes também demonstraram uma melhoria consideravelmente maior do que os do grupo de controlo em relação aos sintomas positivos e negativos e no funcionamento a nível social. Uma vez que os sintomas e o funcionamento não foram abrangidos na intervenção, as descobertas sugerem que as melhorias verificadas na auta-estima têm influência nestes aspectos da doença e do comportamento dos doentes. A vantagem no funcionamento a nível social é particularmente importante para a integração na sociedade.

---

[25] The Rosenberg Self-Esteem Scale, no original. [N. da T.]
[26] Robson Self-Concept Questionnaire, no original. [N. da T.]

O principal problema deste estudo foi a corrosão da amostra original. Tantos quanto 61% dos doentes eleitos recusaram-se a participar e outros abandonaram o estudo enquanto decorria, deixando apenas dez doentes do grupo experimental e oito do de controlo no período de três meses que se seguiu. Apesar destes números pequenos, surgiram diferenças consideráveis entre os grupos, sugerindo um efeito poderoso da intervenção. É necessário tentar reproduzir este estudo com uma amostra muito maior, prestando atenção aos problemas de estimular o interesse dos doentes em participar nele.

As atitudes da família e a auto-estima

O grupo de Tarrier analisou a relação entre a auto-estima dos doentes e as atitudes dos familiares que cuidam deles (Barrowclough *et alii*, 2003). Estudaram 59 doentes com esquizofrenia com menos de três anos de duração e mediram a auto-estima através da Escala de Rosenberg e também através da entrevista de Auto-Avaliação e Apoio Social (AAAS)[27] de Andrews e Brown (1991). A AAAS gera pontuações de uma auto-estima tanto negativa como positiva, que não estão necessariamente relacionadas de modo inverso. As respostas emocionais do familiar-chave que cuida do doente foram avaliadas através da Entrevista Familiar de Camberwell.[28]

Na Escala de Rosenberg, as pontuações dos doentes foram consideravelmente mais baixas do que as das pessoas saudáveis. Na AAAS, os doentes mostraram uma auto-avaliação negativa moderadamente elevada e uma auto-avaliação positiva relativamente boa. Foi encontrada uma ligação significativa entre a auto-avaliação negativa e uma pontuação total nos sintomas. Estes resultados foram relativamente fortes tanto para os delírios como para as alucinações. Estes investigadores descobriram que quanto mais comentários críticos os familiares faziam, maior era a pontuação do doente na auto-avaliação negativa. A hostilidade expressa pelos familiares foi relacionada a uma baixa avaliação positiva do doente e a uma maior avaliação negativa no desempenho de tarefas.

Os autores interpretam estas descobertas como uma demonstração de que a crítica e a hostilidade por parte dos familiares que cuidam dos doentes diminuem a visão positiva que os estes têm de si próprios e

---

[27] Self Evaluation and Social Support (SESS), no original. [N. da T.]
[28] Camberwell Family Interview, no original. [N. da T.]

aumentam a sua auto-avaliação negativa. Por seu turno, estas atitudes intensificam os delírios e as alucinações. Se esta interpretação estiver correcta, então trabalhar com os familiares que cuidam dos doentes de maneira a diminuir a crítica e a hostilidade devia melhorar a auto-estima dos pacientes. O trabalho com as famílias tem-se revelado como eficaz na diminuição das atitudes negativas de quem cuida dos doentes (Kuipers *et alii*, 2002) e devia ser considerado como uma abordagem que faz aumentar a auto-estima.

A percepção da doença e a auto-estima

Vimos anteriormente (ponto 3.7) que os doentes com um primeiro episódio de psicose e que recusaram aceitar que sofriam de uma doença mental tinham uma auto-estima mais elevada do que aqueles que mostravam uma boa percepção (Morgan, 2003). Este estudo corrobora as descobertas de Doherty (1976) e uma réplica parcial dos resultados de Doherty por Warner e seus colegas (1989). Este grupo testou a hipótese de que os rótulos e os estereótipos são tão prejudiciais que os doentes que aceitam ter uma doença mental têm um resultado pior do que aqueles que o negam. Estudaram 54 pessoas com psicoses que viviam na comunidade em Boulder, no Colorado. Os resultados a que chegaram forneceram algum apoio à hipótese, mas não confirmavam na totalidade as descobertas de Doherty. Os doentes que aceitavam a sua doença mental tinham uma auto-estima mais baixa e demonstravam uma falta de controlo sobre as suas vidas. Aqueles para quem a doença mental era mais estigmatizadora eram quem tinha a auto-estima mais baixa e o sentimento de controlo mais fraco. Nem rejeitar o rótulo da doença mental nem o aceitar leva, por si só, a um bom resultado. Os doentes podem ter vantagens em aceitar que estão doentes apenas se também tiverem um sentimento de controlo sobre as suas vidas. No entanto, são poucos aqueles que aceitam e muitos estão longe disso, uma vez que uma consequência de aceitar o rótulo da doença é a perda do sentido de controlo. Esta é a faca de dois gumes de se ter uma doença mental na sociedade ocidental: no processo de se adquirir percepção, a pessoa perde a força psicológica que é necessária para a recuperação.

Uma conclusão que podemos retirar desta investigação é que é igualmente importante para os terapeutas ajudar os doentes a desenvolver um sentimento de controlo assim como ajudá-los a encontrar uma percepção da sua doença. Contudo, estas atitudes não constam das acções dos programas convencionais de tratamento. Geralmente, é feito um esforço muito maior para persuadir os pacientes de que estão doentes do que em encontrar maneiras de os tornar capazes de cuidar da sua doença.

8.4. Actividades criativas

A questão de saber até que ponto as pessoas criativas são mais propensas a sofrerem de doenças mentais tem sido muito discutida na bibliografia científica, com os exemplos de Vincent van Gogh, que se suicidou, e de Richard Dadd, que matou o pai, a serem frequentemente citados. A terapia através da arte era uma parte integrante dos tratamentos nos hospitais psiquiátricos mais iluminados, mas sofreu um grande retrocesso com a transição para os serviços baseados na comunidade. No entanto, encorajar os doentes a expressarem-se e a expressarem as suas experiências à sua escolha, proporciona vantagens inegáveis, muito embora a sua importância tenha raramente sido alvo de investigação científica.

A oportunidade de traduzir experiências assustadoras ou estimulantes para formas bi- ou tri-dimensionais que podem ser partilhadas e discutidas com os outros, pode diminuir algum do imediatismo e intensidade das experiências. Ao tornarem concretas as suas vivências, os doentes conseguem ganhar um grau de distanciamento em relação a delas. Mais ainda, e apesar de, ou talvez devido à ingenuidade trazida aos trabalhos por pessoas sem formação artística, tais produtos são muito apelativos. De facto, os coleccionadores de arte rotularam o trabalho feito por doentes mentais de 'arte excluída' e 'arte bruta'. Estes termos têm conotações pouco positivas, mas tiveram o efeito de tornar os trabalhos aquisições desejáveis, e alguns foram mesmo comprados por grandes quantias de dinheiro. O trabalho feito por pessoas com doenças mentais foi também mostrado em exposições prestigiantes, em galerias públicas e privadas.

> *Actividade criativa*
>
> *Crio objectos de arte. Escrevo. É uma libertação de tensão. Escrevo cartas começadas por 'Querido Deus'. Fiz há pouco tempo algumas pinturas. Dei uma a uma colega artista na igreja e ela deu-me um ramo de flores em troca. Agora que estamos no Outono, os dourados, os laranjas e os vermelhos estão a inspirar-me.*

Uma empresa farmacêutica, a Janssen, organizou um concurso de arte para pessoas com esquizofrenia já com dois anos de duração. As obras eram geralmente de uma qualidade elevada e as doze premiadas foram publicadas num calendário. As obras vencedoras e vários outros trabalhos entregues foram mostrados numa exposição numa galeria privada. A valorização das obras de arte produzidas por pessoas com doenças mentais tem de ter um efeito na melhoria da auto-estima dos artistas, mas também pode aumentar o sentimento de valorização de todos os doentes. Um inquérito feito pela Mind (1999) sobre a experiência dos doentes em relação à discriminação e às maneiras de promover a inclusão social cita provas evidentes de uma testemunha: 'Acreditamos que as artes podem desempenhar um papel importante no desenvolvimento da confiança dos grupos de excluídos, e da capacidade de terem um papel activo nas suas comunidades, e importantes também para que o trabalho que desenvolvem através das artes constitua uma ferramenta importante no combate aos preconceitos e parcialidade de pessoas individuais ou de comunidades inteiras.' Uma outra testemunha, Francoise Matarasso of Comedia, afirmou:

> Existem muitos exemplos de arte no trabalho dos doentes mentais – por exemplo, o envolvimento dos doentes do serviço de saúde mental, pelo Serviço do Museu de Nottingham, na educação e no trabalho de apoio e reorientação social que tem sido longo, paciente e com muito êxito. As pessoas envolvidas têm vantagens em termos de confiança pessoal, ao serem incluídas em actividades que não são apresentadas como terapêuticas, por exemplo, apenas dirigidas a eles por serem doentes. Assim, existe um impacto significativo nas suas vidas sociais e na sua confiança.

O teatro e a poesia são outros meios para os quais os doentes contribuíram. Um grupo em Calgary, no Canadá, escreveu uma peça sobre um doente com esquizofrenia que ouvia vozes. Doentes diferentes faziam o papel das vozes, enquanto um doente fazia o papel de um psiquiatra algo caricaturizado. A peça, *Noite, Noite Estrelada*,[29] teve muito êxito e esteve em cena em várias cidades do Canadá. A produção ajudou a diminuir o estigma e os actores ganharam a confiança de aparecer em frente ao público. O programa da AMP contra o estigma da esquizofrenia recomenda que:

> Vários, senão todos os elementos, têm conhecimentos dos diversos papéis da peça, de modo que estes podem ser trocados entre eles. Quanto mais desempenharem papéis diferentes, mais se sentem à vontade na sua participação. Isto ajuda-os no final da peça quando convidam o público a fazer-lhes perguntas. No geral, os doentes revelam um sentimento de poder e de conquista pela sua performance e aprendem a decidir quando podem participar ou ficar de parte.

---

[29] *Starry, Starry Night*, no original. [N. da T.]

Folhetos de notícias criados por organizações voluntárias e por algumas revistas nacionais, tais como o *Schizophrenia Bulletin*, publicam regularmente poemas escritos por doentes. A poesia parece proporcionar um meio que conduz à expressão de estados incomuns de espírito. A poesia de alguns doentes é algo banal, mas vê-la publicada deve dar aos autores um sentimento de realização. Um de nós (Julian Leff) tomou conta de um doente cujo principal sintoma de esquizofrenia era uma perturbação no pensamento. Contudo, um grupo local de poetas ficou impressionado com a sua poesia, tomando-a como uma criação inovadora, e encorajou-o a lê-la ao grupo. À medida que o doente melhorava, a sua poesia tornou-se mais coerente e, mais tarde, foi publicada numa revista nacional.

8.5. O nascimento do movimento do doente

Vimos já que, quando os doentes que ouvem vozes se encontram regularmente, todos beneficiam de um sentimento de pertença a um grupo de pessoas que pensam de modo semelhante. Tais grupos criam um sentimento de solidariedade mas, pela sua natureza, permanecem na periferia da sociedade. De maneira a exercer influência política, os doentes precisam de criar organizações nacionais com objectivos claramente definidos e um vasto número de membros. Apenas assim estes grupos terão alguma hipótese de serem ouvidos pelos governos e terem pelo menos algumas das suas propostas tornadas realidade. Desde os anos 80, foram criadas organizações de doentes em vários países desenvolvidos e algumas conseguiram o estatuto de nacionais. No Reino Unido, a Mind é uma organização nacional de doentes que recebe um fundo anual considerável por parte do governo. De facto, este fundo é várias vezes maior do que aquele dado à Sociedade Nacional de Esquizofrenia (agora designada por Repensar), que representa, na maioria, os familiares. Nos Estados Unidos, as duas organizações mais importantes de pacientes são a Associação Nacional de Doentes de Saúde Mental[30] e a Aliança Nacional de Doentes Mentais, mas existem muitas outras, onde várias funcionam frequentemente usando um sítio Internet, tal como o Centro Nacional de Controlo[31] (www.power2u.org) e a Instituição Nacional de Auto-Ajuda dos Doentes de Saúde Mental[32] (www.mhselfhelp.org).

---

[30] National Mental Health Consumer Association, no original. [N. da T.]
[31] National Empowerment Center, no original. [N. da T.]
[32] National Mental Health Consumers' Self-Help Clearinghouse, no original. [N. da T.]

Mudanças na relação entre médico e doente

É preciso ver o nascimento do movimento do doente no contexto das mudanças sociais em larga escala que afectou o relacionamento entre os profissionais e os seus clientes. Desde a Segunda Guerra Mundial, tem-se verificado um enfraquecimento gradual da hierarquia dos médicos. Esta hierarquia costumava ter a forma de uma pirâmide com uma grande inclinação, com o médico especialista, o cirurgião ou o obstetra no topo e os doentes no nível mais baixo. A informação fazia um movimento ascendente, e as ordens faziam o movimento contrário. No início do seu estágio de medicina, um de nós (Julian Leff) costumava encontrar com frequência doentes com muitas cicatrizes oriundas de intervenções cirúrgicas sem saberem a que tinham sido operados. Esta situação contrasta bastante com a de hoje, onde os doentes têm um acesso total aos seus registos médicos, inclusive aos resultados de todas as investigações. A balança do poder foi amplamente igualada.

Os doentes dos serviços de psiquiatria beneficiaram destas mudanças sociais na balança do poder, embora a necessidade única em psiquiatria de forçar os doentes a darem entrada nos hospitais e a receberem tratamento contra a sua vontade deixa nas mãos dos profissionais um poder considerável. Porém, no Reino Unido, os doentes de psiquiatria prestam serviços em comités éticos e colaboram com os cientistas no planeamento de estudos de investigação. Nos Estados Unidos, os doentes são frequentemente membros dos quadros governativos e de aconselhamento das suas agências de serviço e exercem funções nos comités executivos e comités de melhoramento da qualidade das mesmas agências. Estes cargos de responsabilidade fazem inevitavelmente aumentar a auto-confiança dos doentes e leva-os a sentir que as suas contribuições são importantes. A crescente confiança dos pacientes pode levá-los a desafiar o sistema de psiquiatria e, por vezes, a organizar manifestações anti-psiquiatria. Por mais que estes comportamentos pareçam errados para os profissionais, é importante responder de forma racional e reconhecer que nenhum sistema é perfeito e que as queixas dos doentes devem ser seriamente tidas em consideração.

8.6. Promover a inclusão social

Embora não haja dúvidas de que os doentes beneficiem por ganharem mais confiança e por aumentarem a sua auto-estima, a sua integração na sociedade exige uma resposta recíproca por parte dos outros cidadãos. Os preconceitos e os estereótipos defendidos pelo público significam que não se pode dar por garantida uma resposta positiva para uma abertura social aos doentes. Contudo, existem organizações na comunidade que podem facilitar a inclusão social daqueles, incluindo clubes sociais dirigidos por grupos religiosos, estruturas de amizade e aulas para adultos.

Grupos religiosos

Na Etiópia, as igrejas Cristãs Coptas são centros de cura dirigidos por padres. Entre as várias pessoas que vêm a estes locais para serem curadas estão aquelas com doenças mentais graves. Se não responderem rapidamente aos rituais de cura, é-lhes permitido que permaneçam na igreja (Giel *et alii*, 1968). É evidente que nos centros de cura coptas as doenças mentais estão integradas em todos os outros tipos de doenças. Algumas igrejas cristãs ocidentais, especialmente o sector evangélico, também praticam a cura. No entanto, existe relutância em curar pessoas com doenças psicóticas.

As igrejas, geralmente, dirigem clubes sociais onde todas as pessoas são bem-vindas. Seria de se esperar que os indivíduos com doenças mentais também o fossem, dando-lhes a oportunidade de conviver com pessoas comuns, mas tal nem sempre acontece.

O apoio da igreja

Voltei para Cristo e recebi muito apoio da minha igreja. Havia membros dela que vinham visitar-me uma ou duas vezes por mês, às vezes três. E eu ia à igreja todas as semanas. Existem pessoas maravilhosas lá. É uma irmandade e um sistema de apoio, e podes pegar no telefone e ligar a qualquer membro da igreja, pedir-lhes ajuda e eles ajudam-te.

Aulas para adultos

Tal como os clubes sociais das igrejas, as aulas para adultos estão abertas a todas as pessoas. Também elas dão a oportunidade de encontrar indivíduos fora da esfera da doença mental. As aulas têm a vantagem de proporcionar uma variedade de interesses e de capacidades. Ninguém é pressionado para demonstrar conhecimentos em exames ou para demonstrar um elevado nível de aproveitamento. Mais ainda, cada pessoa pode frequentar um período apenas, um ano inteiro ou vários anos. Regra geral, as propinas não são elevadas e há apoios para pessoas que não recebem salário. As aulas são particularmente importantes para criar uma estrutura na semana das pessoas desempregadas e funcionam como locais onde podem criar contactos sociais informais.

Estruturas de amizades

Vimos anteriormente a dificuldade que as pessoas com doenças mentais graves têm em fazer novos amigos, o que é uma das razões pelas quais elas possuem uma rede de contactos sociais de pequena dimensão. Assim, a vida social destas pessoas limita-se à convivência com os familiares mais próximos. Mais, os doentes jovens podem ser forçados a passar os seus tempos livres inadequadamente com a geração mais velha dos parentes que cuidam deles. Tentou resolver-se este problema ao criar--se estruturas de amizades. Estas estruturas são, no geral, dirigidas por organizações voluntárias que contratam cidadãos comuns para agirem como amigos de pessoas com doenças mentais graves. Estes amigos têm de ser seleccionados com cuidado, de modo a irem ao encontro das preferências e necessidades dos doentes. Estas pessoas devem ser igualmente instruídas acerca das doenças mentais graves e do que devem esperar dos seus doentes. Por exemplo, deve avisar-se os amigos de que o doente pode não sorrir ou mostrar muito afecto, uma vez que a doença pode limitar a expressão de sentimentos. Ter simplesmente uma pessoa não-preconceituosa nem crítica para falar sobre assuntos do dia-a-dia pode ser bastante apreciado pelos doentes.

Integração social

Eu tinha medo da vida, medo das pessoas. Só queria isolar-me e livrar--me da minha vida. Ir às aulas e à missa todos os dias fez com que eu substituísse a mágoa e o negativismo por coisas positivas da vida. É por causa delas que a maioria das pessoas vive. Eu podia ver que, se me mantivesse ocupado, estava a fazer um favor a mim próprio. Inscrevi-me nalgumas aulas na universidade e gostei bastante. Era social; tens a oportunidade de conhecer pessoas felizes; eram pessoas bem vestidas e podes falar com elas, saber um pouco acerca delas, o que era interessante. Toda a gente era diferente e isso era divertido. Senti que dar uma estrutura ao meu intelecto me ajudou – deu-me disciplina. Tinha de conseguir alguma coisa. Ajudou-me porque a minha mente tinha-se tornado inútil, como se pudesse ser deitada fora, porque não a utilizava

para nada. A estrutura que criei para usar o meu intelecto, e depois a actividade social que serviu para construir a minha afirmação positiva na vida, foram coisas que me ajudaram.
Estava sempre muito isolado e agora, pelo menos, falo com pessoas. Às vezes vou ao cinema com elas, às vezes almoçamos juntos. Não sou muito sociável e não sei se o gostaria de ser. Mas a parte social é muito importante para quem tem uma doença. Precisas de não te sentires só no mundo, porque isso faz com que sintas medo e precisas de sentir que és amado.

8.7. Conclusões

A resposta natural por parte dos familiares que cuidam dos doentes à pessoa que revela as suas experiências incomuns é a negação da realidade dessas experiências. A pessoa pode então começar a duvidar da sua própria sanidade e esta atitude é possível de ser reforçada pelos profissionais com os quais as pessoas vêm a contactar. A resultante baixa da auto-estima é prejudicial para a confiança do doente e pode levar a um isolamento progressivo das redes de apoio social. Juntar-se a grupos de outras pessoas que ouvem vozes combate o isolamento e normaliza as experiências fora do normal. O incentivo de conversas abertas por parte de profissionais acerca das experiências dos doentes com a sua família tem um efeito semelhante.

Uma auto-estima baixa pode ser combatida directamente através de uma abordagem cognitivo-comportamental. Este tipo de intervenção para as pessoas com uma psicose está ainda a dar os primeiros passos, mas existem indicações encorajadoras de que, se tiver êxito em aumentar a auto-estima dos doentes, pode haver então benefícios adicionais na melhoria dos sintomas e no funcionamento social dos mesmos. Embora os profissionais de psiquiatria valorizem o desenvolvimento de uma percepção completa da doença por parte dos doentes, este facto tem, frequentemente, um impacto negativo na auto-estima. Tal pode ser evitado se se ajudar os doentes a adquirir um sentimento de controlo sobre a sua doença, um objectivo que devia ser prioritário para os profissionais.

O encorajamento da prática de actividades criativas pelos doentes, tais como actividades artísticas, desempenhos teatrais e poesia, e trazê-las para a esfera pública, é uma via de melhorar as atitudes do público e de proporcionar aos doentes um modo de se sentirem valorizados. O poder crescente dos doentes nascido através da criação de organizações nacionais e de um enfraquecimento das hierarquias entre os profissionais e os seus clientes deram aos doentes um sentido de solidariedade e de eficácia no combate ao estigma institucionalizado. Contudo, é também necessário que o público faça esforços positivos para integrar socialmente os doentes. Tendo em conta a sua base moral, cabe às organizações religiosas a participação neste tipo de atitude. As estruturas de amizades dirigidas por grupos de voluntários e as aulas para adultos podem também contribuir para a cada vez maior inclusão social dos doentes.

SEGUNDA PARTE
ULTRAPASSANDO OS OBSTÁCULOS AO EMPREGO

9. POR QUE AJUDA O TRABALHO?

9.1. Por que devemos preocupar-nos com o trabalho?

Por que razão devemos centrar-nos no assunto do emprego de pessoas com doenças mentais? Uma das principais razões é o facto de, aos olhos de muitas pessoas com este problema e para os seus amigos, familiares e profissionais de saúde, o trabalho constituir uma medida fundamental de recuperação. Entre os conceitos-chave do movimento moderno de recuperação está a expectativa de que a pessoa com uma doença mental tenha um papel social com significado e um conjunto de actividades, e que a pessoa seja capaz de tomar conta da sua vida e doença. A oportunidade de regressar a um papel produtivo é muito importante para as pessoas que recuperam de uma psicose – tornam-se mais integradas na vida da sua comunidade, os seus relacionamentos com amigos e familiares normalizam e a sua auto-imagem é corrigida.

> *Trabalho*
>
> *As pessoas dizem que a preguiça é o trabalho do diabo e é mesmo verdade. Não ter nada para fazer durante o dia, tirando ler ou fazer o que se quiser, não era saudável para mim. Precisava de um emprego ou de aulas. No trabalho, vejo as mesmas pessoas todos os dias e posso por isso criar um relacionamento com elas. Não tinha isso antes, e ser alguém que evita os outros é algo de que as pessoas se apercebem; pensam que és um excêntrico e isso afasta-os de conviverem contigo. Eles dizem: 'Nós não te conhecemos, se calhar és uma pessoa perigosa', ou algo parecido. Há muito negativismo ligado a isto, a ser sozinho.*

Freud (1930) encarou a capacidade de amar e de trabalhar como questões centrais nas vidas dos homens e das mulheres. Theodore Roosevelt (1903) acreditava que 'Sem qualquer dúvida, o melhor prémio que a vida nos dá é termos uma oportunidade de trabalhar arduamente nalguma coisa que valha a pena.' Primo Levi, que sobreviveu a Auschwitz e escreveu relatos comoventes sobre a experiência, acreditava que os seres humanos, mesmo em condições extremas, têm a necessidade de fazer 'bem um trabalho' (Roth, 1997). O trabalho é uma actividade natural e esperada para os adultos em qualquer sociedade, sendo um dos factores que nos fazem sentir uma pessoa completa e sendo também uma fonte de identidade. A maioria das pessoas com doenças mentais na sociedade ocidental quer trabalhar. Um trabalho, especialmente um que compense, traz benefícios – um rendimento aumentado, contactos sociais alargados e um sentido de rumo e significado da vida. Visto do outro lado, o desemprego, tanto para pessoas saudáveis mentalmente como para as doentes, acarreta consigo riscos elevados de alienação, apatia, consumo excessivo de drogas, doenças físicas e isolamento (Bond, 2004a; Warr, 1987). Um motivo adicional para se considerar a reabilitação através do trabalho de igual forma importante, é que os custos do tratamento são mais baixos para os doentes mentais que estão a trabalhar. De facto, quando um sistema de tratamento começa por se centrar no trabalho como uma saída importante e na reabilitação vocacional como uma modalidade necessária de tratamento, todo o sistema de cuidados pode passar por uma transformação que leva a outra modalidade mais orientada para os pontos fortes da pessoa e para o seu potencial futuro (Bond, 2004b).

Trabalho

> *Gosto mesmo do meu trabalho. Não é que seja fantástico, mas trabalho na universidade e vejo muitas pessoas. Gosto de trabalhar com os estudantes universitários e de conviver com eles. Gosto de todo o ambiente, de tudo o que se passa. Participo em muitos dos eventos lúdicos e nas conversas. Estou envolvido em muitas organizações e nos assuntos políticos. Gosto de todas as funções na universidade e sinto-me parte dela, mesmo que não ganhe muito dinheiro.*

O que é que nos faz afastar o centro das nossas atenções do trabalho como um objectivo para as pessoas com doenças mentais? Ao longo de grande parte do século XX, verificou-se uma falta de interesse geral, dentro da psiquiatria, na reabilitação vocacional, em grande parte porque havia muito pouco trabalho disponível para as pessoas com uma psicose. Nas décadas mais recentes, os índices de emprego para os doentes inscritos em serviços de tratamento normais nos Estados Unidos e na Inglaterra raramente ultrapassaram os 15% (Bailey et alii, 1998; Chandler et alii, 1997; Gabinete de Estatísticas Nacionais, 1995). Havia três grandes obstáculos ao emprego para pessoas com doenças mentais: índices elevados de desemprego geral, excepto durante alguns períodos relativamente circunscritos de falta de trabalho; o estigma da doença mental, que leva à discriminação no acto de contratar pessoas com doenças do foro psíquico; e, nas décadas do pós-guerra, os não-incentivos ao emprego criados pelos sistemas de pensões para os deficientes. Em consequência, muitos profissionais da saúde mental descartaram a possibilidade de as pessoas com doenças psíquicas serem capazes de trabalhar, subestimaram a possível importância dos serviços vocacionais (Bond, 2001) e minimizaram a importância do trabalho nas vidas dos seus doentes. Um estudo feito no Arkansas revelou que as pessoas com esquizofrenia consideram o emprego como um dos principais objectivos das suas vidas, atribuindo-lhe um grau de prioridade superior àquele que é atribuído pelos profissionais de saúde que lhes prestam cuidados, (Fischer *et alii*, 2002). Os profissionais afirmam várias vezes que os seus doentes têm muitas debilidades, que não estão preparados para trabalhar, que têm medo de o fazer ou que é muito provável que tenham uma recaída quando submetidos aos stresse do trabalho. Contudo, e como iremos ver, uma investigação feita sobre métodos vocacionais modernos mostra que estes receios não têm fundamento e que podem ser alcançados elevados índices de emprego para as pessoas com doenças mentais, mesmo quando a concorrência é grande e quando os doentes têm debilidades significativas.

Trabalho

Depois de ter trabalhado a tempo inteiro este Verão, não tenho grande coisa para fazer. Ainda estou à procura de outra actividade – algo onde possa trabalhar 40 horas por semana. Porque isso evita que regresses ao círculo estagnado onde quase nada acontece.

As pessoas com doenças mentais podem evitar trabalhar ou os seus familiares podem desencorajá-los de o fazerem. Uma das suas preocupações mais significativas – a perda dos subsídios para os deficientes – será analisada no próximo capítulo. O estereótipo da doença mental pode fazer crescer o pressuposto, aceite mesmo por aqueles atormentados pela doença, de que não deveriam trabalhar. Consequentemente, algumas pessoas com doenças mentais têm medo do fracasso ou de terem de trabalhar num contacto próximo com os outros. Por esta razão, um apoio e aconselhamento contínuos têm de fazer parte dos serviços de reabilitação através do trabalho.

Um papel de responsabilidade como motivação para a recuperação

Queriam mandar o Bob para uma instituição porque a sua doença era muito grave. Eu disse: 'Não façam isso. Vou tirar um curso de cuidados de saúde, saio e vou tomar conta dele.' E assim fiz. Passei seis meses a tirar o meu grau de Assistente de Enfermagem Qualificado (AEQ)[33] e vim para o Colorado. Saber que era responsável pelo Bob e pelo meu outro doente era como ter filhos ao nosso cargo. Sabes, se tiveres filhos tens muitas vezes crises de nervos, mas não os tens porque tens estes miúdos a teu cargo. O mesmo aconteceu comigo. Houve alturas em que pensei: 'Bem, estou mesmo perdido. Tenho de ir para o hospital.' Mas tinha estas duas pessoas para tomar conta, então apenas parei a progressão e às vezes tomava mais medicamentos.

9.2. Provas macro-estatísticas em relação aos benefícios do trabalho no decurso da esquizofrenia

Existem bastantes provas que confirmam que estar-se produtivamente empregado ajuda as pessoas a recuperar da esquizofrenia e de outros problemas psicóticos, mas muitas destas provas situam-se numa escala macro-estatística. Isto é, podemos ver benefícios ao verificarmos de que modo as pessoas com doenças psicóticas são afectadas pelas mudanças sociais e económicas de larga-escala. Vamos então analisar algumas destas provas.

As entradas em hospitais devido a esquizofrenia e a outras doenças psicóticas aumentam de forma regular durante períodos de recessão económica. Este facto foi revelado por uma estatística feita pelo americano Harvey Brenner, no seu livro pioneiro intitulado de *Mental Illness and the Economy* (Brenner, 1973). Brenner analisou as entradas nos hospitais estatais de saúde mental de Nova Iorque, tanto públicos como privados, desde a primeira década do século XIX até aos anos 60 do século XX, procurando ligações com os índices de emprego e outros indicadores económicos. Descobriu que o número de entradas nos hospitais aumentava durante os períodos de recessão económica. Esta relação era particularmente evidente para os doentes com doenças psicóticas, tais como a esquizofrenia e a doença maníaco-depressiva, e era verdadeira tanto em relação às primeiras entradas como às mais recentes. Os efeitos

---

[33] Certified Nursing Assistant (CNA), no original. [N. da T.]

das mudanças económicas eram mais ou menos imediatos; os números das entradas hospitalares subiam logo que o índice de desemprego aumentava, mas esta ligação era mais evidente um ano após o aumento: era específica para as psicoses funcionais e não se verificava para os doentes mais velhos com demência. O trabalho de Brenner foi feito sob um escrutínio apertado e foi confirmado por investigadores posteriores a ele (Marshall e Funch, 1979; Dear *et alii*, 1979; Parker, 1979; Ahr *et alii*, 1981).

Brenner propôs três explicações possíveis para a ligação entre o aumento do desemprego e o aumento do número de entradas hospitalares para pessoas com uma psicose. Primeiro, a tolerância dos familiares para com um parente com uma doença mental pode diminuir à medida que a família passa por maiores dificuldades económicas. Os dados não sustentam esta hipótese, porque é mais provável que os mais dependentes – os jovens e os mais velhos – sejam hospitalizados nos períodos de progresso económico e não nos de recessão. Uma segunda possibilidade é que as dificuldades financeiras levam as pessoas com doenças mentais a procurar refúgio nos hospitais, como se estes fossem casas de abrigo para os pobres. Mas uma vez mais, esta explicação não é sustentada pelos factos. Os doentes oriundos das classes mais altas também demonstram ser internados mais vezes durante os períodos de recessão tal como os pobres, e as entradas em hospitais caros também aumentam durante os períodos de recessão, acarretando um fardo económico maior, e não um alívio. Assim, só nos resta uma explicação possível – o stresse causado pelo desemprego e pela economia leva a um aumento dos sintomas de psicose. Como é que isto funciona? As pessoas com esquizofrenia e com outras psicoses relacionadas, ou aquelas susceptíveis de padecer destes distúrbios, têm mais probabilidade de ocupar uma função marginal no emprego e de serem despedidas quando a economia sofre uma recessão; o stresse da perda de emprego (ou do maior contacto com familiares que transmitem stresse) pode despoletar o desenvolvimento de sintomas psicóticos. O facto de serem principalmente homens e mulheres em idade activa que demonstram dar mais entrada em hospitais durante os períodos de recessão económica torna este motivo mais provável.

Os efeitos da esquizofrenia pioram durante os períodos graves de recessão económica. Warner (2004) dirigiu uma meta-análise dos estudos sobre os efeitos da esquizofrenia levada a cabo no mundo desenvolvido durante o século XX. A abordagem meta-analítica combina, em apenas uma amostra, todos os assuntos presentes em estudos seleccionados de investigação anteriormente realizados, de modo a observar os dados comuns para o grande grupo de assuntos. Esta meta-análise inclui 114 estudos efectuados entre 1912 e o ano 2000 e as recuperações relativas aos doentes hospitalizados entre 1898 e 1993, a quem foi diagnosticada a esquizofrenia ou uma perturbação esquizofreniforme. O número total de indivíduos sobre os quais havia dados disponíveis era mais de 14.500. As amostras do estudo eram formadas por indivíduos seleccionados na altura da sua entrada no hospital ou no momento do seu tratamento como doente não-internado. As amostras incluíam doentes adolescentes e adultos e doentes na fase inicial da patologia e aqueles que já padeciam dela há muito tempo. A duração do período de seguimento variava de estudo para estudo, de no mínimo um ano até no máximo 40 anos ou até à morte. A análise registava se o doente estava ou não no hospital no período de seguimento do estudo, se o doente tinha conseguido uma 'recuperação social' (independência económica e de habitação e uma ruptura social baixa), e se tinha conseguido uma 'recuperação completa' (a perda dos sintomas psicóticos e regresso ao nível de funcionamento que tinha antes da doença). Os dados foram analisados em períodos de tempo consecutivos de 15 ou 20 anos, correspondendo às maiores mudanças económicas e sociais, uma das quais foi a Grande Depressão dos anos 20 e 30.

A análise mostrou que houve uma boa percentagem de recuperação da esquizofrenia ao longo do século XX – cerca de 20% de recuperação completa e 40% de recuperação social – mas que estas percentagens de recuperação diminuíram bastante durante a Grande Depressão para cerca de 10% de recuperação completa e 30% de recuperação social. Ao longo do século XX, havia uma associação estatística entre os índices de emprego e a recuperação da esquizofrenia. Tanto nos Estados Unidos como no Reino Unido, os dois países onde a maioria destes estudos foi realizada, as percentagens de recuperação foram relacionadas inversamente e de maneira significativa com os índices de desemprego durante o período no qual os doentes deram entrada no hospital (ver gráfico 9.1).

Os resultados referentes aos efeitos das doenças em Inglaterra são particularmente impressionantes. Durante as décadas imediatamente após a Segunda Guerra Mundial, a Inglaterra sofreu de uma forte falta de mão--de-obra. O jornal *The Times*, de Londres, pediu a imigração de 500 mil trabalhadores estrangeiros e o gabinete do governo falou em acabar com as apostas de futebol (uma empresa popular nacional de apostas) para forçar a recolocação das mulheres que faziam os cupões na indústria dos têxteis, que estava com falta de trabalhadores. Por esta altura, a Inglaterra lançou uma revolução social psiquiátrica que transformou as enfermarias hospitalares em ambientes mais estimulantes e humanos, desenvolveu esquemas de estágios e começou a transferir para a comunidade os doentes há muito tempo internados.

Gráfico 9.1. Resultados de esquizofrenia (a) no Reino Unido e (b) nos EUA como foram reflectidos em 67 estudos (33 no Reino Unido e 34 nos EUA), de doentes entre 1901 e 1995, e a média do desemprego (invertido) referente a cinco períodos de tempo no século XX. De Warner (2004)

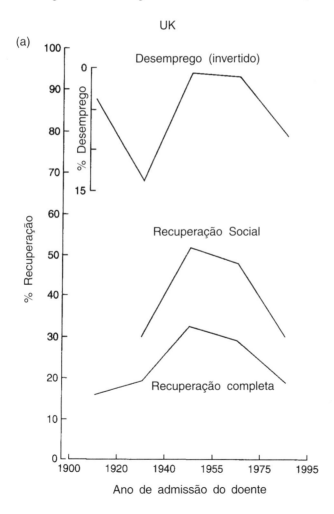

Esta revolução no cuidado de pessoas com doenças mentais ocorreu apenas nos países do norte da Europa sem desemprego – Inglaterra, Noruega, Suíça e Holanda – e não se verificou em nada nos Estados Unidos, onde havia bastante desemprego. Os resultados relativos à esquizofrenia em Inglaterra melhoraram muito mais nesta altura do que em qualquer parte do mundo desenvolvido, antes ou a partir daí – mais de 30% de recuperação completa e mais de 50% de recuperação social no período que se seguiu.

Gráfico 9.1. (Cont.)

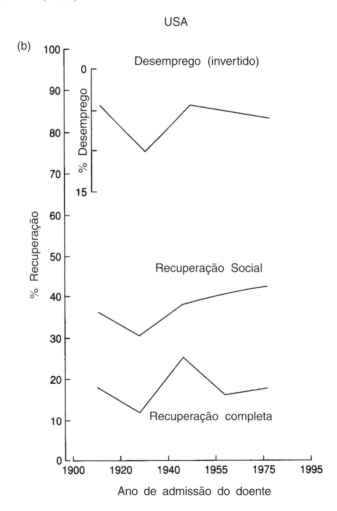

Contudo, quando os índices de desemprego aumentaram drasticamente nas duas últimas décadas do século XX em Inglaterra, os índices de recuperação relativos à esquizofrenia diminuíram de forma considerável, para menos de 20% de recuperação total e 30% de recuperação social. Ao longo deste período, os serviços vocacionais para pessoas com doenças mentais eram limitados. Muitas pessoas com psicoses eram sem-abrigo e a percentagem de detidos que sofria destes problemas aumentou consideravelmente (Warner, 2004).

Curiosamente, os fundos para os serviços de saúde mental, em regra, não diminuem em períodos de recessão económica. De facto, o contrário – um gasto acrescido com os serviços psiquiátricos – é mais comum. Foi este o caso em Inglaterra, durante os anos em que se verificou um elevado índice de desemprego, no final do século XX (Warner, 2004). Assim, é provável que o mercado de trabalho tenha um efeito directo nas pessoas com psicoses. Os esforços reabilitativos para as pessoas com doença mental tornam-se mais assertivos nas alturas em que há falta de mão-de-obra e menos dirigidos para os ajudar a encontrar trabalho quando o desemprego está com níveis elevados. Não é pois surpreendente que os resultados globais relativos à esquizofrenia pareçam seguir esta tendência evolutiva na prestação de serviços.

Os resultados relativos à esquizofrenia são melhores nos países em desenvolvimento. Como salientámos no capítulo 2, os estudos dirigidos pela OMS em vários países desenvolvidos e em desenvolvimento revelaram a descoberta inesperada de que os resultados relativos a psicoses são consistentemente melhores nos países em desenvolvimento, em particular nos ambientes rurais, comparados com aqueles verificados no Ocidente desenvolvido. Não podemos ter a certeza por que tal acontece. Uma explicação presente no capítulo 2 é que a resposta emocional das famílias às pessoas com uma psicose adquire tonalidades diferentes consoante o país seja desenvolvido ou em desenvolvimento. Uma outra explicação é que as pessoas que recuperam de uma psicose numa aldeia que vive da agricultura têm mais probabilidades de serem imediatamente aceites num papel produtivo, algo que não acontece em ambientes laborais remunerados, até que a pessoa tenha recuperado totalmente as suas capacidades de funcionamento ou atingido um patamar perto desta situação.

Os resultados relativos às psicoses são melhores para as pessoas das classes mais elevadas no mundo desenvolvido, mas melhores para aquelas das classes mais baixas no mundo em desenvolvimento. As classes sociais com mais problemas em termos de concorrência nos empregos no mundo desenvolvido são as mais pobres. Por exemplo, o desemprego de indivíduos negros nos Estados Unidos é geralmente o dobro do verificado para os brancos, quer a economia esteja estável quer não. O desemprego torna-se pior para as pessoas sem qualificações, uma vez que podem descer para os degraus mais baixos da escada dos empregos, enquanto as pessoas das classes trabalhadoras mais elevadas podem conseguir postos que exigem pouco em termos de qualificações e responsabilidade. Também é verdade que a recuperação de uma psicose é pior nos grupos sócio-económicos mais baixos nos países desenvolvidos. Este facto foi comprovado várias vezes, tendo começado por estudos em Inglaterra (Cooper, 1961) e nos Estados Unidos (Hollinshead e Redlich, 1958) nos anos 50 e continuado até aos tempos mais recentes (Myers e Bean, 1968; Astrachan *et alii*, 1974; Organização Mundial de Saúde, 1979). Existem várias explicações possíveis para este gradiente em função das classes sociais verificado nos resultados relativos às psicoses, incluindo os efeitos das dificuldades económicas, os diferentes níveis de aceitação para com as pessoas com doenças mentais na família e na comunidade, e o stresse do mercado de trabalho.

Contudo, as dificuldades económicas não podem explicar a descoberta curiosa de que, no mundo em desenvolvimento, os agricultores com uma baixa instrução revelam ter os melhores resultados relativos à esquizofrenia e que os cidadãos oriundos das classes ou castas mais elevadas têm resultados piores (Organização Mundial de Saúde, 1979). Podia muito bem ser que a melhor tolerância da família e da comunidade (tal como foi sugerido no capítulo 2) e que a pouca existência de stresse no mercado de trabalho fossem vantagens para as pessoas oriundas das classes sociais mais baixas e que sofrem de uma psicose no mundo em desenvolvimento. Aqueles que trabalham em quintas, com mais facilidade em voltar ao trabalho produtivo, são oriundos das classes mais baixas. Os elementos das classes urbanas mais elevadas têm mais probabilidade de estarem expostos a maiores índices de desemprego no mercado de trabalho remunerado do mundo em desenvolvimento.

Esta prova macro-estatística sugere que a oportunidade de um emprego produtivo pode ser um factor que leva a melhores resultados relativos às psicoses. Vejamos então se existem provas a nível individual.

9.3. Provas que atestam os benefícios do trabalho a nível individual

Até aos anos 90, devido ao pessimismo por parte dos profissionais em relação à possibilidade de encontrar emprego para os doentes, foi feita pouca investigação acerca do impacto do trabalho nas pessoas com doenças mentais. Os serviços vocacionais e as oportunidades de emprego eram tão fracos ao longo dos últimos anos do século XX que os resultados não encorajavam a realização de mais trabalhos de investigação. No entanto, avanços recentes na área estimularam o renascimento do interesse neste assunto, e os estudos de investigação que depois se fizeram colocavam duas questões principais: serão os programas de reabilitação eficazes em fazer com que as pessoas com doenças mentais voltem ao trabalho? E será que as pessoas com doenças mentais graves mostram uma melhor evolução da doença se estiverem empregados? No capítulo 11 faremos uma revisão das provas relativas à eficácia dos programas vocacionais modernos em manter as pessoas empregadas. Agora, iremos verificar até que ponto os indivíduos com doenças mentais e que estão empregados têm um melhor desempenho.

Trabalho e auto-estima

Alarguei os meus horizontes. Estou diariamente a ganhar confiança e alguma segurança a nível financeiro – não é muito, mas estou a ganhar qualquer coisa. Peguei no meu primeiro cheque-ordenado – foi o meu primeiro em sete anos – e emoldurei-o. Fotocopiei-o porque tinha de o depositar, mas pus a cópia numa moldura em minha casa. Depois preenchi um cheque pessoal e coloquei-o numa moldura mais pequena. Sinto-me ligado à sociedade porque trabalho. Estou a fazer amigos, por isso o meu isolamento é agora limitado. Posso isolar-me durante um fim-de-semana, mas é mais ou menos como um período de recuperação.

Antes da época recente da investigação aleatória e controlada dos serviços vocacionais, vários estudos mostraram que as pessoas com doenças psicóticas e que estavam a trabalhar tinham um desempenho melhor do que aquelas que não o faziam. Contudo, não era bem claro se o emprego levava ao melhoramento da situação clínica ou se uma mais e melhor performance tinha feito aumentar a possibilidade de emprego para algumas pessoas (Brown *et alii*, 1958; Freeman e Simmons, 1963; Anthony *et alii*, 1972). No entanto, à medida que os programas vocacionais se tornaram mais eficazes e que foram realizados estudos de controlo, não só foram notadas melhorias relacionadas com o trabalho mas também benefícios clínicos e sociais. As pessoas envolvidas na reabilitação vocacional, por exemplo, tinham mais probabilidade de participar em actividades com amigos, de desempenhar bem papéis sociais e familiares, de ter carta de condução, de tomar os seus medicamentos antipsicóticos regularmente e de beber menos álcool. Desde o início dos anos 90, vários estudos foram identificando cada vez mais vantagens do trabalho para os doentes mentais. Estes estudos mostraram que a participação em programas vocacionais eficazes ou ter um emprego remunerado diminuem as entradas em hospitais psiquiátricos (Drake *et alii*, 1996; Bell *et alii*, 1996; Warner *et alii*, 1999; Brekke *et alii*, 1999), as despesas com os cuidados de saúde (Bond *et alii*, 1995; Warner *et alii*, 1999) e geram uma diminuição nos sintomas das psicoses, tanto positivos como negativos (Anthony *et alii*, 1995; Bell *et alii*, 1996; McFarlane *et alii*, 2000; Bond, 2001). De igual modo, os programas laborais com êxito levam a um aumento da qualidade de vida de quem neles participa (Mueser *et alii*, 1997a; Holzner *et alii*, 1998; Warner *et alii*, 1999; Bryson *et alii*, 2002, Mueser *et alii*, 2004), a uma melhoria na auto-estima (Brekke *et alii*, 1993; Mueser *et alii*, 1997a; Kates *et alii*, 1997; Bond *et alii*, 2001; Casper e Fishbein, 2002), a um aumento do nível de funcionamento do doente (Mueser *et alii*, 1997a; Brekke *et alii*, 1999; Mueser *et alii*, 2004) e a um alargamento da rede de contactos sociais do mesmo (Angell e Test, 2002).

É importante notar que a preocupação comum dos clínicos – que os doentes com doenças mentais graves se tornem ainda mais perturbados sob o stresse do trabalho – não mostrou ser verdadeira. As entradas hospitalares, os sintomas e as tentativas de suicídio não aumentam quando os doentes estão envolvidos em esquemas eficazes de reabilitação laboral (Bond *et alii*, 2001).

Podemos olhar para alguns destes trabalhos de investigação em mais pormenor. Em meados dos anos 90, Morris Bell e os seus colaboradores efectuaram um estudo que mostra que o trabalho leva a uma diminuição nos sintomas da esquizofrenia. Estes investigadores colocaram 150 pessoas com esta patologia em postos de trabalho de seis meses num centro médico da Administração dos Veteranos, em Connecticut, e destinaram cada um, aleatoriamente, a lugares remunerados e não remunerados, recebendo os remunerados 3,40 dólares por hora. Como esperado, as pessoas que eram pagas trabalhavam mais horas. Mais, estas pessoas mostravam uma melhoria superior dos sintomas positivos, tais como as alucinações e delírios, e tinham menos probabilidade de voltarem a dar entrada no hospital. Quanto mais os doentes trabalhavam, menores passavam a ser os seus sintomas (Bell *et alii*, 1996). O programa salarial terminou depois dos seis meses, mas os doentes foram acompanhados de novo nos seis meses que se seguiram. Três quartos deles que tinham trabalhado em postos remunerados continuaram a fazê-lo, quer recebendo um salário, quer em regime de voluntariado. Aqueles que tinham estado empregados em postos remunerados naqueles primeiros seis meses do programa continuavam a sofrer menos com os sintomas das psicoses e menos desconforto emocional nos 12 meses que se seguiram (Bell e Lysaker, 1997).

Em Boulder, no Colorado, foi realizado um outro estudo que mostra uma melhoria progressiva no decurso da doença de pessoas com patologias mentais graves e que estão empregadas em postos remunerados. Trinta e oito pessoas com distúrbios psicóticos que frequentavam o Clube Chinook, um clube psicossocial que colocava os seus membros em empregos apoiados, que os punha em contacto com um número igual de pessoas com distúrbios semelhantes aos seus, que viviam demasiado longe para conseguirem frequentar o clube, mas que estavam no mesmo serviço de tratamento psiquiátrico comunitário. Após dois anos, os membros deste clube tinham conseguido elevados índices de emprego e uma melhor qualidade de vida. Embora os custos do tratamento das pessoas desempregadas que não podiam frequentar o clube tivessem aumentado gradualmente, os mesmos custos para aqueles que conseguiam um emprego através do clube diminuíram consideravelmente, devido a uma redução nos cuidados dos doentes tanto internados como não-internados, indicando uma melhoria progressiva nas capacidades do doente e na evolução da patologia (Warner *et alii*, 1999).

Vários outros estudos recentes norte-americanos mostraram os benefícios clínicos para os doentes que conseguem emprego. Anthony *et alii* (1995) descobriram que, para 275 pessoas com doenças mentais que participaram num programa de reabilitação, as que conseguiram um emprego revelaram uma maior melhoria nos sintomas psiquiátricos, particularmente nos sintomas negativos das psicoses. Quando um centro de saúde mental de Nova Inglaterra transformou o seu programa diurno de tratamento num modelo sustentado de emprego, os índices de nova hospitalização dos 112 doentes com doenças mentais graves que foram afectados pela mudança diminuíram para metade no ano que se seguiu à transição (Drake *et alii*, 1996). Mueser e os seus colaboradores (1997a) descobriram que num grupo de aproximadamente 150 doentes desempregados que estavam inscritos no programa de reabilitação, aqueles que estavam a trabalhar nos 18 meses que se seguiram ao programa mostravam ter sintomas menos severos de perturbações de pensamento e distúrbios afectivos, um melhor funcionamento, uma maior satisfação com os aspectos da sua vida e uma auto-estima mais elevada do que os doentes desempregados. Bond e os colegas (2001) realizaram um estudo sobre cerca de 150 pessoas com doenças mentais graves, de maneira a ver até que ponto o emprego levava a melhorias noutras áreas. Concluíram que as pessoas envolvidas em trabalho competitivo mostraram uma melhoria maior nos sintomas, nas actividades de lazer, nas suas finanças e na auto--estima, mais do que aquelas que não estavam a trabalhar.

A investigação mostra um apoio crescente à ideia de que a disponibilidade de emprego melhora os resultados das psicoses, e é provável que as provas que atestam esta tese impressionariam ainda mais se os estudos de investigação disponíveis não fossem tão curtos em termos de duração. A maioria deles é realizada ao longo de períodos de 6 a 12 meses e poucos perduram mais do que 18 meses. Bond e os colegas (2001) defendem que são necessários períodos de estudo mais longos para revelar os benefícios do trabalho apoiado – por outras palavras, os efeitos do emprego são cumulativos e tornam-se mais fortes quanto maior for o tempo em que a pessoa trabalha. De facto, são geralmente os estudos longos, por exemplo, aqueles que duram 18 meses ou mais, que mostram os benefícios clínicos para os doentes (Mueser et alii, 1997a; McFarlane et alii, 2000; Bond et alii, 2001). Em regra, os estudos sobre pessoas com esquizofrenia envolvidas em programas de reabilitação mostram que os resultados clínicos melhoram progressivamente ao longo do tempo (Brekke et alii, 1999; Warner et alii, 1999; Mueser et alii, 2004). Os estudos de investigação podem ser caros e os longos ainda mais. Consequentemente, cada vez mais as investigações duram menos, o que significa que não sabemos tanto quanto devíamos acerca do impacto do trabalho, dos factores sociais ou das intervenções dos tratamentos nas perturbações de longa duração. Os psiquiatras Greden e Tandon (1995, p. 197), ao avaliarem este problema, concluem que 'o nosso conhecimento falha no que diz respeito à duração... O tratamento deve ser o assunto mais importante enfrentado pela psiquiatria actualmente'.

Devemos também observar que toda a investigação relacionada com o emprego foi feita sobre pessoas que estiveram doentes durante muito tempo – pessoas para as quais os sintomas e o decurso da doença já há muito se implantaram – e não sobre as pessoas que atravessam a primeira fase da psicose e para quem um regresso rápido ao trabalho produtivo tem possibilidades de fazer toda a diferença na evolução a longo prazo da doença. Se queremos compreender o impacto total que o trabalho pode ter nos sintomas e na evolução de uma doença mental, teremos talvez de colocar em prática programas que ajudem a proporcionar emprego para as pessoas com distúrbios graves, desde o início da sua doença, e programas de investigação que sigam a condição destes doentes durante um longo período de tempo.

Os resultados da investigação comparativa, embora sejam essenciais, não nos dizem tudo. Podem ocorrer mudanças na cultura de um serviço de tratamento que afectem os doentes, as famílias e os profissionais, à medida que cada vez mais doentes ficam empregados. Um de nós (Richard Warner) trabalhou no mesmo sistema de cuidados na região de Boulder, no Colorado, durante aproximadamente 30 anos. Durante este tempo, o autor viu melhorias na economia local, nos serviços, no estatuto de emprego dos doentes e nas atitudes deles e dos profissionais. Durante os anos mais difíceis e durante a crise de petróleo da administração Carter no final dos anos 70, o tratamento e os serviços de reabilitação estavam pouco desenvolvidos, e menos de 15% das pessoas com uma psicose estavam a trabalhar. No início dos anos 80, um inquérito feito aos doentes de Boulder com uma psicose revelou que o maior problema que eles diziam ter era o tédio, e a sua maior necessidade era a de ter um emprego (Fromkin, 1985). Mesmo nos anos 90, mais de metade destes doentes disseram não ter nada mais para fazer em cada dia do que ir à agência de tratamento uma hora ou menos (Warner *et alii*, 1994). Para além disso, as únicas actividades que tinham para preencher o tempo entre o momento em que se levantavam e o que se deitavam consistiam em conviver com os amigos, fumar marijuana, pedir dinheiro ou sentarem-se sozinhos num apartamento vazio a verem televisão. Uma das maiores preocupações dos médicos era o surto de uma epidemia de consumo excessivo de drogas entre os seus doentes mentais. Por volta do ano 2000, no entanto, o último ano da administração Clinton e da ilusão da alta tecnologia, a mudança foi evidente. Não havia desemprego na região de Boulder. Os empregadores tinham muito mais vontade em contratar pessoas com doenças mentais e, graças a uma variedade de serviços vocacionais e às actividades de um clube psicossocial, metade dos doentes adultos com uma psicose estava empregada. A cultura comum acerca do doente deixou de ser a do isolamento, do ócio e do consumo de drogas, mas uma de trabalho, de estudo ou actividades relacionadas e de convivência social. Os profissionais da agência, consequentemente, centraram-se mais nas estratégias que havia para aumentar a independência e a qualidade de vida dos seus doentes mentais.

9.4. Conclusões

O trabalho é uma parte fundamental e importante na vida de cada pessoa e não menos nas vidas dos doentes mentais. Assim, é visto por muitos, inclusive pelos próprios doentes, por quem cuida deles e por quem lhes fornece o tratamento, como uma medida essencial de recuperação. Centrar a atenção no emprego pode reorientar todo um sistema de trabalho para o futuro potencial dos doentes e pode reforçar o optimismo dos mesmos acerca da recuperação.

Contudo, muitos factores fazem-nos não centrar a nossa atenção na reabilitação através do trabalho. Elevados índices de desemprego e uma discriminação em relação a empregar pessoas com doenças mentais, juntamente com a falta de incentivos ao emprego criados pelos esquemas de pensão para deficientes, levaram a baixos índices de emprego entre as pessoas com doenças do foro psíquico. Tal facto fez com que os profissionais da saúde mental e outras pessoas se tornassem pessimistas acerca de um regresso ao emprego. Até há pouco tempo, os serviços vocacionais pouco se adaptaram às necessidades das pessoas com doenças mentais mas, como iremos ver no capítulo 11, tal não tem de continuar a ser o caso.

Vale a pena centrarmo-nos no trabalho, uma vez que existem bastantes provas que mostram que uma ocupação ajuda as pessoas a recuperarem da doença mental. Muitas das provas são de natureza macro-social – por exemplo, os ciclos económicos parecem ter um efeito nos índices de entradas hospitalares, devido a psicoses, e nos resultados relativos à esquizofrenia. A nível individual, mais ainda, uma investigação recente mostra que o trabalho pode levar a que as entradas hospitalares sejam menos frequentes, que os sintomas das psicoses diminuam, que os custos do tratamento baixem, que a qualidade de vida e o desempenho social melhorem e que as redes de contactos sociais se alarguem. Porém, está a tornar-se claro que, se quisermos ver os benefícios completos do trabalho e dos programas vocacionais, então teremos de intervir cedo na doença e de acompanhar as pessoas durante períodos de tempo mais longos depois de conseguirem emprego.

Estas são as possíveis recompensas. No capítulo seguinte, iremos ver como poderemos ultrapassar alguns dos obstáculos ao emprego que se encontram no caminho das pessoas com doenças mentais.

10. OBSTÁCULOS ECONÓMICOS AO EMPREGO

10.1. Falta de incentivos ao emprego nos programas de contratações

Quando uma pessoa sofre de uma doença mental grave, as suas decisões, inclusive as de cariz económico, são por vezes rejeitadas por serem consideradas irracionais. Decidir não trabalhar pode ser encarado como prova de falta de incentivos ou de sentimentos depressivos de inadequação. Não conseguir manter um emprego durante muito tempo pode ser visto como o resultado de debilidades funcionais oriundas da doença. Recusar um emprego com um baixo salário pode ser considerado como um produto do negativismo, de grandes aspirações ou falta de percepção das verdadeiras capacidades da própria pessoa. Gastar de maneira excessiva o dinheiro que advém da pensão para incapacitados e ficar sem nada muito tempo antes do mês acabar pode ser encarado como um exemplo de um fraco discernimento, um efeito secundário da psicose. Contudo, o estudo de Liebow (1967) sobre os pobres dos bairros problemáticos das cidades mostra que estes problemas não são específicos dos doentes mentais, mas são respostas comuns à pobreza e às oportunidades de emprego disponíveis para os pobres.

Nos anos que antecederam a Segunda Guerra Mundial, os psiquiatras enganaram-se na identificação de alguns comportamentos de doentes mentais hospitalizados, tais como maneirismos, posturas, andar e mutismo como características típicas da esquizofrenia. Mais tarde verificou-se que estes comportamentos se deviam ao isolamento numa instituição. Podemos aprender com este erro. Actualmente, um melhor conhecimento da situação económica das pessoas com doenças mentais na comunidade pode ajudar-nos a clarificar até que ponto os sintomas dos doentes psiquiátricos são parte integrante da doença ou são determinados pelo ambiente que os rodeia. Precisamos de saber, por exemplo, até que ponto a baixa auto-estima, o afastamento social, a apatia e a ansiedade que vemos nas pessoas com esquizofrenia são sintomas negativos da doença ou são as já há muito conhecidas consequências de um desemprego prolongado (Eisenberg e Lazarsfeld, 1938).

Talvez porque há tendência para se ver as pessoas com doença mental como inerentemente irracionais, tem havido poucas tentativas para analisar o seu comportamento económico, os seus incentivos, escolhas e realidades económicas. Algumas publicações abordaram o assunto do impacto económico da esquizofrenia na sociedade (Gunderson e Mosher, 1975; McGuire, 1991; Moscarelli *et alii*, 1996) e na família do doente (Hart, 1982; McGuire, 1991), e outras abordaram o tema das tomadas de decisões económicas das pessoas com deficiências físicas (Berkowitz e Hill, 1986), mas poucas analisaram este tema em relação às pessoas com doenças mentais (Bell *et alii*, 1993; Turton, 2001; Drew *et alii*, 2001). De facto, quando as escolhas económicas disponíveis se tornam claras, as decisões de cariz financeiro por parte das pessoas com patologias mentais são imediatamente compreendidas. Tal como qualquer pessoa o pode fazer, os doentes mentais interrogam-se a si mesmos: Quais são as minhas opções de rendimentos? Que esforço é preciso para se conseguir certo rendimento?

De maneira a avaliar até que ponto os factores económicos influenciam as escolhas de vida das pessoas com doenças mentais, um de nós (Richard Warner), juntamente com o especialista em desenvolvimento económico Paul Polak, entrevistou 50 pessoas com doenças mentais, que viviam em Boulder, no Colorado, em 1992 (Polak e Warner, 1996). Servindo-se de um formato de entrevista estandardizado, perguntámos às pessoas acerca dos seus rendimentos em dinheiro oriundos do que ganhavam, da pensão para incapacitados, de presentes, empréstimos, actividades ilegais e outras fontes, e acerca dos seus rendimentos em géneros, oriundos de subsídios de rendas e doações como comida, roupas, medicamentos e serviços. Perguntámos às pessoas acerca das suas tomadas de decisão de cariz económico. Por que razão eram recusadas algumas fontes de rendimentos, quer em dinheiro quer em géneros? Quais eram os incentivos e a falta deles para trabalhar? Quanto é que a pessoa tinha de ganhar de maneira a que o seu trabalho valesse a pena? Tornou-se claro que estas pessoas não recebiam grandes incentivos financeiros para trabalhar. A média dos rendimentos, em dinheiro e em géneros, das pessoas que tinham empregos em part-time (1028 dólares por mês) era apenas um pouco mais elevada do que aquela das pessoas desempregadas (929 dólares por mês). A pequena diferença devia-se ao facto de a maioria das pessoas ter perdido regalias, quando começou a trabalhar, tais como a pensão para incapacitados e o subsídio da renda.

Se trabalhar não faz grande sentido em termos económicos, então tal pode explicar por que razão, nas últimas décadas nos Estados Unidos e em Inglaterra, apenas cerca de 15% das pessoas com doenças mentais graves estavam empregadas (Anthony *et alii*, 1988; Ciências da Saúde do Doente, 1997; Gabinete de Estatísticas Nacionais, 1995; Turton, 2001). Os índices de emprego relativos às pessoas com doenças mentais podem ser influenciados pela disponibilidade de empregos, pelo fornecimento de serviços de reabilitação vocacional e pela falta de incentivos ao trabalho no sistema da pensão para incapacitados. Neste capítulo, iremos abordar principalmente estes últimos factores.

Um outro factor – as limitações impostas pela própria doença – pode ser quantificado e colocado de parte. É claro que 50-60% das pessoas com esquizofrenia e outras formas de psicose podem trabalhar no mercado de trabalho competitivo. No norte de Itália, por exemplo, um número considerável de pessoas com uma psicose está empregado. Em Bolonha e em Verona, em meados dos anos 90, 50% ou mais das pessoas com esquizofrenia estavam a trabalhar, estando 20-25% delas a tempo inteiro (Warner *et alii*, 1998). Mais adiante neste capítulo, veremos a forma como o sistema italiano de subsídio para incapacitados impõe menores desincentivos para trabalhar. Nos Estados Unidos, os programas de investigação sobre emprego apoiado para as pessoas com doenças mentais graves alcançam frequentemente índices de emprego por volta dos 50-60%. Numa instituição não dedicada à investigação em Boulder, no Colorado, durante o período de expansão económica do ano 2000, com fortes programas vocacionais a terem lugar, mais de metade de todos os doentes dos centros de saúde mental públicos com uma psicose tinha um emprego remunerado. Torna-se então evidente que não é a psicose por si mesma que impõe os índices dolorosamente elevados de preguiça, mas sim o sistema económico no qual estamos inseridos.

Desincentivos para trabalhar

Aborrece-me o facto de, se eu conseguir um elevado rendimento, perder todos os meus apoios financeiros. Se conseguir um bom trabalho, perco o meu subsídio de saúde, e se eu o perder, os meus medicamentos vão custar-me 2000 dólares por mês. Se conseguires um bom emprego e te tornares produtivo e com êxito durante algum tempo, e depois ficares doente mental outra vez e perderes o teu emprego, não tens qualquer rede de segurança. Sabes, é muito assustador retirar todos os programas quando não sabes o que vai acontecer, particularmente com a economia e coisas assim. Assusta-me mesmo tentar tornar-me completamente auto-suficiente. Acho que o sistema é muito injusto e imperfeito.

Vamos então olhar mais de perto para os obstáculos que o sistema de subsídios para incapacitados impõe. Nos Estados Unidos, existem dois programas governamentais principais de apoio para pessoas com incapacidades – o rendimento de segurança suplementar (RSS) e o rendimento para deficientes da segurança social (RDSS). As regras que geram cada um deles são complexas, mas podem ser simplificadas da maneira seguinte: nos dois programas, os pagamentos de apoio diminuem quando uma pessoa incapacitada aceita um emprego. Quem recebe o RSS perde 50 cêntimos dos apoios por cada dólar ganho quando os rendimentos ultrapassam os 65-85 dólares por mês. Aqueles que recebem um subsídio de renda enfrentam perdas maiores. Os economistas referem-se a esta perda de rendimentos devido a um aumento dos mesmos como 'imposto implícito'. Quem recebe o RDSS não perde nada até ganhar mais de 700 dólares por mês, e depois perde tudo.

A maneira como o imposto implícito funciona pode ser ilustrada através do caso hipotético de duas pessoas com incapacidades, uma a receber o RSS, outra a receber o RDSS, e cada uma a receber 512 dólares por mês pelo subsídio para incapacitados e 400 dólares pelo subsídio de renda. Se cada um aceitasse um emprego em que trabalhasse 15 horas por semana, ganhando 6 dólares por hora, então a pessoa que recebesse o RSS receberia, em média, por mês, 156 dólares, ou 4,20 dólares por cada hora de trabalho (imposto implícito = 30%). Por seu turno, a pessoa que recebesse o RDSS tem mais vantagens por cada hora de trabalho, até que o seu rendimento mensal exceda os 700 dólares, altura em que a pessoa perderia todos os subsídios para pessoas incapacitadas e o seu rendimento seria mais baixo do que o daquele que recebesse o RSS, até à altura em que a pessoa passasse a trabalhar muito mais horas por semana. Polak e Warner (1996) entrevistaram uma segunda amostra de pessoas com psicoses em 1994 – desta vez, 100 pessoas escolhidas aleatoriamente – e perguntaram-lhes sobre o seu estatuto laboral, os seus rendimentos e requisitos salariais. Neste estudo, o imposto implícito associado à aceitação de um emprego em part-time rondava uma média de 64% – mais elevada do que nos exemplos citados aqui devido à perda de subsídios adicionais, tais como senhas para o banco alimentar e medicamentos gratuitos. Assim, uma pessoa que trabalhe em part-time por um salário mínimo (4,25 dólares por hora naquela altura), conseguiria, na verdade, amealhar 1,57 dólares por hora. De modo a compreender a razão pela qual tão poucas pessoas com uma psicose estão a trabalhar, tentemos contratar uma babysitter por 1,57 dólares (na altura em que esta obra foi escrita, menos de 1 libra) por hora; mesmo em 1994, não teríamos encontrado muitas pessoas que aceitassem o emprego.

Eis agora uma demonstração de como uma pessoa real com esquizofrenia, em Boulder, lidou com estas questões económicas:

Jennifer, uma mulher solteira de 28 anos com uma perturbação esquizo-afectiva, recebia o subsídio RSS no valor de 409 dólares por mês. Aceitou o trabalho de 25 horas semanais como professora auxiliar para crianças com atraso mental, ganhando 6,63 dólares por hora. Fazendo este trabalho, o seu subsídio RSS diminuiu para 315 dólares por mês, perdeu 17 dólares por mês em senhas para o banco alimentar e o seu subsídio de renda desceu para os 143 dólares. Agora que estava a trabalhar, não podia almoçar em casa dos pais todos os dias, e muitas vezes estava cansada para lá ir jantar à noite. Em resultado, os gastos com a sua comida e refeições aumentaram cerca de 110 dólares por mês. No total, deu com ela com não mais de 73 dólares de lucro mensal. Assim, a decisão de continuar com aquele trabalho ficou dependente não dos ganhos económicos, que eram insignificantes, mas dos factores hostis do stresse e da auto-estima. Inicialmente, e por causa do aluno deficiente que ela tinha a seu cargo ser tão difícil, decidiu demitir-se. Contudo, quando lhe foi dada uma criança mais fácil para trabalhar, Jennifer decidiu continuar com o emprego. Sem uma análise da sua situação económica, os seus sentimentos contraditórios em relação ao trabalho não teriam parecido ser tão racionais como, de facto, o eram, e poderiam ter sido atribuídos à apatia oriunda da esquizofrenia, às debilidades no desempenho ou apenas a uma inércia pura.

No nosso estudo das 100 pessoas com psicoses, a situação pareceu ser melhor para os trabalhadores a tempo inteiro. Para estes, havia um imposto implícito de apenas 23% e, após a dedução do mesmo, conseguiam amealhar, por hora, uma média de 5 dólares dos seus rendimentos. Porém, muitas pessoas com doenças mentais são incapazes de passar a trabalhar a tempo inteiro.

Em resposta a esta falta de incentivos, a maioria das pessoas com doenças mentais identificam um valor de rendimentos mínimo que torna o trabalho uma escolha economicamente sensível – aquilo que os economistas designam por 'salário de reserva'. Mais de três quartos dos doentes que inquirimos em Boulder em 1992 excluíram a opção de aceitar um trabalho onde recebessem o salário mínimo oficial (na altura, 4,25 dólares por hora), mas mais de 60% estavam dispostos a trabalhar por 5 dólares por hora; 80% teria trabalhado por 6 dólares por hora (Polak e Warner, 1996). Concluímos que, de modo a empregar um número considerável de pessoas com doenças mentais em Boulder, precisamos de encontrar ou criar empregos que paguem mais do que o salário mínimo, ou então o governo precisaria de mudar a falta de incentivos no sistema de subsídios. Neste capítulo e nos seguintes, iremos ver a maneira como cada um destes objectivos pode ser conseguido.

10.2. Variações nacionais nos sistemas de subsídios para pessoas com incapacidades

Em Inglaterra, a falta de incentivos para trabalhar é pior do que nos Estados Unidos. Os deficientes ingleses correm o risco de perder todo o seu subsídio por incapacidade (mais de 75 libras por mês) se ganharem mais de 78 libras por semana. Esta negligência nos rendimentos é apenas permitida por seis meses, com a possibilidade de um alargamento no tempo. Às pessoas que recebem um subsídio por incapacidade diferente não lhes é permitido ganhar mais de 20 libras por semana antes de perderem o seu subsídio de rendimentos. Mais ainda, a maioria das pessoas deficientes recebe outros seguros de cuidados de saúde e outros subsídios, tais como o de habitação que, para quem tenha pessoas a seu cargo, pode ultrapassar as 200 libras por semana. Estes subsídios adicionais diminuem no momento imediato em que a pessoa incapacitada passa a ganhar mais de 20 libras por semana. Uma vez que um pacote total de subsídios, incluindo uma pensão para deficientes, subsídio de habitação e receitas médicas gratuitas, chega às 14.000 libras por ano, sem impostos, e que um salário mínimo num emprego a tempo inteiro atinge apenas as 10.000 libras anuais de um rendimento sujeito a impostos, existem poucos incentivos para os doentes mentais trabalharem, quer em part-time, quer a tempo inteiro (Turton, 2001; Grove, 2004).

Foram feitas várias tentativas para aliviar esta falta de incentivos no Reino Unido, mas com pouco êxito. Uma medida permite à pessoa com incapacidade regressar automaticamente ao mesmo nível de subsídios se o seu trabalho terminar no espaço de um ano. Uma outra, o Crédito do Imposto Laboral, acrescenta dinheiro aos rendimentos dos trabalhadores que recebem menos de 14.600 libras por ano e fornece receitas médicas gratuitas. Apesar destas medidas, quase um milhão de ingleses com limitações psiquiátricas, onde pelo menos metade preferiria estar empregado num trabalho remunerado, está a receber subsídios por incapacidade.

Menos de 5% daqueles que têm recebido este subsídio durante dois anos regressam ao mercado laboral (Grove, 2004).

Em Itália, a falta de incentivos ao trabalho é geralmente menos severa do que nos Estados Unidos ou em Inglaterra, porque (i) há menos pessoas com doenças mentais que preenchem os requisitos para receberem um subsídio para incapacitados e (ii) os incapacitados italianos geralmente conseguem amealhar os seus subsídios enquanto estão a trabalhar. O subsídio para pessoas com incapacidade de 500 euros por mês (na altura em que esta obra foi escrita, 340 libras ou 650 dólares) é um pouco mais elevado do que nos Estados Unidos e consideravelmente mais baixo do que em Inglaterra, mas este não é o assunto crítico – para receber o subsídio financeiro, a pessoa tem de ter mais de 79% de incapacidade. Um sistema deste tipo é possível apenas porque 80-90% dos italianos que sofrem de uma psicose vivem, ou são sustentados, pelas suas famílias. Esta ausência de apoio formal de rendimentos para muitas pessoas com doenças mentais aumenta os incentivos para aproveitarem as oportunidades de trabalho que muitas vezes abundam para as pessoas com doenças mentais em Itália, particularmente no norte do país. Estas oportunidades são disponibilizadas através do sistema de incapacidades (Lei 68), através de contratação directa, de programas de formação (*borse lavoro*) e através de cooperativas especiais de trabalhadores ligadas aos serviços psiquiátricos, que serão descritas no capítulo 12 (Fioritti, 2004). A combinação da falta de incentivos e do aumento de oportunidades leva à existência dos já mencionados níveis cada vez mais elevados de emprego para os italianos com doenças mentais.

Contudo, para além das características deste sistema formal, muitos italianos com doenças do foro psíquico e que recebem subsídios por incapacidade continuam a trabalhar no mercado laboral negro. Nas estâncias balneares italianas, por exemplo, muitas pessoas com perturbações psiquiátricas encontram empregos temporários pelas praias. Nas áreas rurais, podem trabalhar em quintas familiares. O emprego no mercado negro é tão comum e tão bem-reconhecido que os investigadores de psiquiatria europeus o catalogam como 'emprego competitivo', desde que não envolva o tráfico de drogas.

A falta de incentivos é menos grave na Grécia por um motivo diferente – o subsídio para pessoas com incapacidade é tão baixo que trabalhar mostra ser uma melhor opção. O subsídio grego para deficientes é de menos de 150 dólares por mês, e um emprego com o salário mínimo implica quatro vezes mais este valor.

A falta de incentivos económicos ao trabalho

Trabalho secretamente num dos meus empregos. Não posso declará-lo à segurança social, mas se quiser ter um carro, tenho de ter dinheiro para o seguro, para a manutenção e, mais tarde, para o carro. Por isso tenho dois empregos. Um deles é desconhecido do governo e, espero eu, nunca vai ter conhecimento dele.

10.3. O que devia ser mudado? Propostas para uma reforma do sistema

De que modo pode a investigação ajudar?

'Todos falam do tempo mas ninguém faz nada em relação a ele.' Este aforismo, atribuído a Mark Twain, podia ser igualmente aplicado ao sistema de subsídios para pessoas com incapacidade. Se quisermos fazer alguma coisa em relação ao problema da falta de incentivos, precisaremos de alguma orientação proveniente da investigação alguma sobre as mudanças a introduzir nas políticas sociais para aumentar o emprego para as pessoas com doenças psíquicas.

Podem ser utilizados modelos econométricos de oferta de mão-de--obra (Moffit, 1990) para prever os efeitos das mudanças nas políticas relativas aos subsídios por incapacidade para pessoas com perturbação psiquiátrica. Este tipo de modulação computadorizada exige a recolha de dados sobre o trabalho e os rendimentos oriundos de uma amostra suficientemente grande para fornecer exemplos de um número considerável de indivíduos, em diferentes categorias de dificuldades, em termos de orçamento laboral/rendimentos. Averett *et alii* (1999) juntaram informações acerca de mais de 200 pessoas, aleatoriamente seleccionadas, com distúrbios psicóticos e a fazerem tratamento no centro de saúde mental em Boulder, no Colorado. Vimos o que iria acontecer se os regulamentos que regem o programa de subsídio para incapacitados nos Estados Unidos, o RSS, fossem alterados. (O RSS é o programa no qual as pessoas perdem 50 cêntimos do subsídio por cada dólar ganho, quando os seus rendimentos ultrapassam os 65-85 dólares mensais). O modelo revelou algo bastante óbvio: que não receber rendimentos era um desincentivo considerável para trabalhar ou para aumentar as horas de trabalho de cada pessoa. Também mostrou que proporcionar um subsídio salarial era uma das maneiras mais eficazes de fazer aumentar as horas de trabalho. No nosso modelo computadorizado, a oferta de um subsídio laboral de 2 dólares (cerca de 1,05 libras) por hora levou a um aumento de mais de 5% nas horas de trabalho semanais. Mais, aumentar os rendimentos iniciais – a quantidade de dinheiro que um trabalhador no início da sua actividade pode ganhar antes de perder dinheiro com o cheque do RSS – mostrou-se vantajoso. Aumentar para o dobro estes rendimentos sob o RSS (65 dólares por mês) melhorou o número das horas de trabalho em cerca de 3%; aumentar o valor para 1000 dólares por mês fez crescer o número de horas laborais em cerca de 11%. Pelo contrário, mudar os regulamentos do RSS de maneira a diminuir o índice de perda de apoios aos rendimentos à medida que as pessoas aumentavam o seu número de horas de trabalho (actualmente 50 cêntimos de dólar) – isto é, diminuir o imposto implícito nos rendimentos ganhos – mostrou ser surpreendentemente ineficaz em aumentar o número de horas laborais.

Estas descobertas sugerem duas possíveis inovações nas políticas sociais: (i) aumentar a quantidade dos rendimentos ganhos que seriam autorizados antes que o subsídio para incapacitados diminua e (ii) proporcionar um subsídio salarial.

Aumentar os rendimentos iniciais

Vejamos este exemplo: nos Estados Unidos, o nível de rendimentos permitido podia ser aumentado dos actuais 700 dólares por mês sob o RDSS, e dos 65 dólares, sob o RSS, para 1000 dólares ou mais por mês. Em 1999, os rendimentos iniciais sob o RDSS, de facto, aumentaram de 500 para 700 dólares por mês. Embora esta medida ainda não tenha igualado as pessoas com doenças mentais aos cegos (os rendimentos iniciais dos cegos têm sido mais de 1000 dólares por mês desde 1990), a mudança, como iremos ver, parece ter permitido que muitas pessoas com incapacidade aumentassem as suas horas laborais e os seus rendimentos.

Um estudo feito na região de Boulder, no Colorado, agarrou a oportunidade de ver o que acontece ao emprego e aos rendimentos de pessoas com doenças mentais graves quando (i) os trabalhos abundam, (ii) existe um programa eficaz de apoio laboral e (iii) os rendimentos iniciais são aumentados (Warner *et alii*, 2004). O autor e os seus colegas perguntaram a duas amostras de mais de 130 doentes não-internados, em idade activa e com doenças psicóticas, acerca do seu trabalho e rendimentos, em dois pontos temporais, com três anos de distância, em 1997 e o ano 2000. Durante este período, os índices locais de desemprego diminuíram de

3,9% para 2,0% e os rendimentos iniciais sob o RDSS aumentaram de 500 para 700 dólares por mês. Todas as pessoas tiveram acesso a um programa laboral fortemente apoiado dirigido por um clube psicossocial. Qual foi o resultado destas condições melhoradas? A percentagem de doentes com uma situação de emprego estável aumentou drasticamente de 30% em 1997 para 47% no ano 2000, indicando que cada vez mais pessoas com doenças mentais podem ser empregadas quando os índices de desemprego são baixos e os serviços vocacionais são bons. Os doentes que recebem o subsídio do RDSS mostraram sofrer um aumento consideravelmente maior nas situações de emprego estáveis (de 35% a 47%) do que aqueles que recebem o RSS (cujos níveis de emprego aumentaram de 23% para 30%). Aqueles que recebem o RDSS também aumentaram o número das horas de trabalho, mas o mesmo não se verificou para os que recebem o RSS. Os resultados sugerem que o RDSS, com os seus rendimentos iniciais elevados, apresentava menos desincentivos ao trabalho. Mais ainda, os índices de emprego e as horas de trabalho dos doentes que recebiam o RDSS podem muito bem ter aumentado através de um relaxamento nos limites de rendimentos do RDSS em 1999.

Embora estes resultados se refiram às pessoas que recebem subsídios para incapacitados nos Estados Unidos, podem também ser aplicados noutros locais. O mesmo princípio aplica-se a outros subsídios nacionais para deficientes e a outros programas. Os comentadores ingleses pediram que se fizesse uma revisão aos rendimentos iniciais tanto para o apoio aos rendimentos como para os programas de subsídio de habitação (Davis e Betteridge, 1997; Grupo dos Rendimentos dos Deficientes, 1997; Simons, 1998; Turton, 2001). Aumentar os rendimentos iniciais nos sistemas de subsídios para pessoas com incapacidades podia levar mais pessoas com doenças mentais graves a trabalhar e a melhorar a evolução da sua doença.

Subsídios salariais

Podíamos também considerar proporcionar um subsídio salarial às pessoas com as doenças mentais mais graves e, assim, aumentar os rendimentos ganhos até mais do que o salário mínimo (actualmente 5,15 dólares por hora nos Estados Unidos). Como poderia esta inovação ser patrocinada? Uma possibilidade consiste em alterar os regulamentos governamentais de apoio aos rendimentos de maneira a permitir que os subsídios sociais fossem reorientados para subsídios salariais. O dinheiro iria directamente para o trabalhador ou seria usado para reembolsar o empregador pela diferença entre os níveis de produção do trabalhador e a produtividade esperada. O Ministério do Trabalho americano criou um processo de estudo baseado no tempo para medir este diferencial na produtividade (Roberts e Ward, 1987).

É também possível mudar a direcção dos fundos que actualmente são usados nos serviços de tratamento mudando-os para subsídios salariais. Nos Estados Unidos, onde muitos dos fundos governamentais para o tratamento psiquiátrico estão a ser convertidos num mecanismo de fundos *per capita* para gestão de cuidados, pode ser rentável utilizar os fundos dos tratamentos para subsídios salariais. Sob estes fundos *per capita*, a agência de tratamentos não guarda quaisquer poupanças resultantes das inovações do programa que diminuem os gastos. Por exemplo, uma diminuição nas despesas hospitalares pode ser dirigida para um tratamento na comunidade. Se o aumento do emprego pode ser visto como uma maneira de melhorar a estabilidade da doença e diminuir os custos do tratamento, então uma agência com fundos sujeitos a impostos pode escolher proporcionar um subsídio salarial para os doentes mais incapacitados.

Podem os custos do tratamento ser efectivamente reduzidos ao empregar os doentes? Os custos de um tratamento psiquiátrico eram mais de duas vezes mais elevados para os doentes desempregados no estudo realizado em Boulder, do que para os doentes com trabalhos em *part-time* (Polak e Warner, 1996). Este facto podia ser explicado de diversas maneiras, uma sendo que os doentes que trabalham têm um desempenho melhor porque estão empregados e precisam de menos tratamentos. Qualquer que seja a explicação, é evidente que os custos do tratamento de doentes não-internados e desempregados são de tal maneira elevados em Boulder (cerca de 3000 dólares por mês, por doente) que a despesa de proporcionar um suplemento com o valor de metade do salário para estes doentes seria possível através de uma mera redução de 10% nos custos de tratamento. Uma redução destas parece possível, apenas se o doente recentemente empregado estivesse a trabalhar durante metade da semana e menos disponível para o tratamento. De facto, vários estudos mostraram que o tempo passado em programas diurnos de tratamento diminui consideravelmente para os doentes que passam para um emprego apoiado (Bailey *et alii*, 1998) ou outros programas com uma componente vocacional (McFarlane *et alii*, 2000). Além disso, e como vimos no capítulo anterior, desempenhar um papel produtivo melhora a evolução da doença de uma pessoa, o que leva à diminuição dos custos do tratamento.

Um estudo feito em Boulder, no Colorado, mostrou que estes custos diminuíram de forma progressiva durante mais de dois anos num grupo de doentes que estavam inscritos como membros de um clube de reabilitação orientada, enquanto os custos permaneciam os mesmos num grupo semelhante de doentes que não eram membros de nenhum clube (Warner et alii, 1999). A redução dos custos do tratamento para os membros do clube restringia-se àqueles que trabalhavam, sugerindo que as poupanças podiam muito bem ser o resultado do facto de estarem a trabalhar. De igual modo, os custos do tratamento para os doentes do Limiares[34], um clube psicossocial em Chicago, que tem um programa de reabilitação com uma componente vocacional forte, eram menos de três quartos dos custos para aqueles que deram entrada num clube social sem nenhuma componente vocacional (Bond, 1984). Num outro estudo, os doentes com doenças mentais seleccionados aleatoriamente para um programa de entrada acelerada no emprego apoiado geraram custos que eram menos de três quartos do que os programas para doentes semelhantes colocados num programa laboral gradual, mais do que equilibrar os custos aumentados da reabilitação (Bond et alii, 1995). Colocando as pessoas com doenças mentais a trabalhar pode poupar dinheiro. Contudo, para nos apercebermos das vantagens dos custos oriundos de um subsídio salarial, seria necessário acompanhá-los cuidadosamente ao longo do tempo, e assegurar que o subsídio tinha sido colocado à disposição apenas das pessoas com as perturbações mais graves.

Passos mais corajosos

As sugestões como a de aumentar os rendimentos iniciais e a de pagar um subsídio salarial podem parecer corajosas, mas são algo limitadas na sua abrangência, comparadas com algumas das outras opções que foram sugeridas – reforma dos serviços de segurança social, empregos garantidos para pessoas com incapacidades e aumento do salário mínimo.

Aumentar este salário para todos os trabalhadores teria nas pessoas com doenças mentais um impacto semelhante ao de pagar às pessoas com incapacidades um subsídio salarial, mas custaria mais e iria criar mais oposição política. Alguns dos apoiantes da reforma dos serviços de segurança social defenderam a existência de um sistema de empregos limita-

---

[34] Thresholds, no original. [N. da T.]

dos temporalmente e garantidos para todos (Kaus, 1986; Ellwood, 1988). A legislação da reforma dos serviços de segurança social aprovada pelo congresso americano durante a administração Clinton no início dos anos 90 estabeleceu este tipo de serviços, limitados temporalmente, e um pequeno aumento no salário mínimo, mas não criou um programa de empregos garantidos. As linhas italianas de apoio ao trabalho para as pessoas com doenças mentais, quando foram completamente concretizadas, conseguiram alcançar melhor estes objectivos – é proporcionado um subsídio de apoio apenas às pessoas mais debilitadas, e as cooperativas de trabalhadores nas cidades do norte de Itália são equivalentes aos trabalhos garantidos. Porém, seria um erro terrível imaginar que poderíamos alcançar uma transição eficaz dos serviços de segurança social para a existência de trabalho para as pessoas com doenças mentais em Inglaterra e nos Estados Unidos apenas através de um corte nos subsídios. Fazer isto apenas aprofundaria o nível de pobreza em que muitas pessoas com doenças mentais vivem. Tem de estar disponível um rendimento garantido, fazendo parte de qualquer plano de transição como este.

Passos menos corajosos

Vários observadores afirmaram que existe uma variedade de razões adicionais pelas quais poucas pessoas com doenças psíquicas têm vontade de aproveitar uma oportunidade de trabalho. Uma é que a complexidade do sistema de subsídios é tão intrincada – envolvendo um apoio de rendimentos, autorizações para habitação, seguro de saúde, impostos, níveis diferentes de rendimentos iniciais, e assim por diante – que nenhuma pessoa normal pode compreender sem ajuda. Geralmente, não está disponível aos doentes nenhuma informação clara e precisa, e estes nem sempre confiam nos funcionários dos serviços de segurança social que os aconselham acerca dos subsídios. Muitos doentes acham que, se pararem de trabalhar, os seus bens não regressam ao nível antecedente de maneira suficientemente rápida. O trabalho voluntário ou a inscrição num curso de formação podem despoletar a revisão da sua possibilidade de receberem subsídios (Turton, 2001; Grove, 2004). Estes mesmos observadores sugeriram que as dificuldades de comunicação podiam diminuir ao tornar disponíveis pessoas capazes de aconselhamento pessoal, sendo algumas delas indivíduos com incapacidades, de modo a fornecer aos doentes uma informação individualizada acerca das vantagens do regresso ao trabalho. Estes observadores recomendam que cada vez mais pessoas com incapacidades deviam ser empregadas em postos de administração nos serviços de emprego, e sugerem que o medo da avaliação e do processo de revisão diminuiriam se houvesse uma reestruturação de todo o processo de avaliação dos deficientes (Turton, 2001; Grove, 2004).

Para além destas considerações, uma coisa fica clara: é essencial haver uma compreensão da maneira como as realidades financeiras influenciam as decisões gerais dos doentes, para os ajudar nas resoluções em relação ao trabalho. Os terapeutas e quem gere cada caso, que se preocupam com o processo de recuperação de um doente, deviam ter um conhecimento pormenorizado acerca dos regulamentos do sistema de subsídios – um nível de conhecimento que fosse, ao menos, igual e, esperamos nós, superior ao conhecimento do doente sobre estes fundamentos da sobrevivência económica moderna.

10.4. Conclusões

As pessoas com doenças mentais que vivem no mundo desenvolvido enfrentam desincentivos ao trabalho consideráveis se receberem subsídios para deficientes. Esta falta de incentivos é mais acentuada em Inglaterra e nos Estados Unidos do que em Itália, com o resultado de uma quantidade muito mais pequena de pessoas com doenças mentais estarem empregadas em Inglaterra e nos Estados Unidos do que em Itália. Os estudos de investigação sugerem que podemos diminuir a falta de incentivos ao aumentar a quantia de dinheiro que uma pessoa deficiente pode receber antes de os subsídios serem reduzidos. Uma outra solução possível é proporcionar um subsídio salarial para a pessoa com incapacidades. Um programa de empregos garantidos juntamente com alterações no plano dos subsídios podia também ter êxito. Qualquer solução que seja eficaz em colocar de novo as pessoas com doenças mentais graves a trabalhar podia pagar-se a si mesma através da redução dos custos dos tratamentos. Contudo, nenhuma solução funcionará até que os doentes confiem que uma mudança no seu estatuto laboral terá vantagens para eles. Os conselheiros pessoais, que podem eles mesmos ser doentes, podem ajudar a difundir a informação acerca da complexidade dos regulamentos do sistema de subsídios, e os terapeutas e quem gere cada caso deviam compreender estes regulamentos suficientemente bem de modo a serem capazes de ajudar os seus doentes a tomarem boas decisões acerca do trabalho e rendimentos.

11. O ESPECTRO DOS PROGRAMAS LABORAIS

11.1. Quais são as opções?

Devíamos fazer mais para ajudar as pessoas com doenças mentais a encontrarem trabalho e a manterem-no. Como foi mencionado no capítulo anterior, 50% a 60% dos doentes mentais graves são capazes de trabalhar, mas em Inglaterra e nos Estados Unidos, apenas 15% deste grupo tem um emprego remunerado. Embora 60% a 70% dos americanos com doenças psiquiátricas graves gostassem de estar a trabalhar, menos de um quarto deles não recebe qualquer tipo de ajuda vocacional (Bond, 2001). De facto, um estudo americano mostrou que apenas menos de 25% das pessoas com uma psicose têm uma referência ao trabalho nos seus planos de tratamento (Lehman e Steinwachs, 1998). Tudo isto quer dizer que meio milhão de pessoas com esquizofrenia nos Estados Unidos, e cerca de 100.000 em Inglaterra, estão desempregadas, mas são possíveis elementos produtivos da sociedade. Uma razão que explica esta situação é, como vimos no capítulo anterior, a falta de incentivos ao trabalho no sistema de subsídios para pessoas com incapacidades. Uma outra é a inexistência de oportunidades de emprego adequadas.

Em Inglaterra e nos Estados Unidos, o espectro normal de oportunidades de emprego para as pessoas com doenças mentais inclui o seguinte:
- *Reabilitação vocacional tradicional*: o nome dos doentes é dado a uma agência externa que testa, aconselha, forma e coloca os candidatos a trabalhar, e termina os serviços quando o doente consegue uma colocação.
- *Oficinas protegidas*: um modelo do pós-guerra amplamente difundido, desenvolvido primeiramente no norte da Europa, visto por muitos, actualmente, como demasiado institucional e separatista.
- *Emprego apoiado*: este, e o seu parente chegado, o emprego transitório, são modelos americanos nos quais os empregos são desen-

volvidos para os doentes em ambientes de competição laboral. São proporcionados formação e apoio para as pessoas colocadas nestes empregos, num esquema continuado, dados por profissionais conhecidos como formadores.
- *Emprego independente*: as pessoas com doenças mentais encontram empregos na mão-de-obra competitiva, com ou sem a ajuda de profissionais vocacionais.

A estes, podemos acrescentar um modelo mais recente:
- *Empresas sociais ou empregos de discriminação positiva*: são empreendimentos criados com uma dupla missão – criar um produto ou um serviço que é necessário e empregar pessoas com distúrbios do foro psiquiátrico. O modelo foi criado no norte de Itália nos anos 60 na forma de cooperativas laborais. Desde então, difundiu-se em vários outros países, mas ainda não está disponível em toda a parte.

O modelo da empresa social será comentado em pormenor no próximo capítulo. Neste, faremos a revisão dos programas laborais que actualmente estão disponíveis um pouco por todo o mundo.

Até há pouco tempo, a reabilitação através do trabalho para as pessoas com doenças mentais graves parecia não ter muitos resultados. Duas revisões feitas aos estudos de investigação sobre reabilitação vocacional em psicoses – uma feita por Bond em 1992 e outra por Lehman em 1995 – revelaram que nenhum dos estudos revistos mostrava êxito em melhorar as saídas profissionais de longa duração para as pessoas com uma psicose até aos anos 70 (Bond, 1992; Lehman, 1995). Muitos dos programas vocacionais das décadas de 70 e 80 tinham êxito em colocar as pessoas com uma psicose em trabalhos protegidos nos hospitais ou noutros lugares, ou em postos transitórios, e em ajudá-los a manter estes empregos. Mas até à introdução, nos anos 90, do modelo do emprego apoiado, nenhum destes programas teve êxito em colocar os doentes na mão-de--obra competitiva. Antes de 1990, os programas levaram a aumentos no número de empregos remunerados, empregos a tempo inteiro, inícios de carreiras, duração dos empregos e rendimentos, todos sendo vantajosos, mas o significado que os doentes lhes atribuem é diferente se o emprego não for um trabalho permanente inserido no global da sociedade.

Assim, os programas laborais dos anos 70 e 80 foram capazes de ajudar os doentes a ajustarem-se a um ambiente de trabalho específico, mas falharam em colocar as pessoas num 'emprego real'. Os programas que conseguiam atingir estes fins limitados incluíam trabalhos orientados em centros de reabilitação, em equipas que geriam casos, em clubes psicossociais e em programas baseados nos hospitais – tudo programas vocacionais concebidos especificamente para pessoas com doenças psíquicas. Contudo, o que se oferecia à maioria das pessoas com doenças mentais nos tratamentos rotineiros dos hospitais era muito menos eficaz – serviços vocacionais tradicionais concebidos para pessoas com problemas físicos e não psiquiátricos. Com a introdução dos empregos apoiados nos anos 90, o emprego global tornou-se uma opção viável para os doentes mentais. Nos melhores serviços, esta abordagem começou a suplantar o ineficaz modelo vocacional tradicional. É no contraste entre os serviços vocacionais tradicionais – o modelo 'formar e empregar' – e o emprego apoiado – o modelo 'empregar e formar' – que vemos mais claramente a descoberta que levou ao êxito de fazer as pessoas com doenças mentais regressarem ao trabalho competitivo.

11.2. O modelo de reabilitação vocacional tradicional

No modelo de reabilitação vocacional tradicional, os nomes dos doentes com um qualquer tipo de problema físico ou mental são dados a uma agência independente que faz um registo e avalia os candidatos, proporciona-lhes formação e coloca-os a trabalhar. Os serviços fornecidos são de curta duração e o êxito que obtêm é cotado pelo número de casos 'encerrados', que acontecem quando os doentes são colocados com êxito num emprego. Não há serviços de acompanhamento quando os casos são encerrados. Este padrão de fornecimento de serviços é agora visto como insensível às necessidades vocacionais intermitentes e contínuas das pessoas com doenças mentais graves. Mais, muito poucas agências estatais de reabilitação vocacional dos Estados Unidos empregam técnicos especializados em reabilitação psiquiátrica, que podem fornecer serviços especializados às pessoas com doenças mentais (Noble *et alii*, 1997). Os doentes e os familiares queixam-se de que os conselheiros de reabilitação gastam muito tempo no processamento de documentos e muito pouco a fornecer serviços depois de os candidatos terem sido eleitos (Noble *et alii*, 1997). Uma revisão da eficácia dos programas estatais de reabilitação vocacional, pelo Gabinete Geral de Contas Americano[35] (1993) revelou

---

[35] US General Accounting Office, no original. [N. da T.]

que poucas pessoas com doenças mentais recebem realmente serviços das agências estatais vocacionais, e aquelas que os recebem mostram não ter quaisquer vantagens. A análise descobriu que a média dos rendimentos para os doentes mentais que recebem os serviços e que são vistos como 'reabilitados com êxito' é menor depois de receberem os serviços do que antes. A Aliança Nacional para os Doentes Mentais defende que os 500 mil milhões de dólares gastos anualmente nos Estados Unidos em serviços tradicionais de duração limitada para as pessoas com doenças mentais são um desperdício de dinheiro, que podia ser mais bem empregue em programas mais adequadamente concebidos, tais como o emprego apoiado (Noble, 1998).

11.3. O emprego apoiado e o emprego transitório

Os programas de emprego transitório (PETs) são os percursores da abordagem do emprego apoiado. Os PETs foram originalmente desenvolvidos nos anos 70 pela Fountain House, um clube psicossocial de Nova Iorque (ver capítulo 14), e ainda são um elemento importante do modelo do clube. No contexto desta abordagem, um formador identifica um emprego numa empresa ou numa agência situadas na comunidade local e aprende a fazer esse trabalho. O formador depois dá formação à pessoa com uma doença mental de modo a que ela possa fazer o trabalho e coloca-o nesse posto durante um período limitado, geralmente de seis meses. No fim desse tempo, é colocada nesse emprego uma nova pessoa. A primeira pessoa tem de, então, encontrar ou ser colocada num outro posto. O trabalhador no posto do PET é apoiado no emprego pelo formador e pode frequentar encontros semanais de apoio e jantares. Se o doente não puder mesmo trabalhar, por qualquer motivo, o formador irá encontrar outra pessoa para fazer o trabalho naquele dia ou fá-lo-á ele ou ela mesmo. Consequentemente, o empregador de alguém colocado num posto através de um programa de emprego transitório (ou apoiado) faz um bom negócio. Ele ou ela sabe que o trabalho – geralmente uma que gera frequentes mudanças, ou posto de início de carreira – será sempre preenchido e de forma fiável e que a formação do empregado é feita por um serviço externo.

O princípio que subjaz ao emprego transitório é que a pessoa com uma doença mental desenvolve capacidades básicas num posto de transição que a ajudará a conseguir o objectivo último – um emprego não--apoiado e para sempre no mercado de trabalho competitivo. De facto, o trabalho de investigação não corrobora a noção de que os trabalhadores do PET têm mais possibilidades de assegurar um emprego competitivo (Lehman, 1995) e, dada a extrema sensibilidade das pessoas com esquizofrenia ao stresse da mudança, é difícil de acreditar que o emprego transitório seja o ideal para esta população. De facto, as origens da ideia do PET não eram completamente viradas para o doente. Uma das razões pelas quais programas como o Fountain House desenvolveram o modelo de emprego transitório foi porque acharam difícil encontrar empregos suficientes e proporcionar um apoio continuado a todos os doentes que quisessem trabalho.

Mais adequado à pessoa com uma doença mental, que pode não ser capaz de tolerar o stresse das mudanças de emprego ou de aprender novas tarefas facilmente, é o modelo de trabalho apoiado, criado originalmente a pensar nas pessoas com problemas de desenvolvimento. Este modelo é parecido com a abordagem do PET, tirando o facto de o emprego ser aqui permanente. À medida que o trabalhador se ajusta às exigências do posto, os apoios podem diminuir progressivamente e podem ser fornecidos a um outro doente, colocado no lugar há menos tempo. Em resultado, o número de postos de emprego apoiados continua a aumentar. Este tipo de emprego oferece várias vantagens: pode ser concebido para satisfazer as necessidades individuais de cada doente; pode ser possível conseguir-se uma partilha de trabalhos para aqueles que, devido à falta de incentivos no sistema de subsídios para incapacitados e às exigências que geram sintomas do trabalho a tempo inteiro, preferem trabalhar em *part-time*. Mais ainda, os trabalhos podem ser procurados de maneira a irem ao encontro das capacidades e preferências de cada doente e, uma vez que os postos são permanentes, é possível haver progressão na carreira.

De maneira ideal, uma equipa de emprego apoiado deverá incluir um gestor e, pelo menos, três profissionais a tempo inteiro cujo tempo é dedicado exclusivamente ao trabalho vocacional. Quando são dados aos profissionais de saúde tanto deveres clínicos como vocacionais, é provável que optem por fornecer cada vez mais serviços clínicos e de gestão de casos às custas do trabalho de reabilitação. A equipa deverá estar fisicamente localizada no centro de saúde mental que fornece os serviços de psiquiatria, de modo a poder integrar o trabalho de reabilitação nos serviços clínicos. Cada profissional tem a seu cargo um número de casos de cerca de 20 doentes, mas os elementos da equipa ajudam-se mutuamente em casos de progresso no trabalho e outros apoios. Os profissionais passam metade do seu tempo fora do escritório vigiando e formando os doentes no local e tendo reuniões com os empregadores (Becker e Bond, 2002; Becker e Drake, 2003).

11.4. Colocação e apoio individuais

Um aperfeiçoamento do modelo de emprego apoiado consiste na colocação e no apoio individuais (CAI). Bond (1998; 2004a) esquematizou vários princípios desta abordagem:

A elegibilidade baseia-se na escolha do doente

Não se exclui nenhum possível doente devido a um fraco registo de anterior actividade profissional, a uma falta de 'preparação-para-trabalhar', a entradas frequentes em hospitais ou sintomas no momento presente. Assim, esta abordagem de colocação e apoio individual (CAI) coloca de parte alguns dos problemas associados aos serviços vocacionais tradicionais, incluindo a avaliação completa da maioria das pessoas com doenças psíquicas e o fracasso em prever de forma adequada quem pode trabalhar sem problemas (Noble et alii, 1997). As pessoas com doenças mentais têm melhores resultados em empregos apoiados do que noutros programas, independentemente de características clínicas tais como um diagnóstico e internamentos prévios frequentes. Mesmo os doentes com perturbações no funcionamento cognitivo parecem adaptar-se bem ao trabalho com ajuda suficiente por parte do programa de emprego apoiado (McGurk e Mueser, 2003). Mais ainda, o consumo de drogas não forma um obstáculo ao êxito num emprego competitivo, possivelmente porque o trabalho reforça a sobriedade (Sengupta et alii, 1998). Os programas de emprego apoiado aceitam e recrutam doentes com doenças mentais e que consomem drogas, como o fariam com qualquer outro doente.

Integração dos serviços de reabilitação vocacional e de saúde mental

Os estudos de investigação mostram que podem obter-se melhores resultados se os programas vocacionais forem parte integrante de uma agência ou equipa de saúde mental, em vez de serem fornecidos por uma entidade em separado. Os programas de emprego apoiado têm mais possibilidade de êxito se os profissionais vocacionais se encontrarem com frequência com quem gere os casos clínicos e se estes estiverem envolvidos em esforços para que os empregos sejam conseguidos (Gowdy et alii, 2003). Nos serviços vocacionais que fazem parte do programa clínico, os índices de desistência dos doentes são menores, a comunicação é melhor e é mais provável que as informações clínicas estejam integradas no plano vocacional (Drake *et alii*, 2003). A integração dos serviços vocacionais e clínicos facilita o registo dos doentes, ajuda a sincronizar a medicação e a casar as necessidades com o emprego, e clarifica a responsabilidade do período de acompanhamento que se segue (Bond, 2004a).

O emprego competitivo é a meta

Os apoiantes do modelo CAI lutam para que as pessoas com doenças mentais graves possam conseguir empregos competitivos e que os ambientes de trabalho protegido sejam desnecessários. Muitos observadores consideram esta conclusão questionável. Se fosse verdade, então os índices de êxito em colocar pessoas em empregos competitivos através de empregos apoiados seriam quase de 100% e não de 50%. É verdade que a maioria destes doentes que trabalha em ambientes de abrigo preferiria um emprego competitivo apoiado (Bedell *et alii*, 1998), mas continua a questão de saber se todos podem efectivamente alcançar este fim. Este assunto será discutido em mais pormenor no ponto seguinte.

Procura e colocação rápidas de emprego

Os estudos de investigação sugerem que uma formação preparatória, que faz com que as pessoas fiquem aptas a trabalhar, não aumenta a probabilidade da existência de um possível emprego competitivo, e que uma colocação rápida num emprego tem mais êxito. Oito em nove estudos aleatórios de controlo mostram melhores resultados de trabalho para os doentes que embarcam numa procura rápida de emprego e colocação em vez de lhes ser oferecida uma avaliação, formação e aconselhamento vocacional (Bond, 2004a). Esta é uma boa notícia para a agência de serviço, uma vez que poupa gastos desnecessários e, para os doentes, já que a grande maioria prefere uma colocação rápida num emprego (Bond *et alii*, 1995).

Atenção para com as preferências de uma pessoa com uma doença mental

A procura de trabalho dentro de um programa de emprego apoiado baseia-se mais nas preferências, nos pontos fortes e na experiência laboral prévia do doente do que numa grande quantidade de empregos disponíveis na altura. A maioria dos doentes mentais tem preferências específicas em relação ao tipo de trabalho, horários, localização do emprego e pagamento. Fazer conjugar o emprego com estes critérios origina índices mais elevados de contratações e uma permanência no trabalho durante mais tempo (Becker *et alii*, 1998). Parece que é mais provável que as mudanças nas preferências dos doentes aconteçam depois de experimentarem um emprego do que depois de um aconselhamento vocacional, sugerindo que a experiência de trabalho é a melhor abordagem para seleccionar a melhor colocação (Becker *et alii*, 1998).

Avaliação e apoio contínuos

A avaliação mais importante é feita depois de uma pessoa com uma doença mental ter começado a trabalhar, e não antes, como acontece nos programas vocacionais tradicionais. O trabalhador pode precisar de apoio e serviços de saúde durante um período de tempo continuado. Um estudo de acompanhamento dos doentes, realizado três anos e meio após a colocação através de um programa de emprego apoiado, descobriu que era três vezes mais provável que um emprego ininterrupto fosse entregue aos doentes que recebiam apoios continuados (McHugo *et alii*, 1998). Um estudo de acompanhamento sobre a mudança de um programa de tratamento de dia para um programa de emprego apoiado descobriu que 86% dos doentes ainda recebiam serviços dez anos mais tarde (Salyers *et alii*, 2004).

Emprego apoiado

> Tive um emprego onde trabalhava com cães. Consegui-o através do meu formador. Um dia estava mesmo chateado e disse à minha patroa: 'Quero despedir-me,' e ela disse-me: 'Por que não tira um dia de folga e pensa melhor?' e eu voltei ao trabalho uma semana depois. Por isso, ela ajudou-me bastante.

Um planeamento dos benefícios personalizados faz parte do conjunto

Os formadores ajudam na compreensão das regras complexas que regem os benefícios para as pessoas com incapacidades, de modo a auxiliar os doentes a tomarem a melhor decisão relativamente ao emprego. Um estudo feito em Vermont que colocou conselheiros sobre os benefícios a trabalhar de perto com os programas de emprego apoiado por todo o estado, descobriu que os rendimentos dos doentes aumentaram para o dobro em resultado desta intervenção (Tremblay *et alii*, 2004).

Existem actualmente bastantes provas que atestam a eficácia do programa CAI e do emprego apoiado, incluindo vários testes aleatórios controlados e uma série de estudos sobre a mudança dos programas normais de cuidados de dia para o programa CAI ou locais de emprego apoiado (Bond, 2004b). Estudos acerca da eficácia da transformação de seis programas diurnos da Nova Inglaterra noutros de emprego apoiado descobriram resultados parecidos em cada local (Drake *et alii*, 1994; Drake *et alii*, 1996; Bailey *et alii*, 1998; Gold e Marrone, 1998; Becker *et alii*, 2001). Houve um plano de investigação comum a todos estes estudos de transformação dos cuidados prestados em unidades de dia: o programa de cuidados diurnos era contínuo, os doentes recebiam nos seus locais serviços de emprego apoiados e os profissionais do programa de dia eram colocados noutras tarefas dentro da agência. O resultado foi um grande aumento nos índices de emprego dos doentes, de 13% para 37%, nos locais onde houve transformação de programas, comparado com uma mudança pouco significativa de 12% para 15% nas unidades de cuidados de dia que serviram de controlo e comparação. Não foram observados nenhuns resultados negativos, tais como recaídas ou entradas hospitalares e todos, tanto os doentes, como os familiares e os profissionais gostaram da mudança. Os ex-doentes dos tratamentos de dia passavam mais tempo na comunidade, e esta mudança fez com que se poupasse nos gastos (Bond, 2004a).

Onze estudos aleatórios de controlo sobre o emprego apoiado ou sobre o programa CAI realizados em vários estados norte-americanos, onde os grupos de controlo eram constituídos normalmente por utentes dos serviços vocacionais tradicionais ou dos empregos protegidos, mostraram benefícios consideráveis para cada caso de emprego apoiado ou de CAI. Os índices de emprego competitivo nos grupos de emprego apoiado e de CAI variavam entre os 27% e os 77%, e nos grupos de controlo, entre 6% e os 40%. Em cada estudo, os índices de emprego competitivo nunca foram menos do que o dobro dos verificados para o grupo de controlo, e a diferença era, muitas vezes, muito maior. Em média, os índices de emprego competitivo nas amostras de emprego apoiado eram de 60%, e nos grupos de controlo de 21% (Bond, 2004a). Juntamente com este estudo de investigação norte-americano, um estudo inglês sobre emprego apoiado para pessoas que recuperavam do seu primeiro episódio de psicose mostrou um aumento no emprego de 10% para 41% no espaço de um ano (Rinaldi *et alii*, 2004).

11.5. Trabalho protegido: terá futuro?

O trabalho protegido, ou 'ergoterapia', foi desenvolvido no norte da Europa e nos Estados Unidos depois da Segunda Guerra Mundial, e baseava-se em programas laborais destinados a pessoas afectadas por doenças como a tuberculose ou problemas de coração. Nas oficinas de trabalho protegido, são realizadas várias tarefas que exigem pouco das capacidades da pessoa, frequentemente em contratos obtidos por indústrias privadas. Por vezes, o trabalho engloba uma série de tarefas repetitivas que levaria a uma mudança para um tipo mais qualificado de profissionais, se fossem realizadas dentro de portas, pelos empregados da empresa privada. Muitos empregados nas oficinas protegidas são pagos à peça, o que significa que podem ser contratadas pessoas com debilidades graves, mas se o seu ritmo de trabalho for lento podem ganhar menos à hora do que o salário mínimo.

As oficinas protegidas já não são populares. Os críticos afirmam que as pessoas colocadas em locais de pouca exigência podem não conseguir prosseguir para um tipo de emprego mais exigente, mesmo que sejam capazes de o fazer (Lehman, 1995). Diz-se que o trabalho protegido remunerado pode não trazer os mesmos benefícios não-vocacionais – tais como um melhor controlo sobre os sintomas, uma auto-estima mais elevada e uma qualidade de vida melhorada – do que o emprego competitivo (Bond *et alii*, 2001). A análise sugere que, quando os recursos são limitados, serão mais úteis se forem destinados ao emprego apoiado. Os defensores do emprego protegido salientam que, para algumas pessoas com capacidades de performance limitadas, os ambientes de trabalho protegido podem ser o único local laboral possível (Black, 1992). No Centro de Saúde Mental na Região de Boulder, no Colorado, por exemplo, onde existem tanto o emprego apoiado como oficinas protegidas modernizadas, atingiu-se um elevado índice de emprego. Em 2002, mais de metade dos adultos em idade activa com doenças mentais estava empregada em trabalhos remunerados, estando 12% do grupo na oficina protegida. Uma diminuição dos fundos para esta oficina em 2003 levou a uma diminuição no emprego nesse local para 6% dos adultos com uma psicose, sem qualquer aumento concomitante no emprego apoiado. Com efeito, e embora tivesse sido fácil para um doente passar da oficina protegida para um emprego apoiado no sistema de Boulder, e tal mudança tivesse sido fortemente encorajada, ninguém, na verdade, foi capaz de o fazer quando o trabalho protegido diminuiu. Tornou-se visível que muito poucas pessoas empregadas na oficina de abrigo podiam segurar um emprego no mercado de trabalho competitivo. Muitos dos empregados da oficina trabalham de forma lenta e ineficaz na maioria das tarefas rotineiras, e exigem uma constante supervisão. Sem a oficina, o emprego global para as pessoas com doenças mentais graves em Boulder diminuiria consideravelmente.

Para ir ao encontro de algumas preocupações dos críticos, é possível reestruturar a oficina protegida, de modo a que passe a ser mais parecida com as empresas sociais que serão descritas no próximo capítulo. Tal foi feito com a oficina protegida em Boulder, que foi reconfigurada para se tornar um negócio de embalagens e correio com doentes-trabalhadores envolvidos na administração do mesmo através de um conselho administrativo. O envolvimento de trabalhadores no planeamento de um negócio pode levar ao aumento dos benefícios não-vocacionais do trabalho. Um estudo sobre doentes em empregos protegidos mostrou que os níveis de auto-estima dos trabalhadores estavam relacionados positivamente com apenas um factor – o grau de importância que o trabalhador sentia que o público atribuía ao seu trabalho (Dick e Shepherd, 1994). Esta descoberta sugere que, quanto mais o trabalhador se aperceber do valor do produto do seu negócio para a comunidade, maior será o seu bem-estar psicológico. O ambiente de trabalho protegido de Boulder foi modernizado com novos equipamentos de modo a ser mais competitivo em termos comerciais, e também se tornou mais integrador ao contratar um maior número de pessoas mentalmente saudáveis. O ambiente atrai agora o departamento dos serviços sociais locais porque é visto como uma opção de formação e avaliação 'bem-estar-no-trabalho' para os doentes que estiveram no desemprego durante um grande período de tempo.

Muitos comentadores defendem que um vasto conjunto de oportunidades vocacionais, desde o trabalho protegido ao emprego apoiado, é do maior interesse do doente (Starks *et alii*, 2000; Krupa, 1998). Os trabalhadores vocacionais no Thresholds, em Chicago, no Illinois, por exemplo, defendem a existência do modelo da colocação de grupos de trabalhadores em regime de semi-abrigo, em ambientes comerciais, juntamente com o modelo de emprego apoiado (Shimon e Forman, 1991). O Village, um programa de emprego de Los Angeles, na Califórnia, desenvolveu um conjunto de opções de emprego para os doentes que varia entre colocações de grupo e emprego transitório, através de empregos temporários em empreendimentos geridos por instituições, e o emprego a tempo inteiro na comunidade (Chandler *et alii*, 1999).

Por detrás de muitas das críticas que se fazem aos ambientes de trabalho protegido está a ênfase cultural no individualismo e na independência, que é particularmente forte nos Estados Unidos. Assim como viver de forma independente é entendido como superior às residências de grupo para as pessoas com doenças mentais, assim o emprego competitivo é visto como sendo melhor do que o trabalho protegido ou semiprotegido. Contudo, esta adesão filosófica à independência tem sido desafiada pelo teórico organizacional da saúde mental, James Mandiberg. Mandiberg (1999) defende que muitas pessoas com doenças mentais pertencem a uma sub-cultura de doentes que oferece vários benefícios, incluindo o apoio social e um sentido de comunidade. Este autor sugere que tanto os programas laborais como os de habitação podem ser desenvolvidos de maneira a assentarem no apoio mútuo que existe na sub-cultura do doente. O modelo do clube psicossocial que será discutido no capítulo 14 é um exemplo deste princípio. Podemos apreciar melhor o ponto de vista de Mandiberg se usarmos a analogia dos sub-grupos culturais inseridos numa sociedade geral. Consideraríamos inadequado fragmentar uma comunidade americana-chinesa e insistir que os seus elementos espalhem as suas casas pela cidade e trabalhem em empreendimentos gerais. De igual modo, pode ser culturalmente insensível insistir que as pessoas com doenças mentais nunca deveriam morar e trabalhar com outras pessoas com o mesmo problema. Se, por outro lado, virmos importância em usar como base os apoios mútuos que se encontram na sub-cultura dos doentes, então seríamos mais optimistas em relação a juntar ambientes de trabalho, e particularmente interessados no modelo de emprego que será apresentado no próximo capítulo: empresas sociais ou empreendimentos de discriminação positiva que contratam doentes ou que são geridos por pacientes.

11.6. Conclusões

O modelo de formação tradicional de 'formar e empregar', concebido originalmente para as pessoas com deficiências físicas, nunca foi eficaz para as pessoas com doenças mentais. Os programas vocacionais especializados para estas pessoas tornaram-se eficazes ao ajudar os doentes a ajustarem-se ao trabalho remunerado nos anos 70, mas foi apenas aquando da chegada do emprego apoiado nos anos 90 que os programas vocacionais alcançaram o êxito em manter os doentes em empregos competitivos. Um aperfeiçoamento bem investigado da abordagem ao emprego apoiado e à colocação e apoio individuais (CAI) demonstra provas fortes de uma base de apoio aos princípios desta abordagem. Estes incluem basear a elegibilidade da colocação na escolha do doente, a integração dos serviços vocacionais e clínicos, uma colocação rápida num emprego, e a oferta de uma avaliação e apoio contínuos. Nem todas as pessoas com doenças mentais são capazes de ter um emprego competitivo, e ainda existe a possibilidade de estruturas de trabalho total ou parcialmente protegido no espectro das oportunidades vocacionais das pessoas com doenças psíquicas.

12. EMPRESAS SOCIAIS

12.1. As cooperativas italianas

A desinstitucionalização psiquiátrica do pós-guerra começou tarde em Itália e, quando arrancou, enveredou por um caminho um pouco diferente comparado com o que foi tomado pelos serviços de psiquiatria nos outros países da Europa ocidental. À medida que o processo ia avançando, os inovadores de psiquiatria no norte de Itália desenvolveram uma nova abordagem para proporcionar emprego às pessoas com doenças mentais. A inovação designa-se por empresa social (*impresa sociale*); em alternativa, e porque adere a uma estrutura negocial muito comum no nordeste de Itália – a cooperativa de trabalhadores – esta inovação é muitas vezes designada por este nome (*cooperativa di lavoro*). O modelo foi adoptado noutros locais (geralmente sem a estrutura de cooperativa laboral) e, nos países de língua inglesa, este tipo de cooperativa adquiriu a designação de empresa social ou, como na América do Norte, um empreendimento de discriminação positiva. A empresa social é um negócio com duas missões: foi criada para proporcionar emprego às pessoas com incapacidades e para fornecer um produto ou serviço úteis. A empresa geralmente contrata um conjunto diferenciado de pessoas com ou sem incapacidades, numa proporção de metade para metade. Vale a pena contar a história do desenvolvimento desta inovação com algum pormenor.

Em 1961, um jovem psiquiatra italiano, Franco Basaglia, assumiu a direcção de um asilo em Gorizia, perto da então fronteira com a Jugoslávia. A trabalhar com um pequeno grupo de colaboradores, este psiquiatra foi gradualmente diminuindo o uso de objectos de controlo, de camisas-de--forças, de barras e de chaves, e devolveu as roupas pessoais e a dignidade aos doentes, como muitos tinham feito noutros locais da Europa. Um tempo mais tarde, os colaboradores de Basaglia assumiram posições noutros asilos em Itália, onde repetiram o processo. Em 1971, Basaglia passou a dirigir o Hospital San Giovanni em Trieste, onde ele e os seus colaboradores desenvolveram um exemplo do que a psiquiatria alternativa podia alcançar. Os doentes foram transferidos para enfermarias mistas, e muitos, consequentemente, foram libertados ou foi-lhes atribuído o estatuto de 'hóspede' (*ospite*), de maneira a poderem entrar e sair do hospital consoante a sua vontade. Foram criadas equipas comunitárias para trabalhar com os doentes e com as suas famílias em diferentes sectores da cidade e áreas rurais circundantes. O debate sobre onde colocar o asilo e sobre o lugar do doente mental na sociedade foi levantado pelos jornais, rádio e televisão. Basaglia não se retraiu perante esta exposição pública, pelo contrário, usou-a para avançar com a sua missão. Para levar os habitantes até ao espaço do asilo, os hospitais patrocinaram festivais de cinema, exposições de arte, concertos e produções teatrais. Em 1973, um grupo de artistas, de profissionais e de doentes construiu um enorme cavalo azul, Marco Cavallo, representando o animal que costumava transportar a roupa de cama suja dos hospitais. Os doentes costumavam dizer jocosamente que o cavalo de transporte era a única criatura que nunca fugia da instituição. Num gesto que fazia lembrar o cavalo de Tróia, a barriga da estátua foi preenchida com cartas dos doentes que expressavam as suas aspirações para o futuro, e o cavalo foi levado em procissão por eles e pelos profissionais do hospital, através das portas do asilo, até ao centro da cidade. Vários doentes juntaram-se à procissão e, alguns pela primeira vez, andaram pela cidade a festejar a sua recém-descoberta liberdade (Dell'Acqua e Dezza, 1985; Scheper-Hughes e Lovell, 1987; Donnelly, 1992).

A história da experiência de Trieste tem interesse por vários motivos. A vontade de Basaglia de se envolver num debate público sobre o futuro das pessoas com doenças mentais contrasta com as práticas habituais dos administradores dos serviços de saúde mental, e ajuda-nos a compreender a maneira como a equipa de Trieste foi capaz de ir mais longe ao criar oportunidades de trabalho para as pessoas com doenças mentais graves. A primeira cooperativa laboral para ex-doentes foi desenvolvida em 1973 como reacção para com a terapia através do trabalho, que a equipa de Trieste considerava exploradora. Aos doentes foram-lhes dados os direitos tanto dos trabalhadores como dos patrões. A primeira cooperativa proporcionava emprego na área da limpeza e manutenção de edifícios públicos e, por volta de 1985, empregava 130 trabalhadores (Dell'Acqua e Dezza, 1985; Mosher e Burti, 1989). À medida que se desenvolviam mais cooperativas, os administradores envolviam os sindicatos locais nos seus planos. Por volta de 1994, o consórcio de cooperativas em Trieste tinha atingido dimensões impressionantes, tendo um lucro anual de 2,6 milhões de libras (5 milhões de dólares), e incluía um hotel, um café, um restaurante, um negócio de transportes e uma empresa de recuperação de edifícios. O consórcio empregava uma força laboral mista de funcionários mentalmente doentes e também saudáveis em empresas de manufactura e serviços (Warner, 2004). De acordo com os valores referentes a 2004, o rendimento anual total da rede de cooperativas criada pelo serviço de saúde mental de Trieste tinha aumentado para os 10,7 milhões de euros (na altura, 7,3 milhões de libras ou 14 milhões de dólares). Na altura da produção desta obra, a maioria das empresas originais continuavam em funcionamento, tinham sido desenvolvidas outras novas, e foram também criadas várias cooperativas sociais independentes através de agências não-governamentais. O Hotel Tritone, um dos empreendimentos originais, mostrou ter particular êxito. Planeia-se abrir um segundo hotel, e está a caminho um negócio *franchising*. O sector das limpezas expandiu de forma considerável e, agora, todos os contratos de limpeza de escritórios ou de ruas do concelho de Trieste foram conseguidos por empresas sociais. Outros produtos e serviços incluem compras para a comunidade, trabalhos paisagísticos e a encadernação de livros. Cerca de 300 pessoas desfavorecidas ou com incapacidades estão empregadas nas cooperativas de Trieste, tendo aproximadamente metade delas doenças psíquicas. Mais, cerca de 180 doentes mentais ocupam postos de formação nas cooperativas, sendo pagos por um salário governamental (*borsa lavoro*).

A abordagem da empresa social tem sido repetida em vários locais em Itália. Nas redondezas de Pordenone, as empresas incluem aqueles que oferecem serviços de limpeza, de construção de mobiliário de jardins, de ajudas em casas de recuperação e apoio domiciliário para pessoas deficientes. Em Palmanova, foram desenvolvidas várias cooperativas, incluindo restaurantes, uma enfermaria de horticultura e vários hotéis turísticos, nos quais alguns dos doentes que aí trabalham vivem gratuitamente (Warner, 2004). Em Roma, existem cerca de 30 cooperativas com produtos e serviços que incluem a produção de gráficos e de impressões e uma lavandaria; estes negócios empregam 450 pessoas, das quais mais de metade apresenta incapacidades. Turim tem uma vasta rede de empresas sociais que incluem serviços de jardinagem e de alimentação. Existem menos cooperativas no sul de Itália, mas algumas podem ser encontradas em cidades como Reggio Calabria e Bari (www.cefec.org). Por volta de 1997, havia cerca de 1600 cooperativas sociais por toda a Itália, empregando à volta de 40.000 trabalhadores, sendo 40% deles pessoas com incapacidades, e com um lucro anual de 590 milhões de euros (na altura, 770 milhões de dólares, 400 milhões de libras) (Schwarz e Higgins, 1999). A percentagem destes trabalhadores com incapacidades e que são doentes mentais é, no entanto, desconhecida.

As cooperativas sociais italianas, de acordo com o estatuto, podem pertencer ao tipo A e ao tipo B. As empresas do tipo A fornecem serviços públicos, tais como centros juvenis e serviços de saúde domiciliários, ou operam programas educacionais como bibliotecas e formação de trabalhadores na área da saúde. As cooperativas do tipo B desenvolvem oportunidades de trabalho, em fábricas e quintas, para pessoas com debilidades e dificuldades de inserção social, por exemplo, ex-reclusos, consumidores de drogas e pessoas com debilidades psiquiátricas e físicas. O tipo que nos importa aqui é o B. Sendo algumas pequenas e algumas grandes, as empresas do tipo B competem com êxito com as empresas locais, vendendo os seus produtos e serviços no mercado aberto ou conseguindo contratos através de apostas competitivas. Em Pordenone e Trieste, cerca de 90% dos contratos laborais são feitos com instituições públicas, tais como a câmara, os hospitais, as escolas e bombeiros. Inicialmente, as cooperativas de Trieste utilizavam um subsídio público considerável. Em 1994, montantes directos, espaços doados e o tempo prestado pelos funcionários – elementos fornecidos pelo serviço de saúde mental – aglomeraram até cerca de 20% do orçamento total, mas por volta de 2004, o subsídio baixou para níveis quase nulos. As cooperativas de Pordenone sempre funcionaram com um subsídio pobre. Em cada consórcio, cerca de metade dos trabalhadores regulares é doente mental ou tem um tipo qualquer de debilidade, recebendo um salário normal a tempo inteiro. Algumas pessoas com doenças mentais trabalham em *part-time* como formandos e recebem um salário (*borsa lavoro*). Em Trieste, as pessoas que recebem o salário da formação obtêm, num número considerável e em cada ano, o grau pretendido, e conseguem emprego a tempo inteiro na cooperativa, mas alguns trabalhadores menos produtivos podem continuar na *borsa* durante anos. Ao contrário da maioria dos programas americanos para pessoas com doenças mentais, as cooperativas italianas fazem grande publicidade aos seus serviços e têm uma grande visibilidade na comunidade. Assim, a escala e o impacto social destas empresas ultrapassam as conquistas habituais dos programas vocacionais (Savio e Righetti, 1993; Warner, 2004).

Uma organização de apoio às cooperativas sociais, o Consorzio per l'impresa sociale, foi fundada em 1996 no nordeste de Itália. Esta organização fornece serviços directos, tais como contas, aconselhamento legal, planeamento de negócios e mercado e formação, para desenvolver as empresas sociais. Também lançou um número de iniciativas comunitárias, incluindo negócios de franchising com êxito, o desenvolvimento de uma rede internacional de empresas sociais, apoio no desenvolvimento de cooperativas sociais na vizinha Eslovénia e noutros locais, e a criação de uma rede nacional de meios de comunicação (Schwarz e Higgins, 1999).

12.2. O que é uma empresa social?

O modelo da empresa social foi adoptado com mais ou menos êxito em vários países do mundo. À medida que foi difundido, os princípios aceites destas empresas foram definidos da forma seguinte: uma empresa social

- é criada para oferecer emprego a pessoas com incapacidades ou uma qualquer desvantagem relativa ao mercado de trabalho, e um número considerável dos seus empregados (mais de um terço) encaixar-se-á nesta descrição;
- produz bens e serviços para ir ao encontro da sua missão social;
- paga a cada trabalhador um salário de mercado adequado ao emprego, independentemente da sua capacidade de produção;
- estabelece os mesmos direitos, oportunidades e obrigações para todos os empregados;
- cria um ambiente enriquecido para os trabalhadores e proporciona um alojamento adequado às necessidades dos trabalhadores com debilidades;
- tem a preocupação de ser um operador viável no mercado livre.

A empresa social pode conseguir um rendimento adicional destinado à formação vocacional, mas enquanto não se libertar de outros subsídios tais como os fundos para iniciar o negócio, pode ser designada por empresa social 'emergente' (Schwarz e Higgins, 1999).

12.3. As empresas sociais no mundo

Desde meados dos anos 90, verificou-se um interesse acentuado nas empresas sociais como modelo vocacional, em parte como consequência do desenvolvimento de estruturas de apoio em Itália e noutros locais que adoptaram a transferência de tecnologia. Também desde esta altura, empreendimentos deste género funcionaram na Alemanha, Inglaterra, Suíça, Irlanda, Áustria, Espanha, Japão, Nova Zelândia, Austrália, Estados Unidos e em vários outros países. Um inquérito feito em 1999 concluiu que havia cerca de 2000 empresas sociais na Europa, empregando aproximadamente 47.000 trabalhadores, sendo 40-50% deles pessoas com incapacidades (Schwarz e Higgins, 1999).

Alemanha

Com excepção da Itália, o país com mais empresas sociais é a Alemanha. Em 1999, a Alemanha tinha cerca de 300 empresas deste tipo (*Integrationsfirmen*), com uma mão-de-obra combinada de 6000 pessoas, metade das quais com incapacidades. As primeiras empresas foram fundadas em 1978 e o número tem vindo a aumentar desde então. As empresas sociais alemãs não são geridas geralmente como cooperativas de trabalhadores, mas foram feitos esforços para criar parcerias entre os trabalhadores e os patrões. O principal objectivo destas empresas é proporcionar um emprego com um salário completo para as pessoas com distúrbios do foro psiquiátrico. Estas empresas que não visam o lucro são, normalmente, especializadas na produção de comida (geralmente comida saudável) ou produtos técnicos, oferecendo serviços domésticos tais como mudanças, pintura e reparações, e serviços de escritório e impressões. Normalmente, cerca de 30% do rendimento líquido da empresa vem de reembolsos governamentais na forma de suplementos salariais que são atribuídos como prémio a cada trabalhador com incapacidade a uma taxa pequena durante três anos. A menos que sejam contratados novos trabalhadores com incapacidades, os subsídios diminuem, até ao ponto da empresa ter de sobreviver apenas dos rendimentos. Através de um plano cauteloso, esta sobrevivência é possível, e apenas um pequeno número de empresas sociais estabelecidas na Alemanha foi obrigado a fechar (Stastny *et alii*, 1992; Schwarz e Higgins, 1999).

O movimento da empresa social alemão é apoiado por uma agência nacional que não visa o lucro, a Fachberatung fuer Arbeits und Firmenprojekte (FAF), que foi lançada no final dos anos 80, e que agora representa cerca de 200 empresas sociais. A FAF proporciona consultadoria de negócios, formação para administradores de empresas sociais e outro tipo de apoio técnico, e conseguiu um elevado nível de reconhecimento junto do governo federal (Schwarz e Higgins, 1999).

Inglaterra

Havia apenas seis empresas sociais em Inglaterra antes de 1997. Desde então, um grupo de apoio nacional, o Social Firms UK, levou ao desenvolvimento de muitas mais empresas deste tipo, de maneira a que o número delas na altura da produção desta obra era de mais de 70. O apoio técnico proporcionado pelas organizações de apoio italianas e alemãs teve uma grande importância no crescimento do movimento britânico das empresas sociais. Por volta de 1999, as empresas inglesas estavam a proporcionar emprego a cerca de 400 pessoas, um terço das quais eram pessoas com dificuldades de inserção. Aproximadamente um terço das empresas são cooperativas de trabalhadores. As empresas sociais britânicas são, ou pretendem ser, empreendimentos que se sustentam sem um subsídio público. Algumas das que estão a nascer ainda precisam de um subsídio ou ainda não estão capazes de pagar aos trabalhadores com incapacidades um salário que ultrapasse os subsídios da segurança social (Schwarz e Higgins, 1999). O Social Firms UK criou um funcionamento *franchising* para alguns dos negócios com mais êxito, incluindo uma fábrica de sabonetes e um negócio de vendas a retalho, um de manutenção de um aquário, um café, um hotel, um serviço de auxílio doméstico de saúde, uma empresa que recicla computadores e uma lavandaria (ver em www.socialfirms.co.uk).

Irlanda

A importância da validade de um empreendimento é ilustrada pela história das Empresas Sociais Irlandesas em Dublin. Nos anos 90, este consórcio incluía um restaurante, um serviço de almoços, uma loja de lãs e uma loja de venda de mobiliário a retalho, onde os funcionários eram pessoas com doenças mentais. Mas todos estes empreendimentos fecharam nos últimos anos devido ao valor do subsídio exigido para os manter.

Japão

As empresas sociais mostraram ser viáveis no Japão. Em Obihiro, no norte do país, os negócios que empregam doentes incluem uma quinta que produz legumes, um café e uma cozinha de um hotel. Em Okayama, os trabalhadores com doenças mentais entregam leite em 250 casas, trabalham num serviço de entrega de refeições e gerem um café. O modelo japonês de empresa social, baseado na abordagem italiana, mostrou ser exequível devido ao acesso recentemente liberalizado a organizações locais para alcançar o estatuto de corporação sem fins lucrativos, que traz consigo vantagens comerciais em áreas como o arrendamento de espaços para escritórios (J. Mandiberg, comunicação pessoal, 2003).

Nova Zelândia e Austrália

A Workwise na Nova Zelândia gere uma série de empresas sociais, incluindo a Hamlin Road Farms em Counties Manukau, no sul de Auckland, com produtos que incluem os ovos de galinhas de criação livre, algas orgânicas, flores e legumes. A quinta emprega cerca de 20 trabalhadores, sendo muitos deles pessoas com doenças mentais graves que não estão preparadas para empregos competitivos. Outras empresas com êxito incluem uma fábrica de sabonetes e uma empresa de bonecos feitos à mão. O crescimento económico na Nova Zelândia, acompanhado por uma ausência de desemprego, aumentou o interesse do governo em patrocinar modelos vocacionais para pessoas com incapacidades, incluindo empresas sociais e uma educação apoiada.

A Social Firms Australia abriu um supermercado e prepara-se para abrir vários outros empreendimentos, incluindo uma lavagem automática com café. Tanto na Austrália como na Nova Zelândia, um padrão comum de desenvolvimento de empresas sociais está para abrir um *franchise* de uma empresa com êxito, incluindo algumas das oportunidades *franchise* oferecidas pela Social Firms UK.

Holanda, Grécia, Espanha e Áustria

Existem entre 20 a 30 projectos a funcionar na Holanda como empresas sociais. Estas foram desenvolvidas por organizações de serviços de psiquiatria e recebem fundos oriundos de seguros estatais e de saúde. Uma organização nacional de apoio às empresas sociais, a CEFEC Holanda, fornece empréstimos, consultadoria e ajuda no planeamento de negócios a empreendimentos emergentes. Na Grécia, existem cerca de 20 cooperativas sociais, muitas das quais servem, primeiramente, pessoas com distúrbios do foro psiquiátrico. A União Europeia proporcionou um apoio considerável às empresas gregas, e uma associação nacional, o Sindicato Pan-Helénico para a Reabilitação Psicossocial e Integração Laboral, criado em 1994, ajudou a apoiar o crescimento do modelo da empresa social. A Pró Mente Kärnten in Carinthia na Áustria gere quatro empresas sociais, nas quais os salários são subsidiados pelos departamentos governamentais do trabalho e solidariedade e pela autoridade local. Na Andaluzia, em Espanha, em 1999, havia oito empresas sociais empregando 340 trabalhadores, sendo metade deles pessoas com incapacidades. As empresas espanholas são apoiadas pela Iniciativas de Empleo Andaluzas (IDEA), fundada em 1991 e com sede em Sevilha (Schwarz e Higgins, 1999).

Canadá

Teoricamente, todos os programas vocacionais para doentes mentais em Toronto, no Canadá, foram transformados no modelo da empresa social. Neste país, as empresas sociais são normalmente designadas por 'empreendimentos de discriminação positiva', mas quando são controladas e geridas por doentes são designadas por 'empreendimentos alternativos'. Um destes programas é um empreendimento de serviço de correios gerido por pacientes, o A-Way Express, que foi lançado em 1987 e funciona nas cidades. Tanto os empregados como os administradores são pessoas com doenças mentais. Os carteiros servem-se do sistema de transportes públicos para buscar e entregar encomendas pela cidade, comunicando com o seu escritório-base através de um *walkie-talkie* (Hartl, 1992). Estes negócios geridos por doentes são particularmente enriquecedores, uma vez que proporcionam aos trabalhadores a oportunidade de estarem envolvidos numa série de tarefas e de responsabilidades, e a possibilidade de progredirem dentro da empresa, embora o trabalho diário de cada indivíduo possa ser bastante rotineiro (Krupa, 1998). A Ontario Council of Alternative Businesses representa 11 das empresas geridas por doentes em Ontário, que empregam 600 pessoas com distúrbios mentais. Existem três empresas destas em Toronto: a Raging Spoon Café, o estúdio Inspirations/Ideas e o New Look Cleaning (www.icomm.ca/ocab). Uma outra empresa social a funcionar em Toronto desde o final dos anos 80 é um serviço de limpezas e manutenção com o nome de Fresh Start. O movimento das empresas sociais não arrancou com tanto vigor nas outras províncias canadianas, e não existem negócios alternativos unicamente geridos por doentes fora de Ontário (J. Trainor, comunicação pessoal, 2005).

Estados Unidos

Existem alguns exemplos de empresas sociais bem sucedidas ('empreendimentos de discriminação positiva') nos Estados Unidos. A Monadnock Family Services em Keene, New Hampshire, criou uma cooperativa com projectos que começaram por comprar, restaurar e vender casas e que agora também constrói mobiliário de jardim (Boyles, 1988; F. Silvestri, comunicação pessoal, 2005). Uma clínica de saúde mental americana--asiática no estado de Washington criou, em 1995, um bar com êxito gerido por doentes (Kakutani, 1998). A Minnesota Diversified Industries (MDI), fundada em 1968, é um negócio sem fins lucrativos que emprega mais de 1000 pessoas que embalam e distribuem produtos e também produzem artigos de plástico. A Aspen Diversified Industries (ADI), sedeada em Colorado Springs, é uma empresa que faz serviços de limpeza e manutenção de edifícios, armazenamento de produtos e montagem de máquinas, com contrato com os centros de saúde mental do Colorado de maneira a proporcionar reabilitação e oportunidades de emprego aos seus doentes.

Alguns dos contratos mais lucrativos da MDI e da ADI vieram de uma agência nacional, a National Industries for the Severely Handicapped (NISH). Esta entidade é designada pelo governo federal para facilitar a compra de produtos e serviços para agências governamentais oriundos de empreendimentos sem fins lucrativos que empregam pessoas com incapacidades. A NISH é um produto da Lei Javis-Wagner-O'Day (JWOD)[36], aprovada em 1971 para aumentar o emprego para as pessoas com incapacidades graves. O programa JWOD trabalha com mais de 600 agências sem fins lucrativos por todo o país, de maneira a proporcionar emprego a 36.000 americanos com deficiências, dos quais uma percentagem sofre de doenças mentais (www.jwod.org).

Embora existam organizações de apoio para empreendimentos de discriminação positiva nos Estados Unidos, tais como a Affirmative Business Alliance of North America e a Workability Americas, o modelo não conseguiu ser tão saliente ou ter tanta vitalidade como teve nalguns locais da Europa, em Ontário e na Nova Zelândia. Alguns destes empreendimentos mais antigos norte-americanos são, de facto, oficinas protegidas modificadas e não se desenvolveram segundo o conceito europeu (Krupa, 1998). Em parte, o crescimento lento deste movimento nos Estados Unidos deve-se à existência de um modelo concorrente – a abordagem do emprego apoiado descrito no capítulo anterior, que se difundiu amplamente pelo país desde meados dos anos 90, tendo êxito em colocar pessoas com

---

[36] Em 1938, a Lei Wagner-O'Day foi aprovada, sob a administração do Presidente Roosevelt, de maneira a proporcionar oportunidades de emprego para as pessoas cegas. Em 1971, e sob a liderança do senador Jacob Javits, o Congresso rectificou esta Lei, de modo a que passassem a ser englobadas também as pessoas com outras incapacidades graves. [N. da T.]

doenças mentais em empregos competitivos. Consequentemente, é mais comum encontrar empreedimentos que empregam doentes sendo oferecidos como parte do espectro dos serviços vocacionais que incluem o emprego apoiado. Este é o caso de Los Angeles, Califórnia, onde a Village Integrated Service Agency oferece aos seus clientes uma variedade de oportunidades vocacionais, nas quais existe uma lista dos cinco empreendimentos geridos pela agência. Estas empresas incluem negócios de manutenção, serviços eclesiásticos, uma pastelaria com 85 lugares sentados, um serviço bancário para pessoas com doenças mentais e uma loja (Chandler *et alii*, 1999). O serviço de saúde mental em Boulder, no Colorado, também adoptou uma carta com várias oportunidades vocacionais, que será descrita no próximo capítulo.

12.4. Receitas para o êxito

Nalgumas partes do norte de Itália, as empresas sociais estabeleceram-se no mercado livre, tornando-se viáveis não só como modelo de reabilitação mas também como uma parte importante da economia local. Noutros locais, incluindo grandes partes de Itália, o número de pessoas empregadas através das empresas sociais é ainda pequeno. Pode este modelo tornar-se um paradigma de reabilitação dominante noutras partes fora de Itália? Realisticamente, parece um pouco perverso que, de maneira a encontrar emprego para as pessoas com doenças mentais, tenhamos de desenvolver empresas inteiras para o fazer, tanto mais que os problemas existentes na criação e gestão destas novas empresas são imensos. Parece que teria de haver alguns factores especiais que contribuíssem para o êxito das empresas sociais. O que poderiam estes ser?

As políticas governamentais e os estatutos que favorecem as pessoas com incapacidades parecem ser indispensáveis. Em Itália, a legislação oferece vantagens de impostos às cooperativas de trabalhadores e fundos para as empresas sociais. Na Coreia, as leis exigem que as empresas empreguem pessoas deficientes ou que contribuam com fundos para que sejam empregadas noutros locais. Na Alemanha, o governo oferece suplementos salariais aos empregados novos e com incapacidades das empresas sociais. E nos Estados Unidos, a legislação JWOD ordena que as entidades governamentais usem os produtos e os serviços das empresas sociais. As possibilidades legislativas são várias, mas todas encontram uma questão básica: como fazer para superar a desvantagem da empresa em empregar trabalhadores menos produtivos?

As empresas sociais podem também alcançar êxito ao encontrarem a área certa de mercado. Por exemplo, muitas destas empresas conseguiram uma posição favorável no mercado ao competir por contratos com instituições públicas. Estas instituições (por exemplo, os hospitais) têm, geralmente, uma preocupação especial para com a exclusão social de pessoas com incapacidades, ou têm uma necessidade estratégica de serem vistas a servir o interesse público. Também podem existir vantagens práticas. Os negócios das limpezas, em Pordenone, em Itália, por exemplo, tiveram êxito na obtenção de contratos com entidades públicas, em parte porque a mão-de-obra sindicalizada que antes fazia o trabalho era relativamente cara e ineficaz. A área de mercado pode vir das qualidades especiais dos trabalhadores. Não é fácil, por exemplo, encontrar pessoas que queiram trabalhar como auxiliares de saúde no domicílio, mas as pessoas que têm debilidades podem considerar este trabalho aceitável e serem capazes de demonstrar uma empatia e paciência incomuns.

A orientação pública da rede de empresas sociais pode também ajudar a empresa a conseguir contratos através de uma vontade de ajudar a resolver os problemas da comunidade. Os administradores de um grupo de cooperativas em Trieste, Itália, por exemplo, reuniram-se com vereadores camarários para discutirem os problemas existentes na comunidade. Ao falar das várias maneiras de limpar uma parte degradada da cidade, tornou-se claro que um problema significativo era o número de motas avariadas e abandonadas, deixadas a poluir as ruas. Esta constatação levou à criação de um plano para desenvolver uma oficina de recuperação de motas, cujos funcionários seriam jovens desfavorecidos, muitos deles tendo um historial de desmontagem de motas nas ruas para roubar as peças. Uma outra parceria entre as necessidades do público e as cooperativas sociais de Trieste resultou numa operação que fornece uma administração e reparação completas, e a longo prazo, de edifícios públicos juntamente com um serviço de mudanças, numa abordagem que minimiza as despesas de administração do sector público.

No próximo capítulo, veremos como o mercado de consumo das próprias pessoas com doenças mentais pode criar oportunidades especiais para negócios que empregam doentes.

As empresas sociais procuram, naturalmente, processos de produção laboral intensiva de modo a maximizar as possibilidades de emprego com o mínimo investimento de capital. Em resultado, podem dirigir-se mais para os serviços de limpeza e reparação, produtos manufacturados, tais como bonecos de madeira, a produção de alimentos orgânicos que não dependa de grandes investimentos em máquinas agrícolas e fertilizantes, lavagens automáticas e oficinas de conserto de bicicletas. Por outro lado, um consórcio de empresas sociais pode escolher desenvolver um negócio que seja rentável, mas que empregue poucas pessoas com incapacidades, de maneira a utilizar os ganhos desta empresa para colmatar as perdas das outras. Estas tensões entre a missão dual da entidade são inevitáveis. Os administradores das empresas sociais em Trieste e noutros locais salientam a necessidade de manter uma fonte diversificada de rendimentos oriundos de diversos serviços e produtos. As empresas sociais são geralmente pequenas e tentam oferecer uma variedade de serviços e produtos, de maneira a conseguirem adaptar-se às mudanças nas circunstâncias do mercado e a proporcionarem várias oportunidades de trabalho. As tarefas enfadonhas e repetitivas são evitadas o mais possível e dá-se particular importância à produção de elevada qualidade num ambiente de trabalho de qualidade igualmente elevada (Grove *et alii*, 1997).

Um factor que ajudou no avanço do modelo das empresas sociais para as pessoas com doenças psíquicas foi a falta generalizada, até aos anos 90, de alternativas de reabilitação vocacional adequadas. Agora que o modelo de emprego apoiado, a colocação apoiada e individual (CAI), mostrou ser eficaz e está a ser testado e promovido fora dos Estados Unidos, será interessante de ver se as empresas sociais conseguem sustentar-se a si próprias. De facto, estas empresas podem continuar a chamar a atenção, apesar da concorrência com o emprego apoiado, porque a abordagem serve o interesse do modelo de recuperação e do enriquecimento dos serviços prestados pelos doentes (ver capítulo 14). Existem poucas indicações melhores acerca da recuperação do que em relação ao regresso ao trabalho, e muito poucas que poderiam mostrar melhor o desenvolvimento da autonomia pessoal do que a aquisição de controlo sobre a direcção do local de trabalho de cada um. Uma das razões para o êxito dos empreendimentos alternativos em Toronto, por exemplo, é a força duradoura do movimento dos doentes nesta cidade (Krupa, 1998). As empresas sociais dão uma maior oportunidade à solidariedade em relação ao trabalhador-doente e proporcionam o desenvolvimento de um sentido de comunidade, do que o faz a colocação de trabalhadores em empregos individuais apoiados. Um administrador de um conjunto de empresas sociais em Trieste descreveu este sentido de comunidade na mão-de-obra como 'una piccola famiglia allargata' – uma pequena família alargada. No ambiente da cooperativa de trabalhadores, este sentido de comunidade pode tornar-se bastante altruísta, como se vê em atitudes como quando os trabalhadores numa empresa social de Trieste escolhem renunciar ao seu bónus anual, ou de algumas das suas férias anuais, de maneira a ajudar os mais pequenos dentro da empresa. Como afirmou um administrador de outra cooperativa social de Trieste, 'Não estamos apenas a produzir capital económico, mas também capital social.' Parece não haver razão para que as empresas sociais e o emprego apoiado não possam coexistir no mesmo sistema de reabilitação. Em Trieste, que é rica em empresas sociais, os profissionais de reabilitação também colocam as pessoas com doenças mentais em pequenos empreendimentos privados e apoiam-nos a longo prazo, tal como um formador de um emprego apoiado faz. Como foi dito, sistemas semelhantes mistos funcionam em Los Angeles e em Boulder.

Os administradores das empresas sociais salientam a importância de haver ligações fortes entre o sistema de cuidados psiquiátricos e o ambiente de trabalho. Os empreendimentos que empregam doentes não podem ser desenvolvidos no vazio. Um negócio bem sucedido só pode ser criado se houver pessoas capazes no conjunto dos doentes cujas doenças estabilizam através de cuidados psiquiátricos adequados. Mais, um apoio contínuo ao trabalhador-doente exige uma relação de trabalho próxima entre o administrador da empresa social (o empregador) e os profissionais clínicos, tal como acontece também nas situações de emprego apoiado. É por esta razão, entre outras, que os administradores das cooperativas sociais italianas salientam que tais empresas como estas apenas podem ser desenvolvidas com a colaboração de um sistema de cuidados psiquiátricos superior.

Parece claro que a criação de entidades de apoio ajudou na propagação das empresas sociais nas regiões onde tiveram êxito. Organismos de apoio, tais como o IDEA em Espanha, facilitam a transferência de tecnologia, proporcionam consultadoria de negócios, formação de administradores e outros tipos de apoio. Os novos negócios geralmente precisam da ajuda de um plano de desenvolvimento do mesmo, pesquisa de mercado e atribuição de fundos para iniciar o próprio negócio, e conseguem normalmente encontrar o apoio técnico através de agências locais de desenvolvimento de pequenos negócios. Contudo, a natureza incomum das empresas sociais torna mais difícil para elas conseguirem esta assistência local. A formação dos administradores das empresas sociais é um assunto particularmente importante, uma vez que é pouco provável que as pessoas com capacidades de liderança tenham o conhecimento e a habilidade de trabalhar com pessoas com problemas psiquiátricos, e vice-

-versa. Outros serviços técnicos que a rede de apoios pode providenciar são o desenvolvimento de materiais promocionais, agendas e guias técnicos (Grove *et alii*, 1997).

As redes de apoio são importantes no desenvolvimento de ligações entre as empresas sociais, os outros negócios e os legisladores. A FAF na Alemanha, por exemplo, trabalha de perto com o Ministério do Trabalho e dos Assuntos Sociais no desenvolvimento e gestão das empresas sociais. Foram organizados seminários internacionais de formação com a ajuda da Confederação de Empresas Europeias, Iniciativas de Emprego e Cooperativas (CEFEC). As redes de apoio podem também recolher e divulgar informação acerca das empresas sociais e podem influenciar os legisladores a patrocinar leis vantajosas para os empreendimentos que empregam pessoas com dificuldades de inserção.

12.5. Conclusões

O modelo da empresa social foi desenvolvido no nordeste de Itália nos anos 70 e tornou-se progressivamente bem sucedido em várias partes do mundo. Pela Europa, existe um interesse crescente nesta abordagem como alternativa à forma estandardizada de reabilitação vocacional do 'formar e empregar'. Afirmámos que o sistema ideal de reabilitação vocacional será um que proporcione um espectro de oportunidades que varie entre as protegidas e as independentes. As empresas sociais oferecem uma alternativa mais protegida ao emprego apoiado contínuo, e as empresas que envolvem os trabalhadores em posições de administração favorecem mais o desenvolvimento da autonomia das pessoas com doenças mentais. Assim, podem oferecer uma boa escolha de empregos permanentes ou transitórios a muitas pessoas com doenças mentais. Uma pesquisa alemã indica que cerca de um terço daqueles que deixam um emprego numa empresa social encontram outro no mercado livre (Schwarz e Higgins, 1999), sugerindo que estas empresas podem ser bastante eficazes como programas de emprego transitório. As empresas sociais aumentam o espectro das oportunidades de emprego, ajudando a alargar as escolhas disponíveis para aqueles que gostariam de trabalhar, e tornando as oportunidades tanto normal e genuinamente integradas na corrente geral de empregos e da vida da comunidade, como compatíveis com a manutenção de um emprego e a satisfação que dele advém.

13. ESTRATÉGIAS INOVADORAS

13.1. Uma abordagem de desenvolvimento económico

Um número de estratégias inovadoras que apelam para novas perspectivas dentro da questão da integração social mostrou ser importante ao ajudar as pessoas com doenças mentais a conseguirem uma cidadania completa na sociedade. Uma destas estratégias consiste na abordagem de desenvolvimento económico, postulando que as pessoas com doenças mentais exercem uma influência económica que pode voltar-se a seu próprio favor, tanto em termos de criação de oportunidades de emprego como de melhoramento do seu bem-estar social e financeiro.

O psiquiatra Paul Polak desenvolveu um sistema-modelo de apoio comunitário para pessoas com doenças mentais graves no sudoeste de Denver, no Colorado, nos anos 70. Polak deixou este posto em 1980 para fundar uma empresa de desenvolvimento mundial sem fins lucrativos, a *International Development Enterprises*, que foi bem sucedida ao criar oportunidades locais de produção de rendimentos para as pessoas pobres dos países em desenvolvimento. O trabalho de Polak, que chegou a ser considerado pela *Scientific American* em 2004 como o maior contribuidor para uma política agrícola global, baseia-se numa formulação concisa de princípios para conceber projectos de desenvolvimento eficazes, nomeadamente:

- avaliar a economia diária dos grupos desfavorecidos e o efeito dos incentivos económicos;
- identificar as áreas de produção ou consumo dos membros dos grupos que podem proporcionar oportunidades geradoras de rendimentos. Por exemplo, dar em propriedade aos pobres uma fracção dispendiosa do que consomem, como o transporte;
- concentração numa única área que proporcione mudanças em vários outros domínios da vida económica diária;
- tornar a inovação comerciável de maneira assertiva, de modo a assegurar uma disponibilidade um pouco por todo o mundo.

Tal como os agricultores nos países em desenvolvimento, as pessoas com doenças mentais graves no Ocidente formam um grupo economicamente desfavorecido com reservas não-utilizadas de capacidade de produção. Um dos autores (Richard Warner) e Paul Polak analisaram até que ponto a abordagem de desenvolvimento económico que era eficaz com as populações desfavorecidas do mundo em desenvolvimento podia ser útil no avanço do emprego e das condições económicas das pessoas com doenças mentais no mundo desenvolvido. O objectivo era o de desenvolver negócios que empregassem doentes que explorariam o poder de compra das pessoas com doenças mentais. Uma abordagem destas tem o mérito de fazer circular dinheiro na comunidade para criar um efeito multiplicador, equivalente a tornar a mercearia do gueto uma posse local, de maneira a que os donos de outros locais não façam circular o dinheiro para fora do bairro. Para atingir este objectivo, entrevistámos, em 1992, 50 pessoas com doenças mentais que viviam em Boulder, no Colorado, para sabermos acerca do dinheiro que tinham e para localizar possíveis oportunidades de o ganhar. Dezoito dos inquiridos estavam desempregados, outros 18 tinham empregos em *part-time*, cinco estavam empregados a tempo inteiro e três tinham uma fonte de rendimentos independente. Perguntámos-lhes acerca do seu:

- rendimento em dinheiro, oriundo do trabalho ou subsídios para incapacitados;
- rendimentos em géneros, tais como bens ou serviços a eles prestados, incluindo cuidados psiquiátricos, medicamentos gratuitos e alojamento.

Calculámos o valor, em dinheiro, destes bens e serviços.
Também lhes perguntámos sobre as suas:

- despesas em dinheiro;
- despesas em géneros.

Este último ponto refere-se a bens e serviços que a pessoa prestou em troca de dinheiro ou de outros bens e serviços. Um exemplo seria deixar alguém ficar no apartamento em troca de comida, protecção ou algum outro benefício. Mais uma vez, calculámos um valor em dinheiro relativo a esta troca.

Descobrimos os rendimentos e as despesas mensais médios como sendo as seguintes:

- rendimento em dinheiro: 774 dólares

- rendimento em géneros: 1405 dólares
- despesas em dinheiro: 704 dólares
- despesas em géneros: 86 dólares

O consumo total de mercado das pessoas que inquirimos consistia na combinação entre as despesas em dinheiro (aquilo que gastam, 704 dólares) e o rendimento em géneros, de bens e serviços (aquilo que recebem, 1405 dólares). Assim, ficou claro que os doentes controlavam alguns mercados de tamanho considerável – mais de 2000 dólares por mês (1300 libras em 1992), em vários bens e serviços. Os números mensais referentes às seis principais áreas de consumo são os seguintes:

- tratamento psiquiátrico: 1116 dólares
- renda: 295 dólares
- alimentação: 108 dólares
- medicamentos: 90 dólares
- transportes: 83 dólares
- refeições fora de casa: 71 dólares

Depois de fazermos uma revisão a estes dados, sugerimos que um número de empresas que contratam doentes podia ser desenvolvido para servir pessoas com doenças mentais e explorar os seus mercados de consumo. Incluem: (i) serviços relacionados com o tratamento para as pessoas com doenças mentais, (ii) uma cooperativa de alojamentos, (iii) uma cooperativa de alimentação, (iv) uma farmácia destinada aos doentes, (v) um café e (vi) serviços de transportes (Warner e Polak, 1995). Iremos abordar três destas opções que mostraram ser fontes importantes de emprego e/ou de progresso económico para os doentes mentais: (i) empregar as pessoas com doenças mentais no sistema de serviços psiquiátricos, (ii) uma farmácia destinada aos doentes e empregadora de doentes e (iii) cooperativas de alojamento.

13.2. Empregar os doentes no sistema de serviços psiquiátricos

Um grupo sedeado em Denver, no Colorado, o Centro Regional de Avaliação e Formação[37], desenvolveu um programa de formação de pessoas com doenças mentais graves para se tornarem auxiliares dos gestores de casos de doentes, funcionários de residências e formadores nos centros

---

[37] Regional Assessment and Training Center, no original. [N. da T.]

de saúde mental deste estado. A funcionar desde 1986, o programa ocupa os seus formandos – as pessoas que tiveram uma boa recuperação da doença mental grave – em seis semanas de aulas e depois coloca-as em estágios durante três meses, a trabalhar em equipas de tratamento para pessoas com doenças mentais. Os que conseguem obter o diploma são contratados por todo o sistema de saúde mental, recebendo um salário normal. Como auxiliares dos gestores de casos de doentes, ajudam-nos numa variedade de tarefas, tais como candidatarem-se a subsídios de bem-estar social e procurar casa, e aconselhá-los sobre o tratamento, o trabalho e questões do dia-a-dia (Sherman e Porter, 1991). Desde o começo do programa, muitos mais do que 100 doentes que trabalham no sistema de saúde mental foram empregados no próprio sistema, sendo um modelo para pacientes e profissionais de saúde de uma recuperação bem sucedida de uma doença psíquica. Dois terços dos formandos continuam a conseguir empregos, com êxito, no sistema de saúde mental dois anos após terem conseguido o diploma do programa de formação. Este programa foi repetido em várias outras cidades e estados por todo o país, incluindo Washington, DC, Houston, Texas, Utah e Oregon.

Em muitos serviços de saúde mental, estão a ser empregados cada vez mais doentes numa variedade de funções. Cerca de 10% da mão-de-obra do Pathfinder Trust em Londres é composta por pessoas com doenças mentais. Existe um programa de emprego administrado por doentes no sudoeste de Londres, no St George's Mental Health Trust, em funcionamento desde meados dos anos 90. A especialista em emprego sénior, com a função de coordenadora de equipa na altura da produção desta obra, é uma doente. Ela descreve o trabalho da equipa da seguinte maneira (Harding, 2005):

> **Trabalhar como auxiliar de gestores de casos de doentes**
>
> *Uso diferentes capacidades – pensar em cartas, escrevê-las e corrigi--las. Consigo fazer investigação. Tenho a oportunidade de aplicar as minhas novas aptidões de ensino, de orientação e de ligação, sempre comunicando com pessoas, quer sejam colegas de trabalho ou doentes. Sou mais feliz quando mostro a um doente novo um caminho, ou quando os ajudo a encontrá-lo, porque é mais estimulante intelectualmente para todos. 'Então, o que vamos fazer?' 'Eu faço alguma coisa, tu fazes outra.' Fazendo-os ter alguma responsabilidade e tendo eu também alguma responsabilidade, temos então uma ligação, estamos de alguma maneira próximos. Estou empenhada no êxito deles, e eles conseguem conhecer-me porque sou aberta e honesta acerca de onde estive.*

Existem vários tipos de apoio disponíveis... para permitir às pessoas encontrarem empregos, ao fornecer-se pormenores semanais sobre vagas e ajuda com as candidaturas e capacidades necessárias para as entrevistas. Depois ajudamos as pessoas a fazer a geralmente tortuosa viagem entre uma entrevista bem sucedida e o primeiro dia de trabalho, ao oferecermos aconselhamento em relação aos subsídios e informações... Manter as coisas confidenciais faz também parte do nosso trabalho. Por fim, oferecemos um apoio continuado durante o tempo que a pessoa precisar, de modo a fazer com que as pessoas mantenham o seu emprego.

No Centro de Saúde Mental da Região de Boulder, no Colorado, os doentes são empregados como terapeutas, auxiliares gestores de casos de doença, conselheiros de habitação, formadores, funcionários de clubes psicossociais, empregados de escritório, organizadores e entrevistadores de investigação sobre doentes. Outras instituições de saúde mental consideraram também o posto de entrevistador observador de investigação como possível de ser desempenhado com êxito por um doente, mesmo quando este sofre de sintomas psicóticos persistentes (Lecomte, Cyr *et alii*, 1999). Muitas instituições de saúde mental contratam pessoas com doenças psíquicas para serem membros do gabinete de comunicação, ensinando acerca de doenças mentais nas escolas e grupos comunitários (ver ponto 7.6). Cada vez mais, a experiência de ter lidado com uma doença mental grave é encarada como uma vantagem em termos de contratação, semelhante ao facto de se ser bilingue. No Centro de Saúde Mental da Região de Boulder, a maioria das publicações de primeiro emprego são afixadas na entrada dos escritórios das instituições, e os doentes são encorajados a candidatar-se.

Trabalhar como auxiliar de habitação de doentes

Costumava trabalhar numa das residências. Era um conselheiro nocturno e tinha quarto e alimentação gratuitos e recebia um pagamento fixo em cada duas semanas. Certificava-me se a casa ficava trancada todas as noites, deixava as pessoas entrar quando estavam trancadas por fora, e dava-lhes medicamentos quando precisavam. Mas mesmo nessa altura, eu ainda me isolava e andava pelo meu quarto com tampões nos ouvidos para não ouvir as vozes.

Uma instituição de saúde mental pode também transferir serviços que, no presente, são contratados a empresas, tais como serviços de entregas e transcrição de relatórios médicos ditados e atribuí-los a uma empresa de doentes. Geralmente, neste contexto, pensa-se em serviços de manutenção e limpeza, mas estes empregos não são populares para muitos doentes mentais. A maioria deles, especialmente os homens, está interessada em trabalhos de construção e de reparação de edifícios, tais como o de canalizador, electricista, pintor e carpinteiro. Num inquérito feito no centro de saúde mental de Boulder, menos de um quarto dos doentes homens mostraram interesse em trabalhos de manutenção, mas mais de um terço estavam interessados em trabalhos de reparação de edifícios. Consequentemente, em 1993, a instituição abriu um pequeno negócio de reparação de edifícios que empregava um director sem problemas de saúde mental e um número de trabalhadores doentes em *part-time*. Este negócio ocupava-se da manutenção de prédios, que anteriormente custara à instituição 30.000 dólares (20.000 libras na altura) por ano. Desde então, o negócio expandiu e tem poupado dinheiro à instituição.

A maioria dos medos propalados em relação a contratar doentes não é difícil de se ultrapassar. A confidencialidade do doente não é uma questão importante se dos profissionais doentes se esperar o mesmo que se espera dos outros profissionais, e se lhes for dada uma formação adequada. A realização do trabalho do doente devia ser totalmente separada do seu tratamento. De preferência, o funcionário doente receberá tratamento num local diferente daquele onde trabalha. Tal nem sempre é possível em instituições pequenas ou em comunidades rurais, mas pelo menos o supervisor do trabalho não deve ser a mesma pessoa que providencia o tratamento. O historial do tratamento de funcionários doentes deve ser mantido num gabinete à parte e a informação sobre o tratamento não deve ser usada pelo supervisor. Este deve esperar dos funcionários doentes o mesmo que espera dos outros, e o doente não deve usar o supervisor ou os colegas para fins de tratamento, ou esperar mais apoio no trabalho e aconselhamento do que os outros trabalhadores recebem.

Alguns problemas são mais difíceis. Por exemplo, nem sempre é claro sobre que permissões devem ser feitas no que diz respeito às fronteiras profissionais entre funcionários e doentes. Geralmente, os supervisores de saúde mental insistiriam que os funcionários profissionais não devem envolver-se em relacionamentos de cariz sexual, de negócios ou alguns outros tipos de relações com os doentes, porque o poder e a influência dos funcionários profissionais poderia criar a possibilidade de exploração. Contudo, quando o grupo social dos funcionários doentes é formado, em grande parte, por doentes da instituição, não é possível haver uma regra tão dura e castradora. Muitas destas questões relacionadas com os supervisores têm de ser encaradas individualmente, aderindo aos princípios de que qualquer possibilidade de exploração dos doentes deve ser evitada, mas aceitando que não se deve esperar que o trabalhador doente abandone o seu sistema de apoio social. Uma das dificuldades que os funcionários doentes encontram decorre de se sentirem isolados e diferentes dos seus colegas; assim, a importância de um apoio dentro do grupo entre doentes e funcionários doentes não deve ser subestimada.

Envolver e empregar os doentes em cada nível do sistema de serviços de saúde mental diminui o fosso entre 'nós' e 'eles', aumenta o respeito para com aqueles que padecem de uma doença, e torna claro tanto para os doentes como para os profissionais de saúde que o objectivo do tratamento é a recuperação e uma participação total na sociedade, e que o processo de tratamento não é uma relação unilateral com uma implicação enraizada de um poder desproporcionado.

13.3. Uma farmácia destinada aos doentes

Em 1992, foi aberta uma farmácia destinada aos doentes no Centro de Saúde Mental da Região de Boulder, com o propósito específico de proporcionar emprego e outras vantagens aos doentes da instituição. A ideia original de criar uma farmácia destas foi de James Mandiberg, um técnico de serviço social e um investigador de teoria das organizações na Universidade de Colômbia da cidade de Nova Iorque. Os lucros provenientes da farmácia de Boulder, que chegam aproximadamente aos 200.000 dólares (105.000 libras) por ano, são utilizados para pagar outros programas de reabilitação da instituição. A farmácia acarreta várias vantagens: são empregados quatro doentes como técnicos de farmácia juntamente com três farmacologistas. Os preços dos medicamentos são mais baixos do que em qualquer outro lado na região. Os doentes e os funcionários são mais bem informados acerca dos efeitos dos medicamentos pelo farmacologista do que o seriam numa farmácia normal numa rua cara. E os serviços da farmácia estão melhor coordenados com os serviços de tratamento do que o estavam antes.

Devido ao êxito da farmácia destinada aos doentes, o modelo está a ser transformado em *franchising*. Foram convidadas outras instituições de saúde mental para criar farmácias semelhantes que empreguem doentes sob o acordo de parceria que especifica que a empresa será partilhada por dois donos e os lucros serão divididos em metade durante os três primeiros anos de funcionamento, depois dos quais a farmácia passará a ser propriedade da instituição parceira. A primeira farmácia deste género abriu na zona oeste de Denver, no Colorado, em 2005.

13.4. Alojamento em cooperativa

Quando os doentes mentais se tornam donos de suas casas em vez de arrendatários, alcançam um nível de progresso social e económico. As cooperativas de alojamento proporcionam um mecanismo para os pobres poderem ser donos do local onde vivem, e oferecem várias vantagens adicionais. Cooperativas como estas não só providenciam uma casa acessível durante muito tempo, mas também criam uma melhor qualidade de vida para os moradores, particularmente para aqueles com necessidades especiais, ao desenvolverem um sentido de comunidade. Desenvolvem capacidades de liderança entre os membros da cooperativa através das tarefas financeiras, de manutenção e de gestão exigidas para o funcionamento da casa e, por vezes, criam oportunidades de emprego (Davis e Thompson, 1992).

No entanto, existem poucos exemplos bem sucedidos de propriedade de casas em cooperativas por pessoas com doenças mentais, devido a uma série de razões. Os hipotecários e os possíveis moradores podem ser colocados de parte pela estrutura de gestão da cooperativa. As pessoas com doenças mentais têm tendência para serem um grupo razoavelmente móvel com pouco capital ou rendimentos mensais. Se estiverem hospitalizados durante um longo período de tempo, as pessoas podem perder subsídios e serem incapazes de pagar os valores mensais. Nos Estados Unidos, quem recebe o rendimento suplementar de segurança (RSS) não consegue amealhar capital para comprar uma casa sem que tal afecte negativamente a possibilidade de receber subsídios. Uma tentativa para criar uma associação de alojamento em que as pessoas com doenças mentais participassem dentro de um acordo de alojamento de equidade limitada, o *Newell Street Cooperative* em Pittsfield, em Massachusetts, acabou por fracassar. O projecto conseguiu uma declaração que permitia a existência de subsídios governamentais para serem aplicados na compra de um edifício com quatro apartamentos; porém, quando o programa de subsídio de rendas deixou de existir, a cooperativa entrou em falência. Durante o período de um ano em que esteve em funcionamento, foram notadas melhorias nas capacidades de gestão dos participantes, na sua auto-estima e no seu sentido de controlo.

Apesar das dificuldades, as cooperativas de alojamento para as pessoas com doenças mentais podem ser viáveis. Alguns capítulos da Aliança Nacional para os Doentes Mentais (uma organização americana de familiares e amigos de pessoas com doenças psíquicas) criaram fundos de alojamento sem fins lucrativos. Os moradores destes projectos de alojamento são geralmente familiares com doenças mentais dos investidores. Um fundo deste tipo pode criar casas pequenas ou complexos de apartamentos e pode fazer contratos com uma instituição local de saúde mental, de maneira a providenciar serviços adequados nos edifícios.

Os projectos de cooperativas de alojamento, quer os utentes sejam donos ou não, podem tornar-se fontes de emprego para doentes/utentes. O Centro para os Serviços Urbanos Comunitários[38], fundado no lado noroeste de Manhattan pela Universidade de Colômbia, oferece alojamento de apoio em vários locais para pessoas com doenças mentais ou saudáveis que sejam pobres. Neste projecto, uma corporação de alojamento sem fins lucrativos detém os edifícios de apartamentos, a instituição de saúde mental providencia tratamento e acompanhamento de cada caso para todos os utentes, e um grupo formado por moradores, profissionais de saúde mental e representantes dos proprietários gere as operações diárias. A alguns utentes são dados empregos remunerados durante os turnos de vigilância de 24 horas diárias que proporcionam segurança e apoio aos moradores dos diferentes edifícios.

Foi criado um programa residencial na Califórnia – o projecto de apartamentos do Centro de Saúde Mental da Região de Santa Clara – para desenvolver uma força comunitária entre os doentes que moram em apartamentos de uma instituição, construídos juntos em vários bairros diferentes. Os funcionários das residências foram encorajados a abandonar as suas funções tradicionais e, em vez disso, a tornarem-se organizadores da comunidade. Num programa, todos os funcionários da residência eram constituídos por empregados doentes. Noutro, os membros da comunidade providenciavam cuidados de repouso em apartamentos de crise a membros que tinham estado com perturbações muito graves. Todos tiveram êxito em construir um sentido de valor e capacitação pessoal entre os moradores (Mandiberg, 1995).

13.5. Uma incubadora para negócios geridos por doentes

Uma alternativa à abordagem do desenvolvimento económico, que se centra em encontrar uma área de mercado para um empreendimento que empregue doentes dentro do próprio espaço de consumo dos doentes,

---

[38] Center for Urban Comunity Services, no original. [N. da T.]

é a abordagem da incubadora de negócios, que pega nas capacidades e interesse para os negócios dos doentes como ponto de partida. A incubadora de negócios é uma ferramenta frequentemente usada de desenvolvimento dos mesmos. Introduzida inicialmente na economia em recessão da área das indústrias em declínio do nordeste dos Estados Unidos, esta ferramenta é agora utilizada com frequência em ambientes académicos, onde proporciona aos profissionais e cientistas os recursos de informação, educação, apoio e de rede necessários para lançar novas empresas baseadas nas suas ideias de negócios. Algumas incubadoras de negócios foram criadas para ajudar grupos-alvo específicos, tais como mulheres empresárias e receptores de serviços de apoio social. Apenas recentemente alguém pensou em usar esta abordagem para ajudar as pessoas com doenças mentais a lançar empresas rentáveis. Um grupo de doentes e de profissionais de saúde mental em Madison, no Wisconsin, incluindo James Mandiberg, fez exactamente isso.

A incubadora de negócios sedeada em Madison, a *Enterprise People*, é formada por um grupo de doentes, de pessoas de negócios e de profissionais de saúde mental. Mais de metade dos elementos do grupo é formada por doentes. Um paciente com uma ideia de um negócio pode trazê-la para o grupo para discussão e obter fundos para formação inicial em capacidades de negócios. O grupo ajuda o possível empresário a formular o seu plano de negócio e conseguir capital para o iniciar. Entre as empresas com êxito que a incubadora criou está uma pequena editora de panfletos destinados aos doentes, um negócio de jardinagem e manutenção de jardins, um de cuidados de animais de estimação e um de treino de cães-guia. Também ajudou vários indivíduos das artes visuais a desenvolverem mercados para os seus trabalhos. Muitos dos empresários doentes continuam a contar com os subsídios para pessoas com dificuldades de inserção enquanto o negócio se desenvolve, o que lhes permite reinvestir todos os lucros no negócio e evitar qualquer obrigação fiscal no início. Desde a criação da incubadora de negócios de Madison para doentes mentais, foram lançadas outras em Nova Iorque e na Califórnia.

13.6. Conclusões

De maneira a desenvolver com êxito oportunidades de emprego para os doentes, é muito útil ser inovador. São descritas duas novas abordagens neste capítulo, uma centrada no poder de compra do doente. Desta abordagem surgiu a ideia de utilizar o sistema de tratamento de saúde mental como uma fonte de oportunidades de emprego para os seus doentes – quer em postos de tratamento quer em serviços próximos – e o conceito da farmácia destinada aos doentes. Também vimos as viabilidades das cooperativas de alojamento como forma de fazer progredir o bem-estar económico e alargar os papéis produtivos das pessoas com doenças mentais.

A segunda abordagem inovadora de que falámos centra-se no interesse para os negócios de cada doente e no desenvolvimento de incubadoras de negócios que ajudam os pacientes a lançar pequenas empresas rentáveis. Independentemente dos êxitos ou dos fracassos destas inovações em particular, temos de reconhecer que a inovação em geral é essencial, se é necessário que as pessoas com doenças mentais fujam da pobreza, do ócio e da exclusão social que têm sido a sua sina. O que fizemos até agora não tem sido suficientemente positivo.

14. INCLUSÃO E RECUPERAÇÃO DA AUTONOMIA[39] DOS DOENTES

14.1. A defesa dos direitos dos doentes

Entre os desenvolvimentos mais importantes na área da psiquiatria nos últimos 30 anos, diriam alguns, destaca-se o crescimento das organizações de familiares de pessoas com doenças mentais graves. Nos Estados Unidos, a Aliança Nacional para os Doentes Mentais fez pressões para conseguir melhoramentos nos serviços destinados às pessoas com doenças do foro psíquico, para que fossem dirigidos recursos psiquiátricos para as pessoas com os problemas mais graves, e para que se procedesse a um aumento da investigação sobre a esquizofrenia. Os programas e artigos dos meios de comunicação sobre as pessoas com doenças mentais tornaram-se menos negativos em resposta a uma atitude da Aliança de criar uma nova abertura e tolerância em relação à doença psiquiátrica. Em Inglaterra, a Associação Nacional de Esquizofrenia, conhecida agora como Repensar, criada alguns anos antes da sua homónima americana, tem sido igualmente activa em proporcionar apoios para os seus associados, em tentar obter influências para os serviços necessários, em promover a educação pública e em patrocinar a investigação. As suas publicações abordavam tópicos como os serviços inadequados, as leis

---

[39] *Empowerment*, no original. Este termo inglês, na área da psiquiatria, tem uma conotação mais vasta do que apenas "fortalecimento" ou "enriquecimento", mesmo que concebidos no sentido psicológico. O *empowerment*, no contexto em causa, implica uma devolução do poder, da autonomia e da capacidade de decisão ao paciente que, devido à doença, saíram do seu controlo, sendo os profissionais de saúde e as instituições a cujos cuidados se encontravam quem os exerciam ou regulamentavam de forma paternalista. Devolver o poder ao paciente (*empowerment*) é promover a sua capacidade de participação e de envolvimento na gestão dos próprios cuidados, nos processos da sua recuperação e na defesa dos seus direitos. [N. da T. e do R. da T.].

sobre saúde mental e a importância do trabalho para as pessoas com problemas psiquiátricos. Na Austrália, a SANE montou uma forte campanha nacional anti-estigma e está intimamente envolvida em moldar as políticas sobre saúde mental.

Nas últimas décadas, também se verificou uma melhoria na organização dos cuidados primários para os doentes dos serviços de saúde mental. O doente, o doente/sobrevivente ou o movimento do utente dos serviços de saúde, embora esteja a adquirir alguma saliência em muitas partes do mundo, está algo fragmentado em comparação com a rede de familiares. Uma lista de algumas das organizações importantes de utentes dos serviços de saúde em Inglaterra ilustra tanto o poder crescente como a falta de coesão do movimento – Mente, InterAcção[40], Rede de Quem Ouve Vozes[41], Desabafo dos Sobreviventes[42], OrgulhoLouco[43], Rede Unida dos Sobreviventes[44], Fórum dos Doentes/Sobreviventes Afro-Caribenhos[45], Ligação à Mente[46], Associação da Doença Maníaco-Depressiva[47], Rede de Auto Sofrimento[48], Rede de Apoio do Reino Unido[49], Campanha Contra a Opressão Psiquiátrica[50], Fórum Nacional das Vozes[51], Rede Britânica de Alternativas à Psiquiatria[52], e assim por diante.

Nos Estados Unidos, existe uma proliferação semelhante de grupos de doentes. Duas organizações proeminentes, a Associação Nacional de Doentes de Saúde Mental e a Aliança Nacional para Doentes Mentais, lutam por obter mais membros, patrocinam conferências nacionais, enviam pessoas para discursar em encontros profissionais, combatem o estigma através de apresentações nos meios de comunicação e tentam ganhar influências para objectivos políticos. A Recuperação Lda.[53] é uma organização bem desenvolvida com filiais locais por todos os Estados Unidos,

---

[40] InterAction, no original. [N. da T.]
[41] Hearing Voices Network, no original. [N. da T.]
[42] Survivors Speak Out, no original. [N. da T.]
[43] MadPride, no original. [N. da T.]
[44] Survivors' United Network, no original. [N. da T.]
[45] African Caribbean Users/Survivors Forum, no original. [N. da T.]
[46] MindLink, no original. [N. da T.]
[47] Maniac Depression Fellowship, no original. [N. da T.]
[48] Self Harm Network, no original. [N da T.]
[49] United Kingdom Advocacy Network, no original. [N. da T.]
[50] Campaign Against Psychiatric Oppression, no original. [N. da T.]
[51] National Voices Forum, no original. [N. da T.]
[52] British Network for Alternatives to Psychiatry, no original. [N. da T.]
[53] Recovery Inc., no original. [N. da T.]

e o Centro Nacional de Recuperação da Autonomia[54] é outro grupo de destaque. A nível estatal, geralmente existe mais unidade organizacional; a Califórnia, o Ohio e Nova Iorque têm organizações de doentes particularmente activas.

Alguns grupos, tal como a Associação Nacional de Auto-Ajuda dos Utentes de Serviços de Saúde Mental, o Centro Nacional de Recuperação da Autonomia, o Na Nossa Cidade[55] e o Esquizofrénicos Anónimos[56], centram-se primariamente em providenciar apoio e informação para os seus membros. Outros estão fortemente envolvidos na defesa dos direitos da pessoa humana e no confronto da profissão de psiquiatra em relação a questões filosóficas. A União Internacional de Apoio à Liberdade da Mente[57] organizou uma greve de fome em 2004 para chamar a atenção para a sua campanha contra a hegemonia biomédica na psiquiatria e em apoio à sua crença de que a Associação Americana de Psiquiatria (AAP) produz provas de que a esquizofrenia é uma doença real. A missão do grupo é a de liderar uma 'revolução não-violenta pela liberdade, igualdade, verdade e direitos da pessoa humana, que una as pessoas afectadas pelo sistema de saúde mental com movimentos pela justiça por todo o lado' (www.mindfreedom.org). A organização monta manifestações em encontros profissionais importantes contra a prática de tratamentos involuntários e o uso de internamentos e reclusão nas unidades de psiquiatria. Criticou a extensão em que a indústria farmacêutica influencia a política e a prática de psiquiatria e, na altura da produção desta obra, faz oposição a uma proposta patrocinada por uma empresa de medicamentos, apoiada pela administração Bush, para avaliar todas as crianças americanas de maneira a verificar se têm problemas mentais. O grupo tem uma lista na Internet chamada Dendron, que alerta mais de 2000 subscritores para assuntos de importância actual. A organização considera que o apoio do governo aos grupos de doentes é uma forma de co-opção que enfraquece a sua independência e a sua capacidade para o activismo relativo aos direitos da pessoa humana.

Desacordos filosóficos sobre assuntos como o tratamento involuntário e até que ponto a doença mental existe realmente reforçam a tendência para a divisão entre os grupos de doentes. A liderança por parte de

---

[54] National Empowerment Center, no original. [N. da T.]
[55] On Our Town, no original. [N. da T.]
[56] Schizophrenics Anonymous, no original. [N. da T.]
[57] MindFreedom Support Coalition International, no original. [N. da T.]

doentes também não é muito forte pelo facto de um problema do foro psíquico surgir em muitas pessoas antes de elas terem idade suficiente para adquirirem experiência de como as organizações funcionam. Contudo, a fragmentação do primeiro movimento de doentes não o impediu de se envolver na administração do sistema de cuidados e de mudar a faceta da prestação dos serviços de saúde mental.

14.2. Pessoas com doenças mentais que gerem os seus próprios serviços de tratamento

Os utentes dos serviços de saúde mental tornaram-se cada vez mais envolvidos na gestão dos serviços de tratamento e em criar os seus próprios serviços. Em metade dos estados norte-americanos, os doentes foram colocados em postos remunerados nos escritórios administrativos estatais de saúde mental. Os regulamentos estatais na Califórnia exigem que os grupos de administração das residências incluam doentes como membros. As instituições de saúde mental no Colorado recebem instruções para contratar um gerente doente que faça parte do comité executivo da instituição. No Centro de Saúde Mental da Região de Boulder, no Colorado, as pessoas com doenças mentais graves são membros da administração, de vários grupos de aconselhamento, do grupo da instituição que cuida dos fundos e do comité que cuida da melhoria da qualidade. Tornou-se regra comum em todos os Estados Unidos estarem os doentes envolvidos na gestão dos serviços em vários níveis e, cada vez mais, os doentes estão a desenvolver os seus próprios serviços.

As organizações de doentes criaram centros temporários, grupos de apoio, gabinetes de comunicação, linhas telefónicas e uma variedade de outros serviços. Um grupo de acção de doentes em Denver abriu a sua própria clínica psiquiátrica: o Capitol Hill Action and Recreation Group (CHARG) é uma união de doentes e profissionais que criou um centro temporário gerido por pacientes e uma clínica psiquiátrica de serviço completo para o tratamento de pessoas com doenças mentais graves. A clínica presta contas directamente a um grupo eleito de doentes e a um segundo grupo composto por profissionais e outras pessoas interessadas. Todos os assuntos relativos às políticas da clínica exigem o consentimento por parte do grupo administrador dos doentes. O CHARG também proporciona apoio aos pacientes do hospital estatal local, em casas de acolhimento e noutros locais.

Centro temporário

Temos uma cave no correio antigo e estamos abertos cinco dias por semana para que as pessoas com doenças mentais tenham um sítio aonde ir. Os funcionários são todos voluntários. Temos um computador para aqueles que queiram aprender a trabalhar com ele, e uma sala sossegada para aqueles que queiram estar sozinhos, ouvir música e jogar jogos. Oferecemos café e pastéis, companhia e diferentes serviços. Oferecemos aulas e um grupo para as pessoas que queiram falar acerca de como lidar melhor com o álcool e com as drogas. Existe um fundo para as actividades sociais. É um lugar onde as pessoas vêm para partilhar, quando está aberto.

O Centro Comunitário de Spiritmenders[58] no centro da cidade de São Francisco foi criado pela Rede de Doentes de Saúde Mental de São Francisco[59]. O programa é gerido de forma democrática e é financiado e mantido apenas pelos doentes do serviço de saúde mental. Oferece uma variedade de actividades, um sítio seguro para se estar e conviver (importante no centro da cidade) e educação para os seus membros e público em geral. O seu objectivo é tornar os seus membros mais fortes através de aconselhamento e auxílio prestado por outros companheiros e ao incitar o auto-apoio. Os membros não vêem claramente o centro como fazendo parte do sistema de saúde mental tradicional. Eis como um dos organizadores contextualiza o objectivo do programa: 'São feitos esforços para prevenir aquelas situações que obrigam as pessoas a receber cuidados compulsivos e/ou outros serviços de saúde mental.' O Spiritmenders foi um dos primeiros centros temporários e de apoio locais de doentes nos Estados Unidos que estão agora em pleno crescimento.

14.3. O modelo do clube psicossocial e a sua difusão

Embora os serviços geridos por doentes existam cada vez mais um pouco por toda a parte, o mesmo acontece com os modelos de colaboração entre prestador/doente. Organizações como a Casa da Fonte[60], na cidade de Nova Iorque, e a Limiares, em Chicago, adquiriram saliência internacional ao estabelecerem um modelo no qual as pessoas com

---

[58] Spiritmenders Community Center, no original. [N. da T.]
[59] San Francisco Network of Mental Health Clients, no original. [N. da T.]
[60] Fountain House, no original. [N. da T.]

doenças mentais estão envolvidas na gestão de um programa que vai ao encontro das suas necessidades recreativas, sociais e vocacionais. Nestes programas, os doentes são referidos como 'membros' e trabalham com os profissionais na gestão das actividades do clube – colaborar na composição do jornal diário interno, trabalhar nos serviços de alimentação ou ser recepcionista. O clube está aberto à noite, aos fins-de-semana e nas férias, proporcionando um refúgio para as pessoas que possam viver numa casa acanhada e sem alegria e que, por vezes, não se encaixem bem noutros ambientes sociais. Os clubes estão fisicamente separados da instituição de tratamento de saúde mental, e o tratamento psiquiátrico não faz de todo parte do programa. Em vez disso, a ênfase está no desenvolvimento de capacidades de trabalho e das oportunidades de emprego para os membros.

O clube

Entro e atendo o telefone algumas vezes por semana e tenho um sítio para onde ir quando já estou no meu apartamento durante muito tempo e preciso de sair e de ver pessoas. Então tive sorte em ter a possibilidade do clube. Posso ter uma boa refeição se não me apetecer cozinhar. Mantém-me concentrado durante a semana. Tenho um lugar para ir e conviver, e tem sido uma experiência muito boa.

Um bom exemplo é o Clube Chinook[61] em Boulder, no Colorado, que teve como modelo a Fountain House e opera um programa de emprego apoiado que encontra trabalho para os membros em empreendimentos locais e nos comboios, e apoia-os na fase em que estão a habituar-se ao emprego. Na preparação para esta oportunidade, os membros juntam-se aos grupos de trabalho do clube similares aos grupos na Casa da Fonte. O programa não é para todos: alguns doentes com alguma lentidão podem assustar-se com a ênfase no trabalho, e muitos doentes de funcionamento rápido não têm vontade de se misturar com os outros doentes mentais. No entanto, uma grande parte deles participa no programa e revela uma melhoria considerável na sua qualidade de vida.

A história da difusão do modelo do clube tem interesse. A Casa da Fonte foi fundada em 1947 por ex-doentes do Hospital Estatal de Rockland e, durante 30 anos, era a única deste tipo, gozando de uma reputação internacional e animando centenas de visitantes todos os anos. Em 1976,

---

[61] Chinook Clubhouse, no original. [N. da T.]

a Fountain House lançou um programa nacional de formação e, em 1988, fez uma tentativa de o expandir a nível nacional. O Centro Internacional para o Desenvolvimento do Clube foi criado em 1994 juntamente com um programa para certificar os clubes que respeitam os níveis de funcionamento (Macias *et alii*, 2001). Por volta de 2003, havia mais de 300 clubes certificados por todo o mundo, 191 nos Estados Unidos, 29 na Escandinávia, 23 no Canadá e 22 na Grã-Bretanha. Mais ainda, a Austrália, a Nova Zelândia, o Japão, a Coreia, a Alemanha e a Rússia criaram vários programas deste género (Centro Internacional para o Desenvolvimento do Clube, 2004).

O Clube

Claramente que tenho de dizer que o clube ajudou. Deu-me um sítio aonde ir. Independentemente do estado em que estou, posso entrar. É bom sair de casa. Quando estou mesmo muito mal, sei que posso ir até ao clube. Ajuda estar rodeado de outras pessoas, vê-las em pior ou melhor estado. São agradáveis e apoiam-me muito, e o clube até puxou por mim. Vai levar-me ao emprego. Acho que isso me ajudou. Acho que a estrutura, o estar com outras pessoas e não pensar nos meus problemas, tudo isto me ajudou a não concentrar-me na minha doença.
Uma coisa importante para mim foi que aprendi a utilizar os computadores no clube. Não o teria conseguido se frequentasse aulas para o efeito. Sei que teria ficado muito frustrado e que me teria ido embora. Mas aprender a utilizar os computadores no clube era tão lento e tão fácil, como: 'Olhe, pode vir aqui e ajudar-me com isto?' 'Aqui está como se faz.' Agora tenho o meu próprio computador e ajudou-me bastante aprender a utilizá-los. O ritmo lento e tranquilo do clube tornou isso possível.

O processo de certificação do clube avalia se alguns componentes essenciais do seu modelo estão a funcionar. O mais importante de entre estes componentes é aquele que os organizadores do clube designam por 'dia de trabalho organizado' – um dia de oito horas estruturado, no qual os membros e os funcionários trabalham lado a lado nas unidades laborais do clube. Pede-se aos novos membros que se voluntarizem para trabalhar apenas quando se sentirem preparados; contudo, uma vez que estão inscritos num grupo de trabalho, a pressão suave para se envolverem está sempre presente. Um outro elemento crucial do modelo é o modo democrático de tomada de decisões e de administração. Os membros e os funcionários reúnem-se em sessões abertas para debaterem acerca de medidas e planeamentos; não são permitidas reuniões apenas com membros ou apenas com funcionários. Outros componentes básicos que a equipa de certificação procura alcançar incluem os programas de emprego, tais como o de emprego de transição; programas de fim de dia, fim-de-semana e férias; e apoio comunitário e tentativas de comunicação com os membros (Macias *et alii*, 2001; Centro Internacional para o Desenvolvimento de Clubes, 2004).

As atracções do modelo do clube psicossocial para as pessoas com doenças mentais, cuja maioria não é abastada, incluem comida boa e barata, um ambiente social confortável, um sentido de comunidade e de ajuda mútua, um fortalecimento da autonomia (que deriva da filosofia democrática) e o acesso a um emprego. No entanto, os investigadores salientam alguns pontos fracos do modelo. O movimento do clube quase não conduziu ensaios de controlo aleatórios e, consequentemente, detém uma base de provas fraca. Assim, os organizadores dos clubes não podem especificar quais os elementos do mesmo que são eficazes e quais são os níveis necessários para o êxito.

Dados os pontos fortes e as possíveis fraquezas deste modelo e o seu padrão atrasado de difusão por todo o mundo, é curioso reflectir sobre quais foram os factores que levaram à sua adopção e quais podem ainda apresentar obstáculos. Mandiberg (2000) sugere que é importante distinguir entre os modos de difusão 'dentro do paradigma' e 'fora do paradigma'. Este autor defende que a difusão 'dentro do paradigma' é racional e baseada em provas, e consegue acesso, com mais prontidão, a recursos estabelecidos e a legitimidade, mas é mais lenta e mais cara. O tratamento comunitário assertivo e o emprego apoiado encaixam neste modo de difusão. A difusão 'fora do paradigma' adquire a forma de um movimento social que oferece alguma legitimidade mas avança num sentido diferente: é mais provável que aqueles que adoptam o modelo o façam em resultado de uma experiência de 'conversão', semelhante a uma conversão religiosa. Em consequência, a difusão 'fora do paradigma' é mais rápida e mais independente dos processos profissionais normais. A difusão do modelo do clube e, como muitos diriam, uma intervenção precoce na psicose, parece ter seguido este caminho.

Existe, por exemplo, uma qualidade semelhante a um culto no movimento do clube. Nos encontros internacionais, os apoiantes transportam faixas e entoam 'Clube! Clube! Clube!' Para algumas pessoas neste domínio, este procedimento é um obstáculo à adopção. Outro impedimento é a rigidez das linhas orientadoras da certificação, que não têm em conta as variações culturais na família, políticas, de género e assim por diante (Mandiberg, 2000). Consequentemente, é difícil prever a extensão que a rede global de clubes alcançará no futuro, embora, até agora, a sua expansão tenha sido vigorosa.

É muito interessante verificar que na década de 40, altura em que a Casa da Fonte estava a ser estabelecida na cidade de Nova Iorque como um modelo comunitário de recuperação da autonomia para as pessoas com doenças mentais, estava a ser introduzido nos hospitais britânicos um outro modelo baseado na partilha de poder entre profissionais e doentes: a comunidade terapêutica. A comunidade terapêutica, juntamente com outras mudanças na administração do hospital, foi eficaz ao ajudar doentes há muito tempo internados a livrarem-se dos efeitos da neurose institucional – o afastamento passivo, a postura, o caminhar lento e sem descanso e agressividade súbita que constituem o produto de anos de restrições, de uma vida passada juntamente com um grande grupo de pessoas e do vazio de uma estada confinada no hospital. A comunidade terapêutica atingiu o seu objectivo, permitindo que muito doentes voltassem para a sociedade à medida que readquiriam as suas capacidades funcionais; no entanto, desde então, tudo isto desapareceu. O mesmo ingrediente activo no modelo do clube – a transferência de poder de quem fornecia o tratamento para a pessoa com doença mental – continua até hoje a servir um objectivo importante no combate ao que podemos designar de 'neurose existencial' – a alienação, uma vida sem sentido e aborrecida que afecta muitas das pessoas com doenças mentais que vivem na comunidade.

14.4. O modelo de recuperação

O reconhecimento da importância do combate à alienação e do fortalecimento do poder dos doentes e do potencial para uma boa recuperação de uma doença mental grave ganhou a força de um movimento social. Esta visão, que veio a ser designada por 'modelo de recuperação', está a influenciar o desenvolvimento dos serviços nos Estados Unidos, Inglaterra e em muitos outros países. O modelo faz referência tanto às experiências subjectivas de esperança, cura, fortalecimento e apoio interpessoal vividos pelas pessoas com doenças mentais, por quem cuida delas e por quem presta os serviços, como à criação de serviços orientados para a recuperação, que levam ao surgimento de uma cultura optimista de cura e um apoio aos direitos da pessoa humana. Deste modelo derivou um interesse renovado em muitos dos conceitos que abordámos nesta obra, incluindo:

- a luta contra o estigma que leva as pessoas com doenças mentais a perder o seu sentido de identidade;
- o fornecimento de acesso a serviços e a educação que dão aos doentes conhecimento e aptidões para gerirem a sua doença;
- o fortalecimento dos doentes para partilharem responsabilidades com quem presta serviços no processo da cura;
- o fornecimento de acesso a apoio por parte de colegas que valida a possibilidade de recuperação.

O modelo apela aos profissionais para fornecerem cuidados nos quais as decisões acerca do tratamento são tomadas em colaboração com o paciente, bem como para a criação de serviços dirigidos por doentes que proporcionam protecção, acompanhamento e apoio por parte de colegas através de mecanismos como 'linhas telefónicas de conforto' dirigidas por doentes (linhas de conversação de apoio entre colegas) e centros de acolhimento. Os modelos colaborantes, tais como o clube psicossocial e os programas educacionais, que envolvem como professores quer os profissionais quer os doentes, são vistos como elementos igualmente importantes nos serviços orientados para a recuperação (Jacobson e Greeley, 2001).

Optimismo acerca da recuperação

Uma coisa que contribuiu para a minha recuperação foi ver aquele filme chamado Uma Mente Brilhante. Um grande matemático, John qualquer coisa, em Princeton. Ele também sofria desta doença e pude identificar-me exactamente com o que mostraram no filme. E ele, não sei há quanto tempo, não tomava medicamentos. Mas conseguia saber quando a doença se revelava e sabia como não lhe prestar nenhuma atenção. Isso foi uma grande inspiração para mim porque eu não sabia que era possível chegar a esse nível. É uma coisa que espero conseguir.

O processo de recuperação

Se eu, por exemplo, der por mim a chorar, maluca, com as vozes a discutirem na minha cabeça, digo: 'É uma questão de tempo.' Estou a ficar melhor à medida que o tempo passa e tenho de me esforçar por melhorar. Percebo que é esquizofrenia e que podes sair dela. Estou convencida de que vou sair dela. E digo a mim própria: 'É uma questão

de tempo.' Posso não conseguir resolver o problema agora, mas com o tempo serei capaz de o fazer.
Acho que me ajudou ter separado a doença do que eu sou. Acho realmente que vou conseguir sair dela, destas vozes na minha cabeça. Quero dizer, terei sempre a discussão simples sobre que vestido pôr hoje, mas os argumentos negativos a que as minhas vozes me levam, tudo isso vai desaparecer. E é bom saber que isso vai embora. Dá-me alguma esperança.

As origens do modelo de recuperação podem ser encontradas tanto no movimento doente/sobrevivente como nas iniciativas profissionais de reabilitação psiquiátrica. Os doentes activistas reforçaram o movimento em direcção ao fortalecimento da sua capacidade de autonomia, colaboração e reconhecimento dos direitos da pessoa humana. Os profissionais da reabilitação, por outro lado, salientaram a necessidade de melhores práticas no tratamento, que reconheçam o valor do trabalho e um sentido de comunidade nas vidas das pessoas com doenças mentais, e a importância dos factores ambientais na ajuda das pessoas com perturbações psiquiátricas a atingirem o seu melhor potencial de funcionamento (Jacobson e Curtis, 2000). Muitos médicos salientaram que, longe de existir um conflito entre as práticas de tratamento baseadas em provas e o modelo de recuperação, uma ligação entre estas duas áreas de interesse proporciona uma oportunidade de alcançar resultados excelentes (Torrey *et alii*, 2005). Alguns observadores defendem que esta união entre as duas abordagens será mais forte se os doentes estiverem envolvidos na condução de pesquisas e no planeamento e implementação de programas baseados em provas. Dentro desta recomendação, foi criado um grupo conjunto de planeamento de investigação de doentes e profissionais no Instituto de Psiquiatria em Londres. Os observadores também sugerem que as escolas profissionais deviam recrutar mais doentes para os seus programas de formação, e que os profissionais que também viveram a experiência de uma doença mental deviam sentir-se livres para falarem abertamente sobre a doença e sobre as vantagens das práticas baseadas em provas (Freese *et alii*, 2001).

O processo de recuperação

A idade tem muito a ver com a recuperação. Tornamo-nos mais pacientes. Temos mais experiência e habilidade para analisar o que era e o que agora é. Estamos mais abertos ao fracasso e ao êxito. Sou um novato na recuperação e estou muito entusiasmado, mas estou a aprender com as pessoas mais velhas do que eu.

14.5. Conclusões

Temos todos os motivos para estarmos optimistas em relação ao futuro das pessoas com doenças mentais. Na última década, vimos muitas organizações comunitárias, grupos profissionais, grupos governamentais e entidades comerciais juntarem-se aos que lutam contra o estigma da doença mental, fazendo um cerco a um dos últimos bastiões do preconceito e da discriminação que se encontra nas sociedades mais esclarecidas. Um grande aumento na tomada de consciência é um primeiro passo essencial na mudança de atitudes e de comportamento para com qualquer grupo marginalizado. Cada vez mais profissionais e legisladores estão a reconhecer que a exclusão social das pessoas com doenças mentais alimenta uma forma de auto-estigmatização entre estes doentes que impede a recuperação. Desenvolvemos métodos mais eficazes para minimizar os sintomas de psicose, para despoletar o funcionamento e para ajudar na integração na comunidade. Sabemos agora que o trabalho ajuda as pessoas a recuperar de uma doença mental grave. Melhor ainda, desenvolvemos meios eficazes de trazer as pessoas com doenças mentais de volta ao trabalho. Mais, compreendemos que o envolvimento e o fortalecimento do doente são de uma importância crucial na promoção da recuperação de uma doença mental, e estamos a caminhar no sentido de assegurar que estes elementos sejam inseridos nos nossos programas de tratamento e de reabilitação.

Fortalecimento

Era capaz de gerir a minha medicação. Isso fez-me sentir muito forte. Fez-me sentir como se pudesse servir-me da minha própria mente na procura da sanidade. Se conseguisse saber se precisava de tomar medicamentos ou não, o que nem sempre acontece, parecia levar à ideia de que podia fazer algum progresso noutras áreas. Como saber por que razão tive de consultar um médico.

Tornou-se clara uma outra coisa. A tarefa de integrar as pessoas com doenças mentais na sociedade não é só função dos profissionais da saúde mental. É uma tarefa que exige uma parceria entre estes profissionais, as próprias pessoas com doenças mentais, os familiares e muitos outros. Envolve especialistas em comunicação e empregadores, oficiais de polícia e professores, empresários e proprietários, advogados, crianças e políticos – envolve todos nós.

REFERÊNCIAS BIBLIOGRÁFICAS

Ahr, P. R., Gorodezky, M. J. e Cho, D. W. (1981). Measuring the relationship of public psychiatric admissions to rising unemployment. *Hospital and Community Psychiatry*, **32**, 398-401.

Anderson, C. M., Hogarty, G., Bayer, T. e Needleman, R. (1984). Expressed emotion and social networks of parents of schizophrenic patients. *British Journal of Psychiatry*, **144**, 247-55.

Anderson, J., Dayson, D., Wills, W., et alii (1993). O projecto EASP n.º 13: clinical and social outcomes of long-stay psychiatric patients after one year in the community. *British Journal of Psychiatry*, **162** (Suplemento 19), 45-46.

Andrews, B. e Brown, G. W. (1991). *The Self Evaluation and Social Support (SESS) Manual*. Londres: Royal Holloway e Bedford New College.

Angell, B. e Test, M. A. (2002). The relationship of clinical factors and environmental opportunities to social functioning in young adults with schizophrenia. *Schizophrenia Bulletin*, **28**, 259-71.

Angermeyer, M. C. (2000). Schizophrenia and violence. *Acta Psychiatrica Scandinavica*, 102 (Suplemento 407), 63-7.

Angermeyer, M. C. e Matschinger, H. (1996). The effect of personal experience with mental illness on the attitude towards individuals suffering from mental disorders. *Social Psychiatry and Psychiatric Epidemiology*, **31**, 321-6.

Angermeyer, M. C. e Matschinger, H. (1997). Social representations of mental illness among the public. Em *The Image of Madness*, editores J. Guimon, W. Fischer e N. Sartorius. Basileia: Karger, pp. 20-28.

Anthony, W. A., Buell, G. W., Sharatt, S. e Althoff, M. D. (1972). The efficacy of psychiatric rehabilitation. *Psychological Bulletin*, **78**, 447-56.

Anthony, W. A., Cohen, M. R. e Danley, K. S. (1988). The psychiatric rehabilitation model as applied to vocational rehabilitation. Em *Vocational Rehabilitation of Persons with Prolonged Psychiatric Disorders*, editores J. A. Cardiello e M. D. Bell. Baltimore, MD: Johns Hopkins University Press, pp. 59-80.

Anthony, W. A., Rogers, E. S., Cohen, M. e Davis, R. R. (1995). Relationship between psychiatric symptomatology, work skills, and future vocational performance. *Psychiatric Services*, **46**, 353-8.

ARBOLEDA-FLÓREZ, J. (1998). Mental illness and violence: an epidemiological appraisal of the evidence. *Canadian Journal of Psychiatry*, **43**, 989-96.

ASSOCIAÇÃO AMERICANA DE PSIQUIATRIA (1994). *Diagnostic and Statistical Manual of Mental Disorders*, 4.ª edição. Washington, DC: American Psychiatric Press.

ASTRACHAN, B. M., BRAUER, L., HARROW, M., et alii (1974). Symptomatic outcome in schizophrenia. *Archives of General Psychiatry*, **31**, 155-60.

AVERETT, S., WARNER, R., LITTLE, J. e HUXLEY, P. (1999). Labor supply, disability benefits and mental illness. *Eastern Economic Journal*, **25**, 279-88.

BACHRACH, L. L. (1976). *Deinstitutionalization: An Analytic Review and Sociological Perspective*. Rockville, MD: Instituto Nacional de Saúde Mental.

BAILEY, E. L., RICKETTS, S. K., BECKER, D. R., et alii (1998). Do long-term day treatment clients benefit from supported employment? *Psychiatric Rehabilitation Journal*, **22**, 24-9.

BALL, R. A., MOORE, E. e KUIPERS, E. (1992). Expressed emotion in community care staff: a comparison of patient outcome in a nine month follow-up of two hostels. *Social Psychiatry and Psychiatric Epidemiology*, **27**, 35-9.

BARHAM, P. e HAYWARD, R. (1996). The lives of 'users'. Em *Mental Health Matters: A Reader*, editores T. Heller, J. Reynolds, R. Gomm, R. Muston e S. Pattison. Londres: Macmillan, p. 232.

BARNES, J. e THORNICROFT, G. (1993). The last resort? Bed and breakfast accommodation for mentally ill people in a seaside town. *Health Trends*, **25**, 87-90.

BARROWCLOUGH, C., TARRIER, N., HUMPHREYS, L., WARD, J. e GREGG L. (2003). Self-esteem in schizophrenia: relationship between self-evaluation, family attitudes and symptomatology. *Journal of Abnormal Psychology*, **112**, 92-9.

BARTON, R. (1976). *Institutional Neurosis*, 3.ª edição. Bristol: J. Wright.

BASSUK, E. L. (1984). The homeless problem. *Scientific American*, **6**, 40-45.

BECK, A. T. (1976). *Cognitive Therapy and the Emotional Disorders*. Nova Iorque: International University Press.

BECKER, D. R., e BOND, G. R. (2002). *Supported Employment Implementation Resource Kit*. Rockville, MD: Centro para os Serviços de Saúde Mental, Consumo Excessivo de Drogas e Administração de Serviços de Saúde Mental.

BECKER, D. R. e DRAKE, R. E. (2003). *A Working Life for People with Severe Mental Illness*. Nova Iorque: Oxford University Press.

BECKER, D. R., BEBOUT, R. R. e DRAKE, R. E. (1998). Job preferences of people with severe mental illness: a replication. *Psychiatric Rehabilitation Journal*, **22**, 46-50.

BECKER, D. R., BOND, G. R., MCCARTHY, D., et alii (2001). Converting day treatment centers to supported employment programs in Rhode Island. *Psychiatric Services*, **52**, 351-7.

BEDELL, J. R., DRAVING, D., PARRISH, A., et alii (1998). A description and comparison of experiences of people with mental disorders in supported employment and paid prevocational training. *Psychiatric Rehabilitation Journal*, **21**, 279-83.

BELL, M. D. e LYSAKER, P. H. (1997). Clinical benefits of paid work activity in schizophrenia: 1-year followup. *Schizophrenia Bulletin*, **23**, 217-28.
BELL, M. D., MILSTEIN, R. M. e LYSAKER, P. H. (1993). Pay as an incentive in work participation by patients with severe mental illness. *Hospital and Community Psychiatry*, **44**, 684-6.
BELL, M. D., LYSAKER, P. H. e MILSTEIN, R. M. (1996). Clinical benefits of paid work activity in schizophrenia. *Schizophrenia Bulletin*, **22**, 51-67.
BENNETT, R. (1995). The Crisis Home Program of Dane County. Em *Alternatives to Hospita for Acute Psychiatric Treatment*, editor R. Warner. Washington, DC: American Psychiatric Press, pp. 227-36.
BERKOWITZ, M. e HILL, M. A. (1986). *Disability and the Labor Market: Economic Problems, Policies, and Programs.* Ithaca, NY: ILR Press.
BLACK, B. J. (1992). A kind word for sheltered work. *Psychosocial Rehabilitation Journal*, 15, 87-9.
BLEULER, M. (1978). *The Schizophrenic Disorders: Long-Term Patient and Family Studies* (tradução S. M. Clemens). New Haven e Londres: Yale University Press.
BOND, G. R. (1984). An economic analysis of psychosocial rehabilitation. *Hospital* and *Community Psychiatry*, **35**, 356-62.
BOND, G. R. (1992). Vocational rehabilitation. Em *Handbook of Psychiatric Rehabilitation*, editor R. P. Liberman. Nova Iorque: Macmillan Press, pp. 244-63.
BOND, G. R. (1998). Principles of individual placement and support. *Psychiatric Rehabilitation Journal*, **22**, 11-23.
BOND, G. R. (2001). Implementing supported employment as an evidence-based practice. *Psychiatric Services*, **52**, 313-22.
BOND G. R. (2004a). Supported employment: an evidence-based practice. Apresentado em Ohio na conferência SAMI CCOE, Columbus, OH, 27 de Setembro.
BOND, G. R. (2004b). Supported employment: evidence for an evidence-based practice. *Psychiatric Rehabilitation Journal*, **27**, 345-59.
BOND, G. R., DIETZEN, L. L., McGREW, J. H. e MILLER, L. D. (1995). Accelerating entry into supported employment for persons with severe psychiatric disabilities. *Rehabilitation Psychology*, **40**, 91-111.
BOND, G. R., RESNICK, S. R., DRAKE, R. E., *et alli* (2001). Does competitive employment improve nonvocational outcomes for people with severe mental illness? *Journal of Consulting and Clinical Psychology*, **65**, 489-501.
BOYDALL, K. M., TRAINOR, J. M. e PIERRI, A. M. (1989). The effect of group homes for the mentally ill on residential property values. *Hospital and Community Psychiatry* **40,** 957-8.
BOYLES, P. (1988). Mentally ill gain a foothold in working world. *Boston Sunday Globe,* 5 de Junho.
BRADSHAW, J., HICKS, L. e PARKER, H. (1992). Summary Budget Standards for Six Households. Working paper 12. Family Budget Unit York, Department of Social Policy, University of York, York.

BREKKE, J. S., LEVIN, S., WOLKON, G. H., *et alli* (1993). Psychosocial functioning and subjective experience in schizophrenia. *Schizophrenia Bulletin,* **19**, 599-608.

BREKKE, J. S., ANSELL, M., LONG, J., *et alli* (1999). Intensity and continuity of services and fonctional outcomes in the rehabilitation of persons with schizophrenia. *Psychiatric Services,* **50**, 248-56.

BRENNER, M. H. (1973). *Mental Illness and the* Economy. Cambridge, MA: Harvard University Press.

BROCKINGTON, I. F., HALL, P. H., LEVINGS, J., *et alli* (1993). The community's tolerance of the mentally ill. *British Journal of Psychiatry,* **162**, 93-9.

BROMLEY, J. S. e CUNNINGHAM, S. J. (2004). 'You don't bring me flowers any more': an investigation into the experience of stigma by psychiatric inpatients. *Psychiatric Bulletin,* **28**, 371-4.

BROWN, P. (1985). *The Transfer of Care: Psychiatric Deinstitutionalisation and its Aftermath.* Henley-on-Thames: Routledge.

BROWN, G. W. e RUTTER, M. (1966). The measurement of family activities and relationships: a methodological study. *Human Relations,* **19**, 241-63.

BROWN, G. W., CARSTAIRS, G. M. e TOPPING, G. (1958). Post-hospital adjustment of chronic mental patients. *Lancet,* **ii**, 685-9.

BRYSON, G., LYSAKER, P. e BELL, M. (2002). Quality of life benefits of paid work activity in schizophrenia. *Schizophrenia Bulletin,* **28**, 249-57.

BUDSON, R. (1983). Residential care for the chronic mentally ill. Em *The Chronic Psychiatric Patient in the Community: Principles of Treatment,* editores I. Barofsky e R. D. Budson. Nova Iorque: SP Medical and Scientific Books, pp. 285-6.

BUTZLAFF, R. L. e HOOLEY, J. M. (1999). Expressed emotion and psychiatric relapse: a meta-analysis. *Archíves of* General *Psychiatry,* **55**, 547-52.

CAREY, T. G., OWENS, J. M. e HORNE, P. (1993). An analysis of a new longstay population: the need for mental hospitals. *Irish* Journal *of Psychological Medicine,* **10**, 80-85.

CARRIER, J. e KENDALL, I. (1997). Evolution of policy. Em *Care in the Community: Illusion or Reality?,* editor J. Leff. Chichester: John Wiley & Sons, pp. 3-20.

CASPER, E. S. e FISHBEIN, S. (2002). Job satisfaction and job success as moderators of the self-esteem of people with mental illness. *Rehabilitation Counseling Bulletin,* **26**, 33-42.

CATON, C. L. M., SHROUT, P. E., EAGLE, P. F., *et alli* (1994). Risk factors for homelessness among schizophrenic men: a case-control study. *American Journal of Public Health,* **84**, 265-70.

CENTRO INTERNACIONAL PARA O DESENVOLVIMENTO DO CLUBE (2004). *International Clubhouse Directory 2003.* Nova Iorque: Centro Internacional para o Desenvolvimento do Clube.

CHANDLER, D., MEISEL, J., HU, T.-W., *et alli* (1997). A capitated model for a crosssection of severely mentally ill clients: employment outcomes. *Community Mental Health Journal,* **33**, 501-16.

CHANDLER, D., LEVIN, S. e BARRY, P. (1999). The menu approach to employment services: philosophy and five-year outcomes. *Psychiatric Rehabilitation Journal,* **23**, 24-33.

CHEETHAM, W. S. e CHEETHAM, R. J. (1976). Concepts of mental illness amongst the Xhosa people in South Africa. *Australian and New Zealand Journal of Psychiatry,* **10**, 39-45.

CIÊNCIAS DA SAÚDE DO DOENTE (1997). *The Schizophrenia Patient Project: Brief Summary of Results-Setembro de 1997.* Princeton, NJ: Ciências da Saúde do Doente.

CIOMPI, L. (1980). Catamnestic long-term study on the course of life and ageing of schizophrenics. *Schizophrenia Bulletin,* **5**, 606-18.

CLAUSEN, J. A. (1981). Stigma and mental disorder: phenomena and terminology. *Psychiatry,* **44**, 287-96.

COOPER, B. (1961). Social class and prognosis in schizophrenia: partes I e II. *Journal of Preventive and Social Medicine,* **15**, 17-30, 31-41.

CREED, F., BLACK, D., ANTHONY, F., *et alii* (1990). Randomised controlled trial of day patient versus inpatient psychiatric treatment. *British Medical Journal,* **300**, 1033-7.

CRISP, A. H., GELDER, M. G., RIX, S., MELTZER, H. I. e ROWLANDS, O. J. (2000). Stigmatization of people with mental illnesses. *British Journal of Psychiatry,* **177**, 4-7.

CUMMING, E. e CUMMING, J. (1957). *Closed Ranks: An Experiment in Mental Education.* Cambridge, MA: Harvard University Press.

DAVIS, A. e BETTERIDGE, J. (1997). Welfare to Work: Benefit Issues for People with Health Problems. Briefing No. 10. Londres: Mental Health Foundation.

DAVIS, M. e THOMPSON, B. (1992). Cooperative *Housing: A Development Primer.* Washing DC: National Cooperative Business Association.

DAVIS, J. M., CHEN, N. e GLICK, I. D. (2003). A meta-analysis of the efficacy of 2nd-generation antipsychotics. *Archives of General Psychiatry,* **60**, 553-64.

DAYSON, D. (1992). The TAPS project 15: the social networks of two group homes: a pilot study. Journal of *Mental Health,* **1**, 99-106.

DEAR, M., CLARK, G. e CLARK, S. (1979). Economic cycles and mental health care policy: an examination of the macro-context for social service planning. *Social Science and Medicine,* **136**, 43-53.

DELANEY, K. R. e FOGG, L. (2005). Patient characteristics and setting variables related to the use of restraint on four inpatient psychiatric units for youths. *Psychiatric Services,* **56**, 186-92.

DELL'ACQUA, G. e DEZZA, M. G. C. (1985). The end of the mental hospital: a review of the psychiatric experience in Trieste. *Acta Psychiatrica Scandinavica Supplementum* **316**, 45-69.

DICK, N. e SHEPHERD, G. (1994). Work and mental health: a preliminary test of Warr's model in sheltered workshops for the mentally ill. *Journal of Mental Health,* **3**, 387-400.

DILK, M. N. e BOND, G. R. (1996). Meta-analytic evaluation of skills training research for individuals with severe mental illness. *Journal of Consulting and Clinical Psychology,* **64**, 1337-46.

DOHERTY, E. G. (1976). Labeling effects in psychiatric hospitalisation: a study of diverging patterns in inpatient self-labeling processes. *Archives of General Psychiatry.* **32**, 562-8.

DONAT, D. C. (2003). An analysis of successful efforts to reduce the use of seclusion and restraint at a public psychiatric hospital. *Psychiatric Services,* **54**, 1119-23.

DONNELLY, M. (1992). *The Politics of Mental Health in Italy.* Londres: Routledge.

DRAKE, R. E., BECKER, D. R., BIESANZ, J. C., et alii (1994). Rehabilitation day treatment vs. supported employment: 1. Vocational outcomes. *Community Mental Health Journal,* **30**, 519-32.

DRAKE, R. E., BECKER, D. R., BIESANZ, J. C. (1996). Day treatment versus supported employment for persons with severe mental illness: a replication study. *Psychiatric Services,* **47**, 1125-7.

DRAKE, R. E., BECKER, D. R., BOND, G. R. e MUESER, K. T. (2003). A process analysis of integrated and non-integrated approaches to supported employment. *Journal of Vocational Rehabilitation,* **18**, 5 1-8.

DREW, D., DREBING, C. E., VAN ORMER, A., et alii (2001). Effects of disability compensation on participation in and outcomes of vocational rehabilitation. *Psychiatric Services,* **52**, 1479-84.

DRURY, V., BIRCHWOOD, M., COCHRANE, R., et alii (1996). Cognitive therapy and recovery from acute psychosis: a controlled trial. 1. Impact on psychotic symptoms. *British Journal of Psychiatry,* **169**, 593-601.

DUNN, M., O'DRISCOLL, C., DAYSON, D., WILLS, W. e LEFF, J. (1990). The TAPS project 4: an observational study of the social life of long-stay patients. *British Journal of Psychiatry,* **157**, 842-8.

EISENBERG, P. e LAZARSFELD, P. F. (1938). The psychological effects of unemployment. *Psychological Bulletin,* **35**, 358-90.

ELLWOOD, D. (1988). *Poor Support.* Nova Iorque: Basic Books.

EL-ISLAM, M. F. (1982). Rehabilitation of schizophrenics by the extended family. *Acta Psychiatrica Scandinavica,* **65**, 112-19.

FIORITTI, A. (2004). Disincentives to work within the Italian disability pension system. Apresentado no Congresso Internacional da AMP sobre Tratamentos em Psiquiatria: Uma Actualização, 10-13, Novembro, Florença, Itália.

FISCHER, E. P., SHUMWAY, M. e OWEN, R. R. (2002), Priorities of consumers, providers, and family members in the treatment of schizophrenia. *Psychiatric Services,* **53**, 724-9.

FOWLER, D., GARETY, P. A. e KUIPERS, L. (1995). *Cognitive Behaviour Therapy for Psychosis: Theory and Practice.* Chichester: John Wiley & Sons.

FREEMAN, D. e GARETY, P. A. (2004). *Paranoia: The Psychology of Persecutory Delusions.* Maudsley Monographs 45. Hove: Psychology Press.

FREEMAN, H. E. e SIMMONS, O. G. (1963). *The Mental Patient Comes Home.* Nova Iorque: JohnWiley & Sons.
FREEMAN, D., GARETY, P. A., BEBBINGTON, P., *et alii* (2005). Psychological investigation of the structure of paranoia in a non-clinical population. *British Journal of Psychiatry,* **186,** 427-35.
FREESE, F. J., STANLEY, J., KRESS, K. e VOGEL-SCIBILIA, S. (2001). Integrating evidence-based practices and the recovery model. *Psychiatric Services,* **52,** 1462-8.
FREUD, S. (1930). Civilization and its discontents. Em *Standard Edition of the Complete Psychological Works of Sigmund Freud,* editor J. Strachey, vol. 21. Londres: Hogarth Press.
FROMKIN, K. R. (1985). Gender differences among chronic schizophrenics in the perceived helpfulness of community-based treatment programs. Tese de Doutoramento não-publicada. Department of Psychology, University of Colorado, Boulder, CO.
GABINETE DE ESTATÍSTICAS NACIONAIS (1995). *Labour Force Survey.* Londres: Gabinete de Estatísticas Nacionais.
GABINETE DE ESTATÍSTICAS NACIONAIS (1998). *Labour Force Survey.* (1997/8) Londres: Gabinete de Estatísticas Nacionais.
GALLO, K. M. (1994). First person account: self-stigmatization. *Schizophrenia Bulletin,* **20,** 407-10.
GATHERER, A. e REID, J. J. A. (1963). *Public Attitudes and Mental Health Education.* Northampton: Northamptonshire Health Department.
GIEL, R., GEZAGHEN, Y. e VAN LUIJK, J. N. (1968). Faith-healing and spirit-possession in Ghion, Ethiopia. *Social Science and Medicine,* **2,** 63-79.
GOFFMAN, E. (1963). *Stigma: Notes on the Management of Spoiled Identity.* Englewood Cliffs, NJ: Prentice-Hall.
GOLD, M. e MARRONE, J. (1998). Mass Bay Employment Services (a service of Bay Cove Human Services, Inc.): a story of leadership, vision, and action resulting in employment for people with mental illness. *Roses and Thorns from the Grassroots,* **spring.**
GOWDY, E. A., CARLSON, L. S. e RAPP, C. A. (2003). Practices differentiating high-performing from low performing supported employment programs. *Psychiatric Rehabilitation Journal,* **26,** 232-9.
GREDEN, J. F. e TANDON, R. (1995). Long-term treatment for lifetime disorders? *Archives of General Psychiatry,* **52,** 197-200.
GROVE, R. (2004). Disincentives to work in the UK welfare system - and how to overcome them. Apresentado no Congresso Internacional da AMP sobre Tratamentos em Psiquiatria, 10-13 Novembro, Itália.
GROVE, B., FREUDENBERG, M., HARDING, A. e O'FLYNN, D. (1997). *The Social Firm Handbook.* Brighton: Pavilion Publishing.
GRUPO DO SUBSÍDIO PARA DEFICIENTES (1997). *Investing in Disabled People: A Strategy from Welfare to Work,* Londres: Grupo do Subsídio para Deficientes.

GUINNESS, E. A. (1992). Patterns of mental illness in the early stages of urbanisation. *British Journal of Psychiatry,* **160** (Suplemento 16), 24-41.
GUNDERSON, J. G. e MOSHER, L. R. (1975). The cost of schizophrenia. *American Journal* of *Psychiatry,* **132**, 901-6.
HALL, P. L. e TARRIER, N. (2003). The cognitive-behavioural treatment of low self-esteem in psychotic patients: a pilot study. *Behaviour Research and Therapy,* **41**, 317-32.
HARDING, E. (2005). Partners in care: service user employment in the NHS – a user's perspective. *Psychiatric Bulletin,* **29**, 268-9.
HARDING, C. M., BROOKS, G. W., ASHIKAGA, T., *et alii* (1987). The Vermont longitudinal study of persons with severe mental illness. 1. Methodology, study samples, and overall status 32 year later. *American Journal of Psychiatry,* **144**, 718-26.
HARRISON, G., HOPPER, K., CRAIG, T., *et alii* (2001). Recovery from psychotic illness: a 15- and 25-year international follow-up study. *British Journal of Psychiatry,* **178,** 506-17.
HART, A. F. (1982). Policy responses to schizophrenia: support for the vulnerable family. *Home Health Services Quarterly,* **3**, 225-41.
HARTL, K. (1992). A-Way Express: a way to empowerment through employment. *Canadian Journal of Community Mental Health,* **11**, 73-7.
HERZBERG, J. (1987). No fixed abode: a comparison of men and women admitted to an East London psychiatric hospital. *British Journal of Psychiatry,* **150**, 621-7.
HOLLINGSHEAD, A. B. e REDLICH, F. C. (1958). *Social Class and Mental Illness.* Nova Iorque: John Wiley & Sons.
HOLZNER, B., KEMMLER, G. e MEISE, U. (1998). The impact of work-related rehabilitation on the quality of life of patients with schizophrenia. *Social Psychiatry and Psychiatric Epidemiology,* **33**, 624-31.
HUBER, G., GROSS, G. e SCHUTTLER, R. (1975). A long-term follow-up study of schizophrenia: psychiatric course of illness and prognosis. *Acta Psychiatrica Scandinavica,* **52**, 49-75.
JABLENSKY, A., SARTORIUS, N., ERNBERG, G., *et alii* (1992). Schizophrenia: manifestations, incidence and course in different cultures. Um estudo de dez países da Organização Mundial de Saúde. *Psychological Medicine Monograph Supplement,* **20**, 97.
JACOBSON, N. e CURTIS, L. (2000). Recovery as policy in mental health services: strategies emerging from the states. *Psychiatric Rehabilitation Journal,* **23**, 333-41.
JACOBSON, N. e GREENLEY, D. (2001). What is recovery? A conceptual model and explication. *Psychiatric Services,* **52**, 482-5.
JOHNS, L. C., CANNON, M., SINGLETON, N., et *alii* (2004). Prevalence and correlates of self-reported symptoms in the British population. *British Journal of Psychiatry,* **185,** 298-305.

JONES, D. (1993). The TAPS project. 11: the selection of patients for reprovision. *British Journal of Psychiatry,* **162** (Suplemento 19), 36-9.
JORM, A. F., KORTEN, A. E., JACOMB, P. A., *et alii* (1997). 'Mental health literacy': a survey of the public's ability to recognise mental disorders and their beliefs about the effectiveness of treatment. *Medical Journal of Australia,* **166**, 182-6.
JORM, A. F., KORTEN, A. E. e JACOMB, P. A. (1999). Attitudes towards people with a mental disorder: a survey of the Australian public and health professionals. *Australian and New Zealand Journal of Psychiatry,* **33**, 77-83.
KAKUTANI, K. (1998). New Life Espresso: report on a business run by people with psychiatric disabilities. *Psychiatric Rehabilitation Journal,* **22**, 111-15.
KAPUR, S. e SEEMAN, P. (2001). Does fast dissociation from the dopamine D receptor explain the action of atypical antipsychotics? A new hypothesis. *American Journal of Psychiatry,* **158**, 360-69.
KARIDI, M. J., TZEDAKI, M., PAPAKONSTANTINOU, K., *et alii* (2006). Preliminary results of an ongoing study, administering the Self-Stigmatising Questionnaire to schizophrenic outpatients. *World Psychiatry,* na imprensa.
KATES, N., NIKOLAOU, L., BAILLIE, B. e HESS, J. (1997). An in-home employment program for people with mental illness. *Psychiatric Rehabilitation Journal,* **20**, 56-60.
KAUS, M. (1986). The work ethic state. *New Republic,* 7 **Julho**, 22-33.
KENNARD, D. e CLEMMEY, R. (1976). Psychiatric patients as seen by self and others: an exploration of change in a therapeutic community setting. *British Journal of* Medical *Psychology,* **49**, 35-53.
KILLASPY, H., DALTON, J., MCNICHOLAS, S. e JOHNSON, S. (2000). Drayton Park, an alternative to hospital admission for women in acute mental health crisis. *Psychiatric Bulletin,* **24**, 101-4.
KILLASPY, H., HARDEN, C., HOLLOWAY, F. e KING, M. (2006). What do mental health rehabilitation services do and what are they for? *Journal of Mental Health,* **14**, 157-65.
KINGDON, D., SHARMA, T., HART, D. and the Schizophrenia Subgroup of lhe Royal College of Psychiatrists' Changing Minds Campaign (2004). What attitudes do psychiatrists hold towards people with mental illness? *Psychiatric Bulletin,* **28**, 401-6.
KINGHAM, M. e CORFE, M. (2005). Experiences of a mixed court liaison and diversion scheme. *Psychiatric Bulletin,* **29**, 137-40.
KOVESS, V. (2002). The homeless mentally ill. Em *Psychiatry in Society* editores N. Sartorius, W. Gaebel, J. J. López-Ibor e M. Maj. Chichester: John Wiley & Sons.
KRAEPELIN, E. (1896). *Dementia praecox,* 15.ª edição. Leipzig: Psychiatric Barth.
KRUPA, T. (1998). The consumer-run business: people with psychiatric disabilities as entrepreneurs. *Work,* **11**, 3-10.

KUIPERS, E., GARETY, P., FOWLER, D., et *alii* (1997). London-East Anglia randomised controlled trial of cognitive-behavioural therapy for psychosis. I: effects of the treatment phase. *British Journal of Psychiatry*, **171**, 319-27.

KUIPERS, E., FOWLER, D., GARETY, P., *et alii* (1998). London-East Anglia randomised controlled trial of cognitive-behavioural therapy for psychosis. III: follow up and economic evaluation at 18 months. *British Journal of Psychiatry*, **173**, 61-8.

KUIPERS, E., LEFF, J. e LAM, D. (2002). *Family Work* for *Schizophrenia: A Practical Guide*, 2.ª edição. Londres: Gaskell.

LAMB, H. R. (1979). The new asylums in the community. *Archives of General Psychiatry*, **36**, 129-34.

LAMB, H. R. (1983). Serving long-term patients in the cities. Em *The Chronic Psychiatric Patient in the Community: Principles of Treatment*, editores I. Barofsky e R. D. Budson. Nova Iorque: SP Medical and Scientific Books, pp. 411-12.

LECOMTE, T., CYR, M., LESAGE, A. D., *et alii* (1999). *Journal of Nervous and Mental Diseases*, **187**, 406-13.

LECOMTE, T., WILDE, J. B. e WALLACE, C. J. (1999). Mental health consumers as peer interviewers. *Psychiatric Services*, **50**, 693-5.

LEFF, J. (1988). *Psychiatry Around the Globe: A Transcultural View*. Londres: Gaskell.

LEFF, J. (1997). The downside of reprovision. Em *Care in the Community: Illusion or Reality?*, editor J. Leff. Chichester: John Wiley & Sons.

LEFF, J. (1998). MORI survey on public attitudes to schizophrenia. *Primary Care Psychiatry*, **4**, 107.

LEFF, J. e SZMIDLA, A. (2002). Evaluation of a special rehabilitation programme for patients who are difficult to place. *Social Psychiatry and Psychiatric Epidemiology*, **37**, 1-5.

LEFF, J. e TRIEMAN, N. (2000). The TAPS project 46: long-stay patients discharged from psychiatric hospitals: social and clinical outcomes after five years in the community. *British Journal of Psychiatry*, **176**, 217-23.

LEFF, J. e VAUGHN, C. (1985). *Expressed Emotion in Families: Its Significance* for *Mental Illness*. Nova Iorque: Guilford.

LEFF, J., KUIPERS, L., BERKOWITZ, R., EBERLEIN-FRIES, R. e STURGEON, D. (1982). A controlled trial of social intervention in the families of schizophrenic patients. *British Journal of Psychiatry*, **141**, 121-34.

LEFF, J. WIG, N. N., GHOSH, A., *et alii* (1987). Expressed emotion and schizophrenia in North India. III. Influence of relatives' expressed emotion on the course of schizophrenia in Chandigarh. *British Journal of Psychiatry*, **151**, 166-73.

LEFF, J., TRESS, K. e EDWARDS, B. (1988). The clinical course of depressive symptoms in schizophrenia. *Schizophrenia Research*, **1**, 25-30.

Leff, J., O'Driscoll, C., Dayson, D., Wills, W. e Anderson, J. (1990). The TAPS project 5: the structure of social-network data obtained from long-stay patients. *British Journal of Psychiotry*, **157**, 848-52.

LEFF, J., THORNICROFT, G., COXHEAD, N. e CRAWFORD, C. (1994). The FAPS project 22: a five-year follow-up of long-stay psychiatric patients discharged to the community. *Brit́sh Journal of Psychiatry,* **165** (Suplemento 25), 13-17.

LEFLEY, H. P. (1987). Impact of mental illness in families of mental health professionals. *Journal of Nervous and Mental Disease,* **175**, 277-85.

LEHMAN, A. F. (1988). A quality of life interview for the chronically mentally ill. *Evaluation and Program Planning,* **11**, 51-62.

LEHMAN, A. F. (1995). Vocational rehabilitation in schizophrenia. *Schizophrenia Bulletin,* **21**, 644-56.

LEHMAN, A. F. e STEINWACHS, D. M. (1998). Patterns of usual care for schizophrenia: initial results from the Schizophrenia Patient Outcomes Research Team (PORT). client survey. *Schizophrenia Bulletin,* **24**, 11-20.

LIEBOW, E. (1967). *Talley's Corner: A Study of Negro Streetcorner Men.* Boston, MA: Little, Brown.

LINK, B. and CULLEN, F. T. (1986). Contact with the mentally ill and perceptions of how dangerous they are. *Journal of Health and Social Behavior,* **27**, 289-303.

LINK, B. e PHELAN, J. (2004). Fear of people with mental illness: the role of personal and impersonal contact and exposure to threat or harm. *Journal of Health and Social Behavior,* **45**, 68-80.

LINK, B. G., CULLEN, F. T., STRUENING, E., SHROUT, P. E. e DOHRENWEND, B. P. (1989). A modified labelling theory approach to mental disorders: an empirical assessment. *American Sociological Review,* **54**, 400-423.

LINK, B. G., STRUENING, E. L., RAHAV, M., PHELAN, J. C. e NUTTBROCK, L. (1997). On stigma and its consequences: evidence from a longitudinal study of men with dual diagnosis of mental illness and substance abuse. *Journal of Health and Social Behavior,* **38**, 177-90.

LINK, B. G., PHELAN, J. C., BRESNAHAN, M., *et alii* (1999). Public's conception of mental illness, labels, causes, dangerousness and social distance. *American Journal of Public Health,* **89**, 1328-33.

LIPTON, F. R., COHEN, C., FISCHER, E. e KATZ, S. E. (1981). Schizophrenia: a network crisis. *Schizophrenia Bulletin,* **7**, 144-51.

MACIAS, C., BARRIERA, P., ALDEN, M. e BOYD, J. (2001). The ICCD benchmarks for clubhouses: a practical approach to quality improvement in psychiatric rehabilitation. *Psychiatric Services,* **52**, 207-13.

MACLEAN, U. (1969). Community attitudes to mental illness in Edinburgh. *British Journal of Preventive and Social Medicine,* **23**, 45-52.

MALLETT, R., LEFF, J., BHUGRA, D., PANG, D. e ZHAO, J. H. (2002). Social environment, ethnicity and schizophrenia: a case control study. *Social Psychiatry and Psychiatric Epidemiology,* **37**, 329-35.

MANDIBERG, J. (1995). Can interdependent mutual support function as an alternative to hospitalization? The Santa Clara County Clustered Apartment Project. Em *Alternatives to the Hospital for Acute Psychiatric Treatment,* editor R. Warner. Washington, DC: American Psychiatric Press, pp. 193-210.

MANDIBERG, J. M. (1999). The sword of reform has two sharp edges: normalcy, normalization, and the destruction of the social group. *New Directions for Mental Health Services*, **83**, 31-44.

MANDIBERG, J. M. (2000). Strategic technology transfer in the human services: a case study of the mental health clubhouse movement and the international diffusion of the clubhouse model. Tese de Doutoramento não-publicada. Department of Organizational Theory, University of Michigan, East Lansing, MI.

MANNING, C. e WHITE, P. D. (1995). Attitudes of employers to the mentally ill. *Psychiatric Bulletin*, **19**, 541-3.

MARDER, S. (1996). Management of treatment-resistant patients with schizophrenia. *Journal of Clinical Psychiatry*, **57** (Suplemento 11), 26-30.

MARSHALL, J. R. e FUNCH, D. P. (1979). Mental illness and the economy: a critique and partial replication. *Journal of Health and Social Behavior*, **20**, 282-9.

MATTSON, M. R. e SACKS, M. H. (1983). Seclusion: uses and complications. *American Journal of Psychiatry*, **135**, 1210-13.

MCCRONE, P. e THORNICROFT, G. (1997). Credit where credit's due. *Community Care*, **Setembro**, 18-24.

MCFARLANE, W. R., DUSHAY, R. A., DEAKINS, S. M., et alii (2000). Employment outcomes in family aided assertive community treatment. *American Journal of Orthopsychiatry*, **70**, 203-14.

MCGUIRE, T. G. (1991). Measuring the costs of schizophrenia. *Schizophrenia Bulletin*, **17**, 375-8.

MCGURK, S. R. e MUESER, K. T. (2003). Cognitive functioning and employment in severe mental illness. *Journal of Nervous and Mental Disease*, **191**, 789-98.

MCHUGO, G. J., DRAKE, R. E. e BECKER, D. R. (1998). The durability of supported employment effects. *Psychiatric Rehabilitation Journal*, **22**, 55-61.

MEISE, U., SULZENBACHER, H., KEMMLER, G. e DE COL, C. (2001). A school programme against stigmatization of schizophrenia in Austria. Apresentado na Together Against Stigma, 2-5 Setembro, Leipzig.

MILLER, F. E. (1996). Grief therapy for relatives of persons with serious mental illness. *Psychiatric Services*, **47**, 633-7.

MIND (1996). *Not Just Sticks and Stones: A Survey of the Stigma, Taboos and Discrimination Experienced by People with Mental Health Problems*. Londres: Mind.

MIND (1999). *Creating Accepting Communities: Report of the Mind Enquiry into Social Exclusion and Mental Health Problems*. Londres: Mind.

MOFFIT, R. (1990). The econometrics of kinked budget constraints. *Journal of Economic Perspectives*, **4**, 119-39.

MOORE, E., BALL, R. A. e KUIPERS, E. (1992). Staff-patient relationships in the care of the long-term adult mentally-ill: a content analysis of expressed emotion interviews. *Social Psychiatry and Psychiatric Epidemiology*, **27**, 28-34.

MORGAN, R. (1979). Conversations with chronic schizophrenic patients. *British Journal of Psychiatry,* **134**, 187-94.
MORGAN, K. (2003). Insight and psychosis: an investigation of social, psychological and biological factors. Tese de Doutoramento não-publicada. Londres: King's College London.
MOSCARELLI, M., RUPP, A. e SARTORIUS, N. (1996). *Handbook of Mental Health Economics and Health Policy: Schizophrenia.* Chichester: John Wiley & Sons.
MOSHER, L. R. e BURTI, L. (1989). *Community Mental Health: Principles and Practice.* Nova Iorque: W. W. Norton.
MUESER, K. T., BECKER, D. R., TORREY, W. C., *et alii* (1997a). Work and nonvocational domains of functioning in persons with severe mental illness: a longitudinal analysis. *Journal of Nervous and Mental Disease,* **185**, 419-26.
MUESER K. T., DRAKE, R. E. e BOND, G. R. (1997b). Recent advances in psychiatric rehabilitation for patients with severe mental illness. *Harvard Review of Psychiatry,* **5**, 123-37.
MUESER, K. T., CLARK, R. E., HAINES, M., *et alii* (2004). The Hartford study of supported employment for persons with severe mental illness. *Journal of Consulting and Clinical Psychology,* **72**, 479-90.
MYERS, J. K. e BEAN, L. L. (1968). *A Decade Later: A Follow-up of Social Class and Mental Illness.* Nova Iorque: John Wiley & Sons.
NOBLE, J. H. (1998). Policy reform dilemmas in promoting employment of persons with severe mental illness. *Psychiatric Services,* **49**, 775-81.
NOBLE, J. H., HONBERG, R. S., HALL, L. L., *et alii* (1997). *A Legacy of Failure: the Inability of the Federal-State Vocational Rehabilitation System to Serve People with Severe Mental Illnesses.* Arlington, VA: National Alliance for the Mentally Ill.
NORMAN, R. M. G. e MALLA, A. K. (1983). Adolescents' attitudes towards mental illness: relationships between components and sex differences. *Social Psychiatry*, **18**, 43-50.
O'DRISCOLL, C., WILLS, W., LEFF, J. e MARGOLIUS, O. (1993). The TAPS project 10: the long-stay populations of Friern and Claybury Hospitals: the baseline survey. *British Journal of Psychiatry,* **162** (Suplemento 19), 30-33.
ORGANIZAÇÃO MUNDIAL DE SAÚDE (1979). *Schizophrenia: An International Follow-up Study.* Chichester: John Wiley & Sons.
ORGANIZAÇÃO MUNDIAL DE SAÚDE (1992). *International Classification of Diseases,* 10.ª revisão. Genebra: Organização Mundial de Saúde.
ORGANIZAÇÃO MUNDIAL DE SAÚDE (2001). *Atlas: Country Profiles on Mental Health Resources 2001.* Genebra: Organização Mundial de Saúde.
PARKER, J. J. (1979). Community mental health center admissions and the business cycle: a longitudinal study. Tese de Doutoramento não-publicada. Departamento de Sociologia, Universidade do Colorado, Boulder, CO.

PAYKEL, E. S., HART, D. e PRIEST, R. G. 1998). Changes in public attitudes to depression during the Defeat Depression Campaign. *British Journal of Psychiatry*, **173**, 519-22.
PENN, D. L., GUYNAN, K. e DAILY, T. (1994). Dispelling the stigma of schizophrenia: What sort of information is best? *Schizophrenia Bulletin*, **20**, 567-75.
PHELAN, J. C., BROMET, E. J. e LINK, B. G. (1998). Psychiatric illness and family stigma. *Schizophrenia Bulletin*, **24**, 115-26.
POLAK, P. e WARNER, R. (1996). The economic life of seriously mental ill people in the community. *Psychiatric Services*, **47**, 270-74.
POLAK, P. R., KIRBY, M. W. e DEITCHMAN, W. S. (1976). Treating acutely ill psychiatric patients in private homes. Em *Alternatives to the Hospital for Acute Psychiatric Treatment*, editor R. Warner. Washington, DC: American Psychiatric Press, pp. 2 13-23.
POWELL, R., HOLLANDER, D. e TOBINASKY, R. (1995). Crisis in admission beds. *British Journal of Psychiatry*, **167**, 765-9.
RABKIN, J. (1974). Public attitudes towards mental illness: a review of the literature. *Schizophrenia Bulletin*, **10**, 9-33.
RAHKIN, J. G., MUHLIN, G. e COHEN, P. W. (1984). What the neighbours think: community attitudes toward local psychiatric facilities. *Community Mental Health Journal*, 20, 304-12.
REDA, S. (1995). Attitudes towards community mental health care of residents in north London. *Psychiatric Bulletin*, **19**, 1-3.
REDA, S. (1996). Public perceptions of former psychiatric patients in England. *Psychiatric Services*, **47**, 1253-5.
REES, W. D. (1971). The hallucinations of widowhood. *British Medical Journal*, **iv,** 37-41.
REPPER, J., SAYCE, L., STRONG, S., WILLMOT, J. e HAINES, M. (1997). *Tall Stories from the Backyard: A Survey of "Nimby" Opposition to Mental Health Facilities Experienced by Key Service Providers in England and Wales.* Londres: Mind.
RINALDI, M., MCNEIL, K., FIRN, M., *et alii*. (2004). What are the benefits of evidence-based supported employment far patients with first-episode psychosis? *Psychiatric Bulletin*, **28**, 281-4.
ROBERTS, J. D. e WARD, I. M. (1987). *Commensurate Wage Determination for Service Contracts.* Columbus, OH: Ohio Industries for the Handicapped.
ROGERS, E. M. (1995). *Diffusion of Innovations.* Nova Iorque: Free Press.
ROGERS, E. M. (1996). The field of health communication today: an up-to-date report. *Journal of Health Communication*, **1**, 15-23.
ROMME, M. e ESCHER, S. (2000). *Making Sense of Voices: The Mental Health Professional's Guide to Working With Voice Hearers.* Londres: Mind.
ROOSEVELT, T. (1903). Labor Day speech in Syracuse, NewYork. Citado em Andrews, R., BIGGS, M., SEIDEL, M., *et alii* (1996). *The Columbia World of Quotations.* Nova Iorque: Columbia University Press.

ROSENFIELD, S. (1992). Factors contributing to the subjective quality of life of the chronic mentally ill. *Journal of Health and Social Behaviour,* **33**, 299-315.
ROTH, P. (1997). A conversation with Primo Levi by Philip Roth. Em *Survival in Auschwitz,* editor P. Levi. Nova Iorque: Simon & Schuster/Touchstone, pp. 173-87.
SALYERS, M. P., BECKER, D. R., DRAKE, R. E., *et alii* (2004). Ten-year follow-up of clients in a supported employment program. *Psychiatric Services,* **55**, 302-8.
SARTORIUS, N. (1997). Fighting schizophrenia and its stigma: a new World Psychiatric Association educational programme. *British Journal of Psychiatry,* **170**, 297.
SARTORIUS, N., FLEISCHHACKER, W. W., GJERRIS, A., *et alii* (2002). The usefulness of the 2nd-generation antipsychotic medications. *Current Opinion in Psychiatry,* **15** (Suplemento 1), S7-16.
SAVIO, M. e RIGHETTI, A. (1993). Cooperatives as a social enterprise in Italy: a place for social integration. *Acta Psychiatrica Scandinavica,* **88**, 238-42.
SCHEFF, T. (1966). *Being Mentally Ill: A Sociological Theory.* Chicago IL: Aldine.
SCHEPER-HUGHES, N. e LOVELL, A. M. (1987). *Psychiatry Inside Out: Selected Writings of Franco Basaglia.* Nova Iorque: Columbia University Press.
SCHWARTZ, G. e HIGGINS, G. (1999). *Marienthal: The Social Firms Network.* Redhill, Surrey: Netherne Printing Services and Social Firms UK.
SENGUPTA, A., DRAKE, R. E. e McHUGO, G. J. (1998). The relationship between substance use disorder and vocational functioning among persons with severe mental illness. *Psychiatric Rehabilitation Journal,* **22**, 41-5.
SENN, V., KENDAL, R. e TRIEMAN, N. (1997). The IAPS project 38: level of training and its availability to carers within group homes in a London district. *Social Psychiatry and Psychiatric Epidemiology,* **32**, 317-22.
SENSKY, T., TURKINGTON, D., KINGDON, D., *et alii* (2000). A randomised controlled trial of cognitive behavioural therapy for persistent symptoms in schizophrenia resistant to medication. *Archives of General Psychiatry,* **57**, 165-72.
SHERMAN, P. S. e PORTER, R. (1991). Mental health consumers as case management aides. *Hospital and Community Psychiatry,* **42**, 494-8.
SHIBRE, T., NEGASH, A., KULLGREN, G., *et alii* (2001). Perception of stigma among family members of individuals with schizophrenia and major affective disorders in rural Ethiopia. *Social Psychiatry and Psychiatric Epidemiology,* **36**, 299-303.
SHIMON, S. M., FORMAN, J. D. (1991). A business solution to a rehabilitation problem. *Psychosocial Rehabilitation Journal,* **14**, 19-22.
SIGNORELLI, N. (1989). The stigma of mental illness on television. *Journal of Broadcasting and Electronic Media,* **33**, 325-31.
SIMONS, K. (1998). *Horne, Work and Inclusion: The Social Policy Implications of Supported Living and Employment for People with Learning Disabilities.* York: York Publishing Services.

SINGH, S. P., BURNS, T., AMIN, S., et alii (2004). Acute and transient psychotic disorders: precursors, epidemiology, course and outcome. *British Journal of Psychiatry,* **185**, 452-9.

SMITH, A. (2002). *Take a Fresh Look at Print,* 2.ª edição, Londres: International Federation of the Periodical Press.

SNYDER, K. S., WALLACE, C. J., MOE, K. e LIBERMAN, R. P. (1994). Expressed emotion by residential care staff operators and residents' symptoms and quality of life. *Hospital and Community Psychiatry,* **45**, 1141-3.

SONTAG, S. (1988). *Aids and Its Metaphors.* Londres: Penguin.

STAR, S. A. (1955). *The Public's Idea About Mental Illness.* Chicago, IL: National Opinion Research Center.

STARKS, R. D., ZAHNISER, J. H., MAAS, D. e MCGUIRK, F. (2000). The Denver approach to rehabilitation services. *Psychiatric Rehabilitation Journal,* **24**, 59-64.

STASTNY, P., GELMAN, R. e MAYO, H. (1992). The European experience with social firms in the rehabilitation of persons with psychiatric disabilities. Artigo não-publicado. Albert Einstein College of Medicine, New York.

STROUL, B. A. (1988). Residential crisis services: a review. *Hospital and Community Psychiatry,* **39**,1095-9.

STUART, H. e ARBOLEDA-FLÓREZ, J. (2000). Community attitudes toward people with schizophrenia. *Canadian Journal of Psychiatry,* **46**, 245-52.

STURT, E. e WYKES, T. (1986). The Social Behaviour Schedule: a validity and reliability study. *British Journal of Psychiatry,* **148**, 1-11.

SULLIVAN, G., WELLS, K. W. e LEAKE, B. (1991). Quality of life of seriously mentally ill persons in Mississippi. *Hospital and Community Psychiatry,* **7**, 752-5.

SULLIVAN, G., BURNAM, A. e KOEGEL, P. (2000). Pathways to homelessness among the mentally ill. *Social Psychiatry and Psychiatric Epidemiology,* **35**, 444-50.

TAIL, L., BIRCHWOOD, M. e TROWER, P. (2004). Adapting to the challenge of psychosis: personal resilience and the use of sealing-over (avoidant) coping strategies. *British Journal of Psychiatry,* **185**, 410-15.

TARRIER, N., VAUGHN, C., LADER, M. N. e LEFF, J. E. (1979). Bodily reactions to people and events in schizophrenics. *Archives of General Psychiatry,* **36**, 311-15.

TARRIER, N., BARROWCLOUGH, C., VAUGHN, C., et alii (1988). The community management of schizophrenia: a controlled trial of a behavioural intervention with families to reduce relapse. *British Journal* of *Psychiatry,* **153**, 532-42.

TARRIER, N., BECKETT, R., HARWOOD, S., et alii (1993). A trial of two cognitive behavioural methods of treating drug-resistant residual psychotic symptoms in schizophrenic patients: 1. Outcome. *British Journal of Psychiatry,* **162**, 524-32.

TARRIER, N., YUSUPOFF, L., KINNEY, C., et alii (1998). Randomised controlled trial of intensive cognitive behaviour therapy for patients with chronic schizophrenia. *British Medical Journal,* **317**, 303-17.

TAYLOR, M. S. e DEAR, M. J. (1981). Scaling community attitudes towards the mentally ill. *Schizophrenia Bulletin,* **7**, 225-40.
TAYLOR, P. e GUNN, J. (1999). Homicides by people with a mental illness: myth and reality. *British Journal of Psychiatry,* **174**, 9-14.
TELINTELO, S., KUHLMAN, T. L. e WINGET, C. (1983). A study of the use of restraint in a psychiatric emergency room. *Hospital and Community Psychiatry,* **34**, 164-5.
THARA, R. e SRINIVASAN, T. N. (2000). How stigmatising is schizophrenia in India? *International Journal of Social Psychiatry,* **46**, 135-41.
THOMPSON, A. H., STUART, H., BLAND, R. C., *et alii* (2003). Altitudes about schizophrenia from the pilot site of the WPA worldwide campaign against the stigma of schizophrenia. *Social Psychiatry and Psychiatric Epidemiology,* **37**, 475-82.
THOMPSON, K. N., MCGORRY, P. D. e HARRIGAN, S. M. (2003). Recovery style and outcome in first-episode psychosis. *Schizophrenia Research,* **62**, 31-6.
THORNICROFT, G. e ROSE, D. (2005). Mental health in Europe: editorial. *British Medical Journal,* **330**, 613-14.
TORREY, W. C., RAPP, C. A., VAN TOSH, L., *et alii* (2005). Recovery principles and evidence-based practice: essential ingredients of service improvement. *Community Mental Health Journal,* **41**, 91-9.
TREMBLAY, T., SMITH, J., XIE, H. e DRAKE, R. E. (2004). Impact of specialized benefits counseling services on Social Security Administration Disability beneficiaries in Vermont. *Journal of Rehabilitation,* **70**, 5-11.
TRIEMAN, N. (1997). Residential care for the mentally ill in the community. Em *Care in the Community: Illusion or Reality?,* editor J. Leff. Chichester: John Wiley & Sons, pp. 51-67.
TRIEMAN, N. e LEFF, J. (1996). The TAPS project 24: difficult to place patients in a psychiatric hospital closure programme. *Psychological Medicine,* **26**, 765-74.
TRIEMAN, N., HUGHES, J. e LEFF, J. (1998a). The IAPS project 42: the last to leave hospital – a profile of residual long-stay populations and plans for their resettlement. *Acta Psychiatrica Scandinavica,* **98**, 354-9.
TRIEMAN, N., SMITH, H., KENDAL, R. e LEFF, J. (1998b). The IAPS project 41: Homes for life? Residential stability five years after hospital discharge. *Community Mental Health Journal,* **34**, 407-17.
TRIEMAN, N., LEFF, J. e GLOVER, G. (1999). Outcome of long-stay psychiatric patients resettled in the community: prospective cohort study. *British Medical Journal,* **319**, 13-16.
TURTON, N. (2001). Welfare benefits and work disincentives. *Journal* of *Mental Health,* **10**, 285-300.
US GENERAL ACCOUNTING OFFICE (1993). Evidence for Federal Program's Effectiveness is Mixed. GAO/PEMD-93-19. Washington, DC: US Government Printing Office.

VALMAGGIA, L. R., VAN DER GAAG, M., TARRIER, N., PIJNENBORG, M. e SLOOF, C. J. (2005). Cognitive-behavioural therapy for refractory symptoms of schizophrenia resistant to atypical antipsychotic medication. *British Journal of Psychiatry,* **186,** 324-30.

VAN OS, J., HANSSEN, M., BIJL, R. V., *et alii* (2000). Strauss (1969) revisited: a psychosis continuum in the general population? *Schizophrenia Research,* **45,** 11-20.

VAUGHN, C. e LEFF, J. P. (1976). The measurement of expressed emotion in families of psychiatric patients. *British Journal of Social and Clinical Psychology,* **15,** 157-65.

WAGNER, L. C. e KING, M. (2005). Existential needs of people with psychotic disorders in Pôrto Alegre, Brazil (2005). *British Journal of Psychiatry,* **186,** 141-5.

WAHL, O. (1995). *Media Madness: Public Images of Mental Illness.* New Brunswick, N J: Rutgers University Press.

WAHL, O. (1999). Mental health consumers' experience of stigma. *Schizophrenia Bulletin,* **25,** 467-78.

WARNER, R. (2004). *Recovery from Schizophrenia.* Hove and Philadelphia, PA: Brunner-Routledge.

WARNER, R. e POLAK, P. (1995). The economic advancement of the mentally ill in the community: economic opportunities. *Community Mental Health Journal,* **31,** 381-96.

WARNER, R. e WOLLESEN, C. (1995). Cedar House: a non-coercive hospital alternative in Boulder, Colorado. Em *Alternatives to Hospital for Acute Psychiatric Treatment,* editor R. Warner. Washington, DC: American Psychiatric Press, pp. 3-17.

WARNER, R., TAYLOR, D., POWERS, M. e HYMAN, J. (1989). Acceptance of the mental illness label by psychotic patients: effects on functioning. *American Journal of Orthopsychiatry,* **59,** 398-409.

WARNER, R., TAYLOR, D., WRIGHT, J., *et alii* (1994). Substance use among the mentally ill: prevalence, reasons for use and effects on illness. *American Journal of Orthopsychiatry,* **64,** 30-39.

WARNER, R., DE GIROLAMO, G., BELELLI, G., *et alii* (1998). The quality of life of people with schizophrenia in Boulder, Colorado, and Bologna, Italy. *Schizophrenia Bulletin,* **24,** 559-68.

WARNER, R., HUXLEY, P. e BERG, T. (1999). An evaluation of the impact of clubhouse membership on quality of life and treatment utilization. *International Journal of Social Psychiatry,* **45,** 310-21.

WARNER, R., MARINE, S., EVANS, S. e HUXLEY, P. (2004). The employment and income of people with schizophrenia and other psychotic disorders in a tight labour market. Apresentado no Congresso Internacional da AMP sobre Tratamentos em Psiquiatria: uma Actualização, 10-13 de Novembro, Florença, Itália.

WARR, P. (1987). *Work, Unemployment and Mental Health.* Oxford: Oxford University Press.

WAXLER, N. E. (1979). Is outcome for schizophrenia better in nonindustrial societies? The case of Sri Lanka. *Journal of Nervous and Mental Diseases,* **167,** 144-58.

WHITE, T., RAMSAY, L. e MORRISON, R. (2002). Audit of the forensic psychiatry liaison servison to Glasgow Sheriff Court 1994-1998. *Medicine, Science and the Law,* **42,** 64-70.

WIG, N. N., MENON, D. K., BEDI, H., *et alii* (1987). Expressed emotion and schizophrenia in North India. II. Distribution of expressed emotion components among relatives of schizophrenic patients in Aarhus and Chandigarh. *British Journal of Psychiatry,* **151,** 160-65.

WILLETTS, L. E. e LEFF, J. (1997). Expressed emotion and schizophrenia: the efficacy of a staff training programme. *Journal of Advanced Nursing,* **26,** 1125-33.

WILLETTS, L. E. e LEFF, J. (2003). Improving the knowledge and skills of psychiatric nurses: efficacy of a staff training programme. *Journal of Advanced Nursing,* **42,** 237-43.

WOLFF, G., PATHARE, S., CRAIG, T. e LEFF, J. (1996a). Community knowledge of mental illness and reaction to mentally ill people. *British Journal of Psychiatry,* **168,** 191-8.

WOLFF, G., PATHARE, S., CRAIG, T. e LEFF, J. (1996b). Community attitudes to mental illness. *British Journal of Psychiatry,* **168,** 183-90.

WOLFF, G., PATHARE, S., CRAIG, T. e LEFF, J. (1996c). Public education for community care: a new approach. *British Journal of Psychiatry,* **168,** 441-7.

ZWERLING, I. e WALKER, J. F. (1964). An evaluation of the applicability of the day hospital treatment of acutely disturbed patients. *Israel Annals of Psychiatry and Related Disciplines,* **2,** 162-85.

ÍNDICE REMISSIVO

Os números de página *em itálico* fazem referência aos quadros.

A
Abertura face à doença
    Baixa auto-estima 147, 167
    Profissionais de saúde mental 219, 220
Aceitação da doença 69, 70
Acção Capitol Hill e Grupo de Recreação (ACHGR) 226
Actividades
    Falta de interesse 92, 93, 152
    Recompensando os doentes 93
    Dispersão espacial 104
Actividades criativas 141, 147
Actividades diárias, disponibilidade 80
Actividades sociais, exclusão pela pobreza 17, 24
Advogados 129, 234
Agências de serviço, filiação do doente psiquiátrico de quadros 144
Agentes de polícia 120
Agricultura, subsistência 159
Ajudas de gestão de casos 185
Alemanha
    Movimento da empresa social 200
    Empresas sociais 200
Aliança Nacional para os Doentes Mentais (EUA) 125, 184, 218, 223
Alojamento protegido 74, 80, 81, 112, 116, 132, 199, 212, 213, 218, 219, 221
    Disponibilidade de actividades diárias 79
    Localização 82-85
    Campanhas dos meios de comunicação 84, 85, 120
    Os vizinhos como alvo 79, 122
    Atitudes do público 70, 119, 120, 127, 131, 132, 147
    Tamanho 97, 102, 105, 114, 115, 213
    Mistura social 74
    Ver também casas-cooperativas
Alojamento, discriminação 24, 199, 212, 213, 218, 219, 221
Alta de hospitais psiquiátricos 40, 49-51, 73, 80, 93, 102, 104, 105, 107, 114, 115, 122
    Economicamente motivada 80
    Pobreza 71, 73, 75-77, 79, 81, 82, 84, 167, 179, 221
Alucinações
    Auditivas 90
    Terapia cognitiva-comportamental 89, 90, 98, 137
Amisulprida 87
    Atípico 88, 90
    Dosagem 88
    Impacto de sintomas negativos 88
    Nova geração 38, 87, 121
    Efeitos secundários 20, 38, 87, 88, 98
Apoio interpessoal 231
Áreas de mercado 206, 219
    Empresas que empregam doentes 201, 206
    Empresas sociais 195-209
Arte bruta 141
Artes, valor para os doentes 205, 209, 220, 224
Asilos 20
    Programa de construção 101
    Comunidade social 37
Assédio 67, 78

Associação Mundial de Psiquiatria (AMP) 119, 122
Associação Nacional de Esquizofrenia 223 *ver* Repensar
Associação Nacional do Doente de Saúde Mental (EUA) 143
Associações de alojamento 79
Atitudes do público 21
    Impacto do diagnóstico 52
    Factores que influenciam 52
    Conhecimento da doença mental 53, 56
    Factores sociodemográficos 52, 56, 57
    Estereótipo de esquizofrenia 49-50
    Inquéritos 10, 45, 46
Atitudes estigmatizadoras 21, 69, 74, 85, 124, 133
Aulas para adultos 69, 145, 148
Austrália 34, 103, 113, 200, 202, 224, 229
    SANE 224
    Empresas sociais 202
Áustria, empresas sociais 202
Auto-avaliação e apoio social (AAAS) 139
    Entrevista 139
Auto-estigmatização 23, 59, 63, 66, 135, 137, 139, 141, 143, 145, 147, 234
Auto-estima
    Depressão 19, 23, 54, 55, 56, 63, 69, 114, 119, 137
    Atitudes da família 139
    Impacto 61
    Baixa 65-67, 137, 147, 167
    Terapia cognitiva 89, 90, 98, 137
    Trabalho 161-162
Atitudes auto-estigmatizadoras 23
Auto-imagem 23, 61, 151

B

Basaglia, Franco 195
Benefícios clínicos do trabalho apoiado 103
Benefícios do trabalho a nível individual 161

C

Campanhas 11, 22, 78, 114, 120, 121
    Meios de comunicação 22, 46, 48, 66, 69, 119, 121, 122
    Recursos 25, 31, 83, 84, 96, 110, 120, 127
    Alunos das escolas secundárias como alvo 121
Campanhas NNMQ (não-no-meu-quintal) 78
Canadá 47, 57, 58, 119, 142, 203, 209
    Negócios alternativos 203
    Empresas sociais 203
Casas cooperativas 173, 179, 182, 195-201, 203, 204, 206-209, 213, 218, 219, 221
    Fontes de emprego 219
Casa da Fonte (Nova Iorque) 228, 231
Casas de acolhimento, costa 17, 122, 226
Casas de apoio em situações de crise 109, 111
    Questões de fundos 109, 111
Catalogação 62 *ver* Rotulação
Cedar House (Boulder, Colorado) 110, 111
Centro de Saúde Mental (Boulder, CO) 215, 217, 226
Centro Internacional para o Desenvolvimento do Clube 229
Centro Regional de Avaliação e Formação (Denver, CO) 213
Classe social, países desenvolvidos 52, 53
Classificação Internacional da Doença (CID) 30
Clozapina 87
Clube Chinook (Boulder, Colorado) 163
Clube psicossocial 227-230
    Processo de certificação 229
    Apoio mútuo da subcultura do doente 192
    Qualidade-culto 230
    Tomada de decisões 229
    Difusão do modelo 228, 230
    Gestão 226-228
    Oportunidades de trabalho 173, 196, 198, 207
    Partilha de poder entre funcionários e doentes 231
    Emprego apoiado 228-230
    Programas de emprego transitório 184, 209
    Diminuição dos custos do tratamento 177
    Debilidade do modelo 198

Desenvolvimento das aptidões de trabalho 228
Colete-de-forças químico 88
Colocação individual e apoio 186, 193
    Emprego competitivo 185-187, 189, 190, 192, 193
    Objectivo 200, 212, 225, 227, 229, 231
    Índices 186-188, 189
    Eficácia 183, 189
    Elegibilidade 186, 193
    Integração da reabilitação vocacional no serviço de saúde mental 186
Comités de acção 130-132
Concurso de arte 121, 122, 142
    Índice com programas laborais 166, 169, 175, 176, 186-189
    Colocação da força laboral 181, 186-188, 191, 193
Comunidade social, asilos 16, 17, 20, 37, 48, 59, 101-104, 107, 195
Competência social 96
Comités de acção local 130
Comités éticos, doentes psiquiátricos 114
Comportamento, irracional 167-168
Comunidade
    Serviços baseados na 141
    Pessoal de enfermagem forense 129
    Lares 83 *ver* residências protegidas 21, 22
    Contactos de doentes há muito tempo internados em enfermarias de psiquiatria 154, 156-158
    Problemas, empresas sociais 182, 191, 192, 195-209
    Estigma na, 153, 224, 232, 234
    Modelo de apoio do sistema 163, 174, 175, 181-187, 191, 192, 195, 196
    Equipas, Itália 169, 173, 179, 180, 182, 195-209
    Tolerância no mundo em desenvolvimento 12, 35, 36, 41, 56, 155, 160, 223
Comunidade terapêutica 231
Conceito 204, 221
    Explicação económica 141

Consumo excessivo de drogas 48, 51, 64, 81, 85, 111, 152, 165
    Colocação e apoio individuais 186
Controlo social 53, 55
Conversas sociais 96
Contratos de limpeza, empresas sociais 197
Cooperativas
    Estrutura de gestão 218
    Itália 195, 198
Cooperativas de alojamento 213, 218, 219, 221
    Viabilidade 105
Cooperativas laborais, Itália 195, 198
Cooperativas sociais 197-199, 202, 206, 208
    Categorias 174
    Estipêndio governamental 197, 202
    Subsídio público 198, 201
    Organização de apoio 198
    Tipos 208, 215, 216
    Contratos de trabalho 197
Conselheiros pessoais, sistema de benefícios para deficientes 180
Crescimento pessoal 68
Criação do gueto, evitar a 21, 114, 212
Crises em pessoas com esquizofrenia 108, 109
Críticas, família 92
Cuidadores, família
    Atitudes críticas 92, 98
    Grupos 96, 105, 115, 121, 124, 125, 130
    Grupos locais 125
    Organizações nacionais 78, 125, 143, 147
    Sintomas negativos 75, 90, 92, 94, 96, 98, 116
    Impacto 98, 103, 119, 121, 126, 130, 142, 147
    Gestão 103, 127
    Diminuindo o medo e a discriminação 119, 121, 123, 125, 127, 129, 131, 133
    Entre o público 119, 121, 123, 125, 127, 129, 131, 133
    Grupos de familiares 125, 126
    Efeito do estigma 77
Cuidadores, profissionais 182
    Atitudes críticas 92, 98

Cuidados de saúde 7, 58, 66, 74, 114, 154, 172
    Estado 163, 189, 204, 214, 219, 229
    Ver também sistema de cuidados psiquiátricos
Culturas tradicionais 35, 135
Cura 58, 70, 102, 103, 145, 231, 232
    Modelo de recuperação 207, 231, 233
    Espiritual 135

D

Declaração Universal das Nações Unidas sobre os Direitos da Pessoa Humana (1948) 25
Deficiências 19, 20
    Geradas pela doença 19
    Geradas pelo cuidado profissional 20
Delírios 19, 37, 90-92, 99, 137, 140
    Terapia cognitiva-comportamental 89, 90
    Residual 90
Delírios paranóides, lidar 91
Depressão
    Percepção da doença 64
    Auto-estima 64, 66, 69
    Ver também Doença maníaco-depressiva
Desemprego 82
    Negros nos EUA 159-160
    Epidemia de consumo excessivo de drogas 165
    Impacto da economia local no trabalho 165
    Aumento dos sintomas de psicose 154-155
    Índices no século XX 156
    Pessoas não-qualificadas 155
Desenvolvimento económico
    Empresas que empregam doentes 206
    Estratégias inovadoras 211
Desincentivos 169, 176, 180
    Económicos 166-169, 171, 173-175, 177, 179
Desinstitucionalização 179-180
    Itália 169, 173, 179, 180, 182, 195, 197-200, 205, 206, 209

Enfermarias de admissão psiquiátrica em hospitais gerais 107-108
Desvantagem social 24
Determinantes da recuperação dos problemas mentais graves (DRPMG) 29-30
    Avaliação das emoções expressas 33-34
Diagnóstico dual 108
Diagnostic and Statistical Manual of Mental Disorders (DSM) 29
Dificuldades financeiras, entradas em hospitais 154, 155, 162
Diminuição dos custos de tratamento 177
Dinheiro, recirculação na comunidade 211--213
Direitos da pessoa humana 25, 225, 231, 233
Discriminação
    Empregadores 55, 63, 66, 127, 130, 131, 165, 185, 234
    Resposta à 62, 67, 101, 106
    Local de trabalho 207
Discriminação no local de trabalho 25, 62, 64
Distúrbios psicóticos 29, 30, 31, 84, 128, 163, 174
    Graves e transitórios (DPGT) 165
    Pobreza 17, 24, 25, 71, 73, 75-77, 79, 81-84, 167, 179
Dívidas, financeiras 84-85
Doença
    Limitações no emprego 85, 169, 173
    Responsabilidade pela 36-37
    Percurso 29, 31-33, 35-37, 39, 41
    Limitações 85, 169, 172
Doença maníaco-depressiva 19-21, 155
    Evolução 29-30
    Incapacidades produzidas pela 1-2
    Sintomas negativos 1-2
Doença mental
    Quantidade de contacto 54
    Revolução nos cuidados 40
    Subcultura do doente 192
    Contacto com 53-55
    Pessoas criativas 141
    Grupos economicamente desfavorecidos 211
    Exploração do poder de compra das pessoas 212, 213

Conhecimento da 53, 167
Revelação 66
Estigma 20-22
Capacidade produtiva não-desenvolvida 223
Violência 50-51, 67, 79, 113, 122, 127
Doentes
    Empresas que empregam 201, 206
    Empresas incubadoras 219, 220
    Empresas 205-209
    Áreas de mercado 206, 219
    Apoio dentro do grupo de 226
    Ver também doente psiquiátrico
    Organizações 223-227, 234
    Profissionais de saúde 223-227, 234
    Nível de emprego 25, 176
    Limites profissionais 19
    Apoio residencial 9
    Tratamento 216, 217
    Subcultura 192
    Doentes graves 17, 110-112
    Doentes há muito internados em enfermarias psiquiátricas de hospitais gerais 40, 44, 51, 63, 159, 231
Doentes psiquiátricos
    Comités éticos 144
Dopamina ver Receptores
Duração dos estudos 156, 164, 165

E

Economia, local, impacto no emprego 165, 205
Economia de géneros 93
Educação
    Aulas para adultos 69, 145, 148
    Resultados 32
Efeitos do isolamento 135, 136
Efeitos na vida institucional 71
Emoção
    Emoção expressa (EE) 33
    Índice 33
    Variações pela população 35
Empregadores, discriminação 55, 63, 66, 127, 130, 131, 165, 185, 234
Emprego 151-156

Ajuste ao ambiente 25, 183, 192, 208
Avaliação 186-188
Emprego apoiado 169, 177, 178, 181-192, 204, 205, 206-209, 213, 215, 220, 221
    Índices de emprego competitivo 189
    Colocação da força laboral 197
    Eficácia 161, 183, 189
    Apoio continuado 185, 215
    Modelo de colocação e formação 186
    Difusão do clube psicossocial 228
    Com oficinas de trabalho protegido 187, 190-192
    Equipa 185, 186, 196, 214, 230
    Transferência do tratamento de dia 188, 232
    EUA 34, 157
Empregos na construção 216
Empresa social 182, 195, 197, 199-203, 208, 209
    Movimento alemão 200
    Itália 195
Empresas familiares 126, 134, 174
Empresas sociais 195-209
    Austrália 202
    Áustria 202
    Canadá 203
    Contratos de limpeza 197
    Alemanha 200
    Grécia 202
    Irlanda 201
    Japão 201
    Processos de produção laboral intensiva 206
    Gerentes 226
    Áreas de mercado 206, 219
    Holanda 202
    Nova Zelândia 202
    Ligações do sistema de cuidados psiquiátricos 208
    Orientação pública de rede 206
    Espanha 202
    Entidades de apoio 208
    Redes de apoio 209
    Preservação da identidade pessoal 44
    Rede social da família 115
    Espectro 205-209
    Ver também programas anti-estigma

Energia, falta de 36, 94
Enfermarias psiquiátricas de hospitais gerais 88
    Enfermarias de entrada 71
    Entradas 24, 85, 154, 155, 162, 166, 186, 189
    Arquitectura 107
    Doentes há muito internados 16, 17, 73, 97, 105, 106, 111, 117, 138
    Redes sociais de doentes 61
Entradas em hospitais 154, 155, 162
    Alternativas 207, 224
    Dificuldades financeiras 155
    Índices na recessão económica 154, 155, 159
Entrevistador observador de investigação 215
Escala de Auto-Estima de Rosenberg 139
Escolha de vida, influências do factor económico 63, 64, 168, 209
Escolhas, estigmatização 168, 209
Espectro de oportunidades 209
Esperança 231-233
Esquemas de amizade 75, 90, 124, 145
Esquizofrenia
    Ataques 51
    Terapia cognitiva-comportamental 89, 98
    Problemas de comunicação 50
    Conceito 30, 61, 103, 204, 221
    Percurso 29, 31-33, 35-37, 39, 41
    Perigosidade 50
    Deficiências geradas pela 105, 168, 192, 204
    Conhecimento dos estudantes do ensino secundário 121, 132
    Condição de sem-abrigo 80
    Permanência 78, 106, 188
    Sintomas negativos 20, 36-41
    Resultado
        Recessão económica 154-159
        Previsão 33
    Proporção de não-recuperação 77
    Atitudes do público 21, 45, 52, 55, 56, 70, 78, 119, 120, 127, 131, 132, 147
    Estereótipo do público 36, 50, 58, 80, 87, 117
    Recusa de aceitar o diagnóstico 23, 140
    Reabilitação 105, 106
    Navegando na estratégia 54, 69, 76, 93, 123
    Redes sociais 61
    Violência 50, 51
Estigma 44-46
Ver também Programas Anti-Estigma
Estigmatização 23, 43, 44, 59, 62, 63, 64, 66, 67, 135, 137, 139, 141, 143, 145, 147, 234
    Escolhas 63, 64, 168, 209
    Estilo de vida 63
    Respostas à 62, 67, 101, 106
Estilo antigo 101
Estilo de vida, estigmatização 63
Estudantes do ensino secundário 121, 132
    Alvos das campanhas 121
    Porta-voz dos doentes 121
Estudos em fases iniciais de psicoses 165
Estratégias cognitivas para lidar com a doença 91
EUA
    Programas governamentais de apoio às pessoas com dificuldades de integração 170
    Oficinas de trabalho protegido modificadas 205
    Hospitais psiquiátricos 101-105
    Organizações de utentes do serviço 78, 79, 120, 124, 125, 136, 143, 145, 146-148, 152, 201, 202, 204
    Empresas sociais 195-209
    Emprego apoiado 169, 177, 178, 181-192, 204, 205, 207-209
    Desemprego entre os negros 160
Evitação social, diminuição 161
Exclusão social, auto-estigmatização 11, 19, 23, 206, 221, 234
Experiências assustadoras, tradução em arte 141
Experiências fora do comum, normalização 135-137
Experiências, tradução em arte 231
Exploração 216
Expressão emocional 37
Ver também Restrição da expressão

F
Factores económicos, influências nas escolhas de vida 13, 168
Familiares
    Atitudes 165, 207, 234
    Conflitos com 83
    Emoção expressa 33-35, 117
Famílias
    Programas anti-estigma 126
    Atitudes 59-62
    Conflitos dentro da 82
    Empresas cooperativas 173, 179, 182, 195-201, 203, 204, 206-209, 213, 218, 219, 221
    Críticas aos doentes 192
    Desencorajamento do trabalho 192
    Hostilidade para com o doente 192
    Incompreensão da psicose 35
    Combate à auto-estigmatização 135, 137, 139, 141, 143, 145, 147
    Rede social 116
    Apoio em Itália 199
    Tolerância 35, 36, 41, 56, 155, 160, 223
    No mundo em desenvolvimento 32, 159, 160
    Em recessão económica 154, 155, 159
    Trabalhar com 82, 126, 132, 140, 152, 192, 195, 196, 208, 227
    Ver também cuidadores, família
Farmácia que emprega doentes 213, 217, 221
Filmes 22, 96, 122
Força laboral 20, 36, 197
    Competitiva 36, 182
    Mistura de mentalmente sã e doente 75
Formação
    Programas em Itália 173
    Aptidões sociais 96
    Funcionários de casas residenciais 213
    Comunidade forense 130
    Cultura de custódia 85, 130
    Transferência para as residências comunitárias 16, 192
Fundos
    Lares/casas de crises 108, 109, 112--114
    Desvio dos serviços de tratamento 16, 17, 152, 177, 217, 226
    Serviços de saúde mental 9-11, 13, 15, 78, 159, 196, 214, 217, 224-227

G
Gerindo os próprios serviços de tratamento 226
Ver também doente, funcionários; doente, empresas que empregam; grupos de doentes
Grécia 173, 202
    Empresas sociais 202
    Desincentivos ao trabalho 176, 180
Grupos de apoio 226
Grupos de auto-ajuda 136
Grupos de doentes 79, 96, 105, 224, 225
Grupos economicamente desfavorecidos 211
Grupos que Ouvem Vozes 136
Grupos religiosos 145

H
Holanda, empresas sociais 202
Homicídios 51
Hospitais de dia, severos 103, 108, 109
Hospital Friern Barnet (Londres) 101, 104
    Departamento de terapia industrial 37, 104
Hospitais ver hospitais psiquiátricos; enfermarias de psiquiatria em hospitais gerais
Hospitais psiquiátricos
    Entrada
        Alternativas 207, 224
        Dificuldades financeiras 155
        Índices na recessão económica 154, 155, 159
Hostilidade, família 33, 76, 139, 140
Hotel Tritone (Itália) 197

I
Identidade 18, 43-45, 62, 69, 137, 152, 232
    Nova 45
    Tipos 43, 71, 84, 108, 145
Identidade do ego 41
Igrejas cristãs cópticas 145
Idealização paranóide, intervenções 41, 93, 98, 132, 136, 144

Impacto da economia local 165, 206
Imposto, implícito 170, 171, 175
Trabalhadores a tempo inteiro 171
Independência 156, 165, 192, 225
Identidade pessoal 44
Índices de emprego 152-154
    Relativos a pessoas com psicoses 153
    Com programas laborais 181-183
Individualismo 192
Influência política, movimento de doentes 125, 143
Inglaterra *ver* Reino Unido
Integração
    Sensibilidade cultural 192
    Oficinas de trabalho partilhadas 190
    Na sociedade 8, 10, 36, 138, 140, 145, 152, 168, 196, 211, 217, 234
Interesses, reviver os 93
    De antes da doença 58
Irlanda, empresas sociais 200, 201
Irmãos 77, 126
    Impacto do estigma nos 125
Itália
    Cooperativas 173, 179, 182, 195--202, 205, 206, 208, 209
    Desinstitucionalização 16, 33, 41, 80, 102, 104, 107, 115, 195
    Sistema de benefícios para deficientes 83, 161
    Desincentivos ao trabalho 176, 180
    Emprego 167-170, 198-202
    Apoio familiar 81
    Publicidade à abertura de asilos 114, 198
    Empresas sociais 195-202
    Actividades vocacionais 161, 162, 169, 182, 183, 187, 188, 193, 199, 203
    Cooperativas de trabalhadores 179, 200, 201, 205

J
Japão 200, 201, 229
    Hospitais psiquiátricos 162
    Empresas sociais 200, 201

Jornais, publicação de poesia 21, 22, 120, 196
Jornalistas 21
Juízes 127, 129

L
Lares de crise 83
    Questões de fundos 83
Lares de grupo *ver* casas protegidas 16, 21, 22, 83, 84, 192
Lares financiados pelas famílias 112
Limiares (Chicago, IL) 178, 227
Limites profissionais, funcionários-utentes 85, 169, 173, 179
Linhas telefónicas 82, 226, 232
Literacia da saúde mental 40

M
Medicação para alterações psiquiátricas 20, 36, 38, 39, 41, 55, 87-91, 107, 187, 234
    Sintomas negativos 20, 36, 37, 41, 75, 90, 92, 94, 96, 98, 116
    Optimizando 87
Medicina baseada em provas 5, 52, 67, 107, 144
Médicos de clínica geral, atitudes dos 15, 59
Médicos de saúde mental, revelação da doença 15, 59
Medidas governamentais, apoio da empresa social 17, 33, 49, 81, 85, 108, 172, 230
Meios de comunicação 21, 22, 46, 48, 66, 69, 119-122, 127, 131, 199, 223, 224
    Entretenimento 22
    Influência 21, 22, 40, 103, 125, 127, 138, 143, 211, 216
    Atitudes do público influenciando os 21, 45, 52, 55, 56, 70, 78, 119, 120, 127, 131, 132, 147
    Testemunhos 45, 67, 73
Mente 22, 48, 146, 202, 224, 232, 234
    Grupos de auto-ajuda 136
    Valor das artes 33, 48, 88, 93, 98, 104, 122, 127, 142, 205, 209, 220, 224
Mercado negro em Itália 173
Mercados, controlo por utentes do serviço 213, 220
Métodos econométricos, fornecimento de trabalho 174

Modelo 'semente e rebentos' 79
Motivação, papel de responsabilidade 154
Movimento de doentes 226
Mudança, stresse 185
Mulheres, casas de crise 108, 109, 112--114

N
Negócio de reparação de propriedades 216
Negócio incubador 219, 220
Negócio incubador Enterprise People 220
Negócios alternativos 203
Negócios enriquecedores 203
Ver *também* empresas sociais
Negros, desemprego nos EUA 159, 160
NISH – National Industries for the severely handicapped 204
Nível de surgimento 77, 82, 96, 231
Normalização de experiências fora do comum 135
Novas folhas, publicação de poesia 143
Nova Zelândia, empresas sociais 202

O
Objectivos 13, 23, 77, 94, 123, 136, 143, 153, 172, 179, 224
Obstáculos 5, 9, 13, 18, 19, 21, 23, 25, 98, 124, 149, 152, 166, 167, 169, 170, 171, 175, 177, 179, 230
Ocultação da doença 59-65
    Causas 65
    Resposta à discriminação 68
    Auto-estigmatização 59
Oficiais de justiça criminal 127
Oficiais do período probatório 127, 129
Oficinas de trabalho protegidas 190
    Comercialmente competitivas 190
    Integração 205
    Modernização 205
    Modificadas nos EUA 205
    Pagamento dos empregados 206
    Reestruturação 206
Olanzapina 87
Oportunidades com casas cooperativas 173
Oposição a residências para doentes 78
Organizações nacionais, movimento dos doentes 78, 125, 143, 147

P
Preferências pessoais 146, 185, 187, 188
Países desenvolvidos
    Resultados 31-32
    Classe social 159-160
Países em desenvolvimento
    Empresa de desenvolvimento sem fins lucrativos 211
    Recuperação da esquizofrenia 59, 156
    Recuperação da psicose 16
Papéis 36, 37, 142, 161, 221
    Diversidade 31, 36, 104, 121
    Responsabilidade 35, 125, 144
Papel de responsabilidade, motivação 154
Parkinsionismo, efeitos secundários dos medicamentos antipsicóticos 20, 38, 87, 88, 98
Partilha da experiência psicótica 136
Pathfinder Trust (Londres) 214
Pedir 130, 132, 145, 165
Percurso da psicose 29, 31, 33, 35, 37, 39, 41
Perda do estatuto de normal 45
Perigosidade 50
    Contacto com a doença mental 53, 69
    Percebida 21
    Atribuição à esquizofrenia 50
Pertença, sentimento de 143
Pessoas criativas, doença mental 141
Pessoas não-qualificadas, desemprego 25
Planeamento de pesquisa com profissionais 145
Pobreza 17, 24, 25, 71, 73, 75-77, 79, 81--85, 167, 179, 221
    Alta de hospitais psiquiátricos 40, 74, 84, 115
    Impacto em doentes há muito internados 40, 44, 51, 159, 231
    Distúrbios psicóticos 29, 30, 31, 84, 128, 163, 174
Poder de compra, exploração 212, 220
Poesia 142, 143, 147
Polícia 120, 127-129, 132, 234
    formação 97-99, 105, 128, 220
Possibilidades de casamento 60
Preconceito 10, 13, 21, 22, 23, 68, 119, 124, 142, 145, 234

Problemas de comunicação 50
  Sistema de benefícios para deficientes 83, 161
  Esquizofrenia 50, 51, 54
Procura rápida e colocação 187
Profissionais
  Atitudes 115-117
  Decisões de tratamento colaborativo 232
  Preocupações com o stresse no trabalho 153, 162
Profissionais de enfermagem
  comunidade forense 115-116
  cultura de vigilância 115
  transferência para residência na comunidade 130
Plano de pesquisa com utentes do serviço 189
  Subestimação dos serviços vocacionais 153
  Ver também carreiras, profissionais 182
Profissionais para casas protegidas 114, 117
  Estipêndios para cooperativas sociais 202
Programa gerido por doentes 227
  Ver também doente, funcionários; doentes, negócios geridos por; trabalho; emprego apoiado; desemprego
Programa Global para Diminuir o Estigma e a Discriminação devido à Esquizofrenia 57
Programa Javits-Wagner-O'Day (JWOD) 204
Programas anti-estigma 126
  Famílias 126, 140
  Polícia 120, 127, 128, 129, 132
  SANE 224
  Selecção de grupo alvo 121, 130--133, 220
Programas de emprego transitório 184, 209
  Tratamento 188, 213
  Comunidade assertiva 211
  Dedicação 65
  Diminuição de custos através do emprego 164
  Involuntários 225
Programas de encerramento de hospitais 105
Programas de trabalho 93
  Avaliação/apoio contínuos 180, 186-188, 191, 193, 213

Opções 168, 178, 181, 191, 213
Preferências pessoais 146, 185, 187, 188
Programas vocacionais 161, 162, 166, 169, 182, 183, 186, 188, 192, 198, 203
  Quantidade de oportunidades 161, 167, 173, 181, 191, 193, 196, 198, 199, 202, 204
  Especificamente concebidos 183
  Agências estatais 183, 184
  Modelo de formação e colocação 192
Projecto de apartamentos conjuntos do Centro de Saúde Médica da Região de Santa Clara 220
Projectos de desenvolvimento, arquitectura 107
Protecção 43, 127, 212, 232
  Serviços geridos por doentes 227
  Organizações de serviços de doentes 203
Psicólogos clínicos 59, 137
Psicose esquizofreniforme 29
Psicoses
  Percurso 29-31
  Fases iniciais e benefícios do trabalho 160-165
  Resultado 29-34
  Mudança 29, 30
Psiquiatras, atitudes dos 59, 60

Q

Qualidade de vida 82, 83, 89, 162, 163, 165, 166, 190, 218, 228
Qualidade de vida
  Nível de emprego 160-165
  Casas-cooperativas 218, 219
Questionário de Auto-Conceito de Robson 138
Questionários 46, 48, 55

R

Relação médico-doente, mudanças 144
Reabilitação
  Mercado de trabalho 159, 160, 169, 184, 191, 199
  Profissionais 230-234

Diminuição dos custos de tratamento 1177
Vocacional 9, 12, 83, 152, 161, 169, 177, 178, 181-183, 185- 188, 199, 207, 209
Trabalho 151-155
Conselheiros 180, 183, 188, 215
Programas 161-164
Benefícios 24, 76, 107, 147, 152, 154, 160, 161, 163, 164, 166, 188-192
Eficácia dos programas 161, 183
Falta de alternativas 207
Resultados a longo-prazo
Integração no serviço de saúde mental 142, 197, 198, 205, 227
Tradicional 8, 115, 181, 183, 192, 227
Modelo tradicional 192
Recaída, grave hospitais de dia 79, 153
Receptores de dopamina 38, 87, 88
Recessão económica 154, 155, 159, 154, 155, 159
   Índices de entradas em hospitais 154, 155, 162
   Recuperação da esquizofrenia 59, 156
Recuperação
   Completa 156-158
   Modelo 207, 231, 233
   Optimismo 18, 57, 105, 132, 166, 232
   Processo 18, 180, 232, 233
   Prospectos 124, 143
   Índice com mudança social/económica Social 156-159
Recuperação da autonomia 225, 227, 229, 231, 233
   Modelo de recuperação 207, 231, 233
Recursos
   Campanhas dos meios de comunicação 120
   Ver também fundos 16, 79, 113, 125, 159, 177, 190, 199, 202, 205, 208, 218, 220, 226
Recursos psiquiátricos 31, 127, 223
Redes de apoio, empresas sociais 209
Reino Unido
   Desinstucionalização 16, 33, 41, 80, 102, 104, 107, 115, 195
   Desincentivos ao trabalho 176, 180

Revisão dos rendimentos iniciais 175, 176, 178, 179
Programas de encerramento de hospitais 105
Pós-Segunda Guerra Mundial 15, 144, 156, 167, 190
Organizações de serviço de doentes 203
Empresas sociais 195, 202
Comunidade terapêutica 231
Relacionamentos, intensidade 129, 136, 151, 216
Rendimentos, mínimo 171
Rendimento suplementar de segurança (RSS) 218
   Compra de casa e elegibilidade 218
Repensar 125, 143, 223
Restrição da expressão emocional 37
   Retirada social 59, 75, 95
Resultados
   Países desenvolvidos 154-160
   Países em desenvolvimento 154--159
   Esquizofrenia 153-160
   Recessão económica 151-154
   Previsão 33, 77
Retirada social 59, 62, 64, 69, 75, 76, 94, 95, 99
   Resposta à discriminação social 67, 101, 106, 132
Risperidona 87
Rotulação 62, 63, 120
   Destruição 62,63
   Teoria 62, 63, 217
Rótulos 55,132
Ruptura na relação entre pais e filhos 82

S
Salários 202
   Reembolso governamental dos suplementos 200
   Mínimos 170-173, 176, 178-190
   Reserva 172
   Subsídios 153, 168, 170, 172-174, 176, 177, 179-181, 185, 199, 200, 201, 212, 214, 215, 218, 220
SANE 224

Schizophrenia Bulletin, publicação de poesia 143
Segmentação do público 121
Segregação 21
Selecção do grupo-alvo 121, 130-133, 220
Sensibilidade cultural 192
Serviço do Museu de Nottingham, envolvimento dos doentes 142
Serviços de saúde mental, fundos 9, 10, 11, 13, 15, 78, 159, 196, 214, 217, 224, 226, 227
Serviços de tratamento 6, 16, 17, 152, 177, 217, 226
    Divergência de fundos para subsídios de salários 177
    Geridos por doentes 203, 219, 227
Serviços psiquiátricos, descentralização 104, 117
Serviços vocacionais
    Disponibilidade no século XX 159
    Benefícios do programa 159
    Subestimação por parte dos profissionais 152
Sintomas 16-20
    Resistentes à medicação 89
    Determinados pelo ambiente 167
    Melhoria com o trabalho competitivo 164
    Aumento em situação de stresse económico 155
    Induzidos pela vida em instituição 167
    Comportamento irracional 47
    Negativos 36-40
    Duração 94
    Familiar que cuida, impacto no 131
    Tamanho da casa de grupo 115
    Práticas institucionais 39
    Impacto da medicação 20, 36, 38, 39, 41, 55, 87- 91, 98, 107, 187, 234
    Métodos para combater 22,23, 56, 105, 137
    Origens 37
    Treino e aptidões sociais 97
    Retirada social 59, 75, 95
    Tratamento especializado 40
    Terapeutas no alívio 94

Positivos 20, 36, 38, 87, 90, 138, 162
Sistema de cuidados psiquiátricos 208
    Contratação de utentes do serviço
    Revolução 16, 40, 157, 158, 225
    Ligações da empresa social
Sistema de justiça criminal 127, 129
Sistema de subsídios para incapacitados 170, 174, 179-181, 185
    Complexidade 179, 180
    Itália 173, 179, 180, 182
    Variações nacionais 172
    Obstáculos 171, 173, 175, 177, 179
    Plano personalizado 189
    Reformas 174
    Gasto excessivo dos rendimentos 188
    Desincentivos do Reino Unido ao trabalho 176
    EUA 157
    Subsídios salariais 176, 177
    Desincentivos ao trabalho 176, 180
Sistemas de bem-estar 192, 211, 214, 221
    Limitados temporalmente 179
    Ver também sistema de benefícios para deficientes
Stresse
    Mudança 185
    Económico 155
    Interacções sociais 75, 95, 97, 105
    Trabalho 153, 162, 153, 162
Stresse económico, aumento do sintoma psicótico 155
Subsídio público, cooperativas sociais 197, 198, 199, 202, 206, 208
Subsídios por incapacidade 172, 174
Supervisores de trabalho 216

T

Teatro 142
Televisão 21, 24, 84, 89, 93, 106, 107, 120, 165, 196
Terapeutas, alívio dos sintomas negativos 91, 94, 137, 140, 180, 215
Terapia através da arte 141
Terapia cognitiva-comportamental (TCC) 89-98
    Delírios 89-92

Alucinações 90
Sintomas psicóticos 87-91
Esquizofrenia 89-93
Terapia cognitiva, auto-estima baixa 89,90, 98, 137
Terapia industrial 37, 104
Trabalho *ver* emprego
Trabalho protegido 187, 190-192
  Críticas 192
  Futuro 190
  Aptidões básicas 191
  Garantidos 179
  Oportunidades 173, 196, 198, 207
  Procura rápida e colocação 187
  Ver também emprego 191
Tratamento de dia
  Conversão em emprego apoiado 12, 169, 177, 178, 181- 192, 204, 205, 207-209, 228, 230
  Transferência de programas para emprego apoiado 186, 188

U
União Internacional de Apoio à Liberdade da Mente 225
Utentes do serviço 142, 227
  Empresas que empregam 201, 206
  Funcionários-doentes 74, 80, 94, 111, 218
  Farmácia comunitária que emprega doentes 213
  Áreas de consumo 213

Decisões económicas 168
Empresas que empregam doentes 201, 206
Controlo de mercado 159, 160, 161, 169, 185, 190, 191, 199
Filiação em quadros 145
Organização 143, 160, 198, 202, 218, 224, 225
De edifícios de apoio 108, 109, 112-114
Organizações 143, 160, 198, 202, 218, 224, 225
Utilização do tempo livre 105

V
Vida institucional 71
  Sintomas negativos induzidos pela medicina 75
  Manifestação dos sintomas 71
Village (Los Angeles, CA) 191, 205
Village Integrated Service Agency (Los Angeles, CA) 205
Violência
  Lares de crise 110
  Níveis 127
  Associação à doença mental 127
  Esquizofrenia 47-51
  Para com pessoas com doença mental 127
Vitimização, vulnerabilidade 25, 68, 79
Vizinhos, alvo 21, 24, 54, 60, 61, 63, 66, 74, 79, 114, 122-124, 132

ÍNDICE GERAL

Apresentação da Edição Portuguesa 7

Prefácio 15

1. Introdução: obstáculos à integração social e ocupacional 19

Primeira Parte: As origens do estigma 27
2. O percurso das psicoses 29
3. A natureza do estigma 43
4. Pobreza e desvantagens sociais 71
5. Melhorando os sintomas dos doentes 87
6. Desmantelando as instituições psiquiátricas 101
7. Diminuindo o medo e a discriminação entre o público 119
8. Combatendo a auto-estigmatização 135

Segunda Parte: Ultrapassando os Obstáculos ao Emprego 149
9. Por que ajuda o trabalho? 151
10. Obstáculos económicos ao emprego 167
11. O espectro dos programas laborais 181
12. Empresas sociais 195
13. Estratégias inovadoras 211
14. Inclusão e recuperação da autonomia dos doentes 223

Referências bibliográficas 235

Índice remissivo 255

Índice geral 273